KB123504

中國 農村土地政策 變化 研究
(1949-2013)

陳剛華 著

本書出版受到華中師範大學中央高校基本科研業務費
項目的資助(項目編號：CCNU17A06018)

머리말

중국의 역사 발전 과정 중 중화인민공화국 정부 설립 시기부터, 심지어 중국공산당 정당 건립 시기에도, 경제 성장을 추진하기 위해 토지문제는 항상 중국 국가와 사회 발전의 핵심적인 문제로 간주되었다. 이 책은 연구의 편의상 1949년 중화인민공화국 정부 설립 시기부터 2013년까지로 시간을 한정했다.

본인은 중국 '삼농(三農: 농촌, 농업, 농민)'과 토지 문제에 관한 연구를 석사논문을 쓸 무렵부터 시작했는데, 이 논문 주제를 확정한 2007년 전후는 중국 정부가 "신농촌운동(新農村運動)"을 주창하고 추진하는 시기였다. 지난 20세기 60, 70년대 한국에서 추진했던 '새마을운동'은 중국의 신농촌운동에 있어 좋은 참조가 된다는 생각에 〈한국과 중국의 이농 비교 연구〉를 석사논문 제목으로 선택하였다. 이 논문에서 한중 양국의 시장경제 발전이 가속화됨에 따라 양산된 양국 이농 농민들의 취업정책에 대해 비교하였다. 한국의 '새마을운동'에 대한 연구를 계기로 박사 과정에서는 첫 학술논문인 〈한국 '새마을운동' 발생 원인 연구〉를 완성하였다. 이 논문에서는 정치, 경제와 농촌산업에 '새마을운동'에 미친 영향에 대해 깊이 분석했다. '새마을운동'은 그 당시 한국의 정치, 경제 그리고 농촌 발전 상황에서 필연적으로 선택할 수 밖에 없었던 농촌개혁운동이라는 결론에 도달했다. 이 논문은 지금까지도 중국학자들이 '새마을운동'에 대해 연구하는 데 중요한 참고자료가 되고 있다.

본인은 지속적으로 한중 양국의 농촌문제에 대해 관심을 가지는 한편, 중국 '삼농문제'의 핵심 문제인 토지문제에도 주의를 기울였다. 토지제도개혁은 중국 중앙정부, 학자, 농민 등 각 계층 모두가 주시하는 문제로 토지소유권의 국유화, 급속한 사유화, 그리고 지속적인 공유화 문제 등은 토지제도 개혁의 핵심적인 쟁점이다. 〈딜레마에 처한 중국 토지제도 개혁〉이란 논문에서 중국 토지제도 개혁이 맞닥친 국유와 사유, 공평과 효율의 문제에 대해 전면적으로 분석하였다. 이 논문에서는 정책학에서 흔히 사용하는 '딜레마' 이론을 사용하여 학술이론의 측면에서 중국 토지제도 개혁이 직면하고 있는 딜레마 상태를 심도깊게 논의하였다. 당시의 상황 하에서는 개혁을 하지 않고 현존의 상태를 유지하면서 사물의 발전의 맥락에서 변화가 발생한 후에 의사 결정 진행하는 것이 토지 정책 결정자에게 가장 적합하고 제일 현실적인 선택이었다는 것을 알 수 있었다. 이어서 토지제도 개혁이 딜레마 상태에 직면한 상황 하에서 토지 문제에 대해 어떻게 접근해야 할 것인지를 고민하다가 '토지 사상'의 측면에서 토지문제의 본질에 대해 분석한 〈토지제도 개혁에서의 '공유' 사상원칙〉를 발표하게 되었다. 이 논문에서는 자본주의제도의 개량적 사고인 토지 '공유' 사상을 참조하여 이데올로기의 경계를 초월하는 중국 사회주의 토지제도개혁의 사상기반을 마련할 수 있다고 주장했다. 그리고 지속적으로 토지의 공유 원칙을 지키면서 법률을 통해 국가는 토지에 대한 공권력을 규명하여 토지 소유권을 명확하게 해야 하며 토지의 사용권을 확대시켜야 한다고 주장했다. 이 논문은 이후 중국 인민대학 복사 신문 간행물인 〈農業經濟研究〉에 개재되었고, '中國選擧與治理網', '農村土地網', '中國改革論壇' 등 유명 웹 사이트에도 전재되어 토지사상 연구에 있어 중요한 참고 자료로 이용되고 있다.

　이상의 중국과 한국의 토지 정책에 관한 연구를 바탕으로 하여 본인은 자연스럽게 중국 농촌 토지 정책에 관한 연구를 박사 논문 주제로 삼게 되었다. 중국 장기간의 토지 정책 문제를 역사 제도주의적 접근으로 분석하는 것은 현실적, 이론적 가치가 있다. 1949년부터 2008년까지 60년 동안 중국 토지문제도 시간에 따라 변해왔다. 1978년부터 중국에서 농촌토지연산도급책임제를 실시한 지도 벌써 30년이 넘었다. 30년 이래 중국의 경제성장이 가속화되면서 중국 농촌 토지 정책에도 많은 문제가 드러났다. 중국 농촌 토지 제도 문제와 경제 발전의 어려움을 어떻게 해결할 것인가는 중국 문제 연구의 핫이슈가 되어버렸다.

중국 토지 정책에 관련된 이 책은 본인의 박사 논문을 바탕으로 집필된 것이다. 이 자리를 빌어 고려대학교 정경대학의 여러 교수님께 깊은 감사를 표하며 특히 논문 지도 교수님이신 염재호 교수님께 심심한 감사의 마음을 전하고 싶다. 염 교수님의 지혜롭고 통찰력이 있는 견해와 적절한 지도는 평생 잊지 못할 것이다.

이 책을 세상에 내놓기까지 길고 지난한 시간을 견뎌야 했다. 이 여정은 가족들의 지지, 사랑, 배려, 그리고 무한한 이해가 없었다면 무사히 마칠 수 없었다고 생각한다. 마지막으로 동창인 徐海港 박사, 俞少賓 박사, 姜影 박사에게도 감사를 표한다. 당신들의 격려와 사랑이 있어 본인의 박사 생활이 비로소 다채로웠다.

진강화 陳剛華

2017년 7월 1일 中國·武漢·武昌

차례

제5장 중국 농촌토지정책의 딜레마 분석 / 280

제6장 결론 / 312

제1장
서론

제1절 연구배경

중국의 많은 정책 문제 중에서 가장 중요한 것 중 하나가 농촌토지 정책이다. 1978년 개혁개방 이후 시장경제 발전과 도시화 과정에서 도시와 농촌간의 격차 확대되면서 '토지'를 중심으로 많은 문제가 대두되었다. 그 중에서 농민, 농업, 농촌문제가 가장 핵심적이다. 다시 말하자면 도시화 과정에서 토지 징용으로 인한 보상 문제 때문에 농민들을 중심으로 한 시위가 급증하고 있는데, 이것은 중국 현존의 농촌 토지 제도가 큰 도전에 직면하고 있다는 것을 의미한다.

중국 농촌 토지에 관련된 문제는 인구 대비 경지 면적이 협소하다는 점에서 비롯되기도 하지만, 기본적으로는 토지제도의 성격과 운용방식에서 기인한다. 중국의 개혁개방 이후 농촌 토지제도는 토지의 소유권과 사용권의 분리를 기본 전제로 하고 있으며 토지 소유권은 집체(집단) 소유이되 토지 사용권은 개별 농가에 일정 자율권을 부여한다(장호준, 2011:563). 즉, 중국은 사회주의체제를 유지하면서 농촌의 토지정책에 있어서 자본주의 시장 메커니즘을 도입한 것이라고 할 수 있다.

중국의 농촌토지정책은 신중국 성립 이후 3단계 변화 과정을 거쳐

왔다. 변화 과정의 핵심은 농민의 토지소유권과 사용권(경작권 또는 경영권)의 권리 변화이다. 제1단계는 1949년부터 1952년까지 토지 사유제(私有制) 시기로 농민에게 토지 소유권과 사용권이 모두 부여된 기간이다. 제2단계는 1953년부터 1977년까지 인민공사 운용시기로 농민의 토지 소유권과 사용권이 박탈당한 대신 인민공사가 합작사의 형태로 집단 농업생산을 실시한 시기이다. 제3단계는 1978년 이후로 가정연산도급책임제(家庭聯産承包責任制) 실시 시기인데, 이 시기의 특징은 농민에 대한 토지 사용권이 다시 주어졌다는 점이다. 즉, 중국 정부에서는 소유는 국가나 집단이 가지면서 사용권은 개인이나 경제단위가 가질 수 있게 허용하였다. 가정연산도급책임제의 실시로 토지 사용권을 다시 얻게 된 농민은 점차 토지 소유권을 행사하기 시작했고, 지난 30여 년간 국가와 이 소유권의 귀속에 대해 분쟁하고 있다.

현재 토지소유 개혁은 국민과 정부 간의 큰 문제 중 하나로 인식되고 있다. 지난 30여 년간의 경제체제 변화는 토지제도의 변화로 이어졌다. 개혁개방 초기 실시했던 농촌토지도급책임제가 정착되면서 농촌경제발전은 지연되었다. 더욱이 농촌경제발전은 중국의 전체적인 경제개혁 속도에 비해서도 많이 뒤쳐진 것이었다. 이런 농촌경제 발전의 지연은 농촌토지도급제 실시 이후 나타난 것이라고 할 수 있다. 물론 지금도 농촌토지도급제로 인해 농촌집단 토지 소유권 주체의 모호함, 제도 자체의 결함, 형성과 배치의 불공평 및 운영의 비효율성 같은 문제가 나타나고 있으며, 이에 대한 문제 제기가 끊이지 않고 있다.

1978년 중공(中共) 11기 3중 전회[1] 이래로 가정결합생산도급책임제는 농촌토지집단소유제가 시작되었을 때부터 지금까지 30여 년 동안

---

1) "중국공산당 제 11기 중앙위원회 3차 전체회의"를 의미함.

변화를 거듭했다. 국가는 영원히 토지를 소유하고 농민들은 영구적으로 토지 경영권을 가졌다. 그러나 토지소유권 측면에서 보면 농민들은 여전히 국가의 토지소유권 예속에서 벗어나지 못했다(趙學增, 2009: 197-198). 결국 이런 토지 집단 소유는 당시 농업의 큰 발전을 촉진시켰으나 동시에 중국 경제 발전에 따라 소유제의 폐단도 지속해서 나타났다. 게다가 소유권과 경영권 구분이 모호해지고 구체적인 규정이 없어 본래 생산 목표를 달성하지 못하는 등 문제가 연이어 발생하였다. 이것은 오늘날 중국의 '삼농문제' 발전의 핵심문제가 되었다. 급속한 토지국유화 또는 극단적인 토지사유화, 대약진시기 농업노동생산효율을 제고하기 위하여 실시했던 토지집단화 및 국유화는 오히려 노동생산율을 떨어뜨렸다. 따라서 토지사유화가 자리 잡기 위해서는 토지재산권의 역사적 소급이 불가피하다. 농업노동생산성의 효율성은 토지의 재산권, 즉 어느 단계에서 사용권과 소유권 중 무엇이 보다 큰 비중을 차지하는가 하는 문제인데, 이 문제는 실질적으로 증명하기 매우 어렵다(周天勇, 2004). 때문에 중국 정부는 농촌경제와 토지문제를 해결하기 위하여 어떤 선택을 해야 할 지 딜레마에 빠져 있다.

현행 중국 토지제도는 사회주의 이념에 부분적으로 부합되는 장점이 있는 반면 여러 단점도 가지고 있다. 그 중 하나는 경작지의 파편화, 영세화 그리고 이로 인한 생산성 정체가 구조화되었다는 점이다. 이는 농업의 현대화를 저해하고 생산성 저하를 가져왔다. 그리고 토지소유권자인 집단에 관한 법률적 규정이 모호하고, 농민들의 토지도급경영권과 관련된 이차적 권리 행사의 범위와 내용에 관한 법률과 정책이 미비하여 농촌 토지의 실질적 사용자이자 사용권자인 농민들의 이익이 침해되는 경우가 증가하고, 이로 인해 지방정부와 집단조직, 그리고 농민들 간의 갈등이 심화되어 농촌 사회 불안의 주요한 원인으로 작용했다(장호준, 2011:562). 중국 인구의 상당수가 농민이라는 점을 감안하면 이러한 농촌 토지제도 문제는 중국정부가 당면한 주요한 문제점 중 하나라 볼 수 있다.

중국 정부는 중국의 개혁과 변화과정에서 농촌토지에 대한 소유권은 인정하지 않았지만 농촌토지에 대한 사용권과 같은 일정 권한은 개인이 가질 수 있게 하였다. 이러한 변화는 중국 정부가 사회주의 체제를 유지하면서 자본주의 시장체제를 도입한 결과이며 농촌 토지정책에서 나타난 현상이다. 중국은 '시장체제의 도입과 제한적인 사유제 실시, 그리고 국가사회주의의 주도'라는 새로운 체제를 운영하고 있다. 이는 개혁개방을 통해 시장체제를 도입하였으나 순수한 의미의 자본주의 흐름에는 대항하고 있는 형상이다(Blecher, 2010:22). 사회주의 국가 틀을 유지하기 위해서는 국가나 집단이 토지 소유권을 소유해야 하나 현재 당면한 중국 농촌사회 불안을 해결하기 위해서는 소유권에 대한 정비를 해야만 하는 딜레마에 빠진 것이다. 토지 사용권을 전면 사유화할 수도 없고, 현재 정책을 유지하자니 많은 문제가 발생하는 상황을 방치할 수도 없는 것이다.

본 연구는 이런 '중국 정부는 중국 농촌사회 불안을 야기하는 토지문제를 해결하기 위해 어떤 선택을 해야 하는가? 현재 정책의 틀을 유지해야 하는가, 토지문제와 관련된 문제를 해결하기 위한 어떤 대안이 있는가'와 같은 중국 정부의 딜레마에 대한 질문으로부터 시작되었다. 구체적으로 현재 중국정부의 농촌토지정책 딜레마의 특징은 무엇이며 이런 딜레마의 원인은 무엇인지 밝힐 것이다. 이를 위해 중국 농촌토지정책 발전을 역사적 제도주의 관점에서 분석하고, 농촌토지정책 현황을 딜레마 이론의 관점에서 분석하겠다.

제2절 연구목적

본 연구 목적은 역사적 제도주의 관점에서 현재 중국 농촌토지정책의 딜레마를 분석하는 것이다. 역사적 제도주의는 행위자들을 제약하고 규율하는 제도의 영향력, 그리고 제도의 관계적 측면에 초점을 맞추는 데에 특징이 있다(정용덕 외, 1999). 중국 농촌토지정책의 딜레마는 규칙·명령·법령·헌법과 같은 공식적 제도와, 역사적·문화적·사회적 윤리·관념과 같은 비공식적 제도에 영향을 받은 결과로 볼 수 있다. 공식적·비공식적 제도는 행위자의 행위선택 제약으로 작용한다(김윤권, 2008:407). 이에 본 연구는 정부행위를 제약하는 제도에 문제의식을 가지면서, 중국 농촌토지정책을 딜레마 이론과 역사적 제도주의 관점에서 분석하고자 한다. 역사적 제도주의 관점에서 본다면 현재 중국의 농촌토지정책 딜레마는 제도라는 거시적 틀에 영향 받은 결과로 볼 수 있다.

역사적 제도주의자는 개별 제도를 제약하기보다 개인의 행위를 제약하고 정치를 구조화하는 거시적 차원의 구조적 제약에 주목한다(Steinmo, et al, 1992). 역사적 제도주의 체계에서 제도란 행위자들의 전략뿐 아니라 그들의 목표 형성, 갈등 및 협력관계를 조정하여 정치적 상황을 구조화하고 정치적 결과에 중요한 영향을 미치는 핵심적인 인과요인인 제도를 의미한다(Hall, 1986:19).

역사적 제도주의자는 제도와 정책을 명확하게 구분하는 경향을 보인다. 정책이 바람직한 사회를 이룩하려는 정책목표와 이를 달성하기 위해 필요한 정책수단에 대하여 권위 있는 정부 기관이 공식적으로 결정한 기본방침을 의미한다면(정정길 외, 2003:54), 제도는 국가를 구성하는 거시적인 조직틀로 정책이 결정되는 토대를 형성한다(배웅환,

2001:108). 즉 역사적 제도주의에서는 제도는 정책이라는 종속변수를 설명하는 독립변수로서 미시적인 개별 행위가 아니라 거시적인 틀을 설정하고 있는 것이다(염재호, 1994:22; 구현우, 2009:39). 이러한 역사적 제도주의 관점에서 제도적 제약에 관한 선행연구들은 주로 제도결정론적 시각에서 제도가 행위에 미치는 영향을 중심으로 분석하여 제도적 제약에 관하여 유용한 시사점을 규명하였다. 그러나 선행연구들에서는 제도가 행위를 제약한다는 단순한 주장이 대부분이었으며, 행위자에게 가해지는 제약의 강도, 종류, 내용, 변화 및 제도와 행위 간의 상호관계 등을 체계적으로 다루지는 않았다(김윤권, 2008:409). 이런 점에서 제도적 제약으로 인한 행위자의 딜레마 상황은 제도적 제약의 내용이라고 볼 수 있다. 이에 본 연구는 역사적 제도주의 관점에서 중국 농촌토지정책의 변화과정을 분석하고 나아가 제도 변화과정 결과 중국 농촌토지정책이 딜레마 상황에 빠져있음을 증명하고자 한다. 그리고 중국의 농촌토지정책의 각 단계별 정책변화를 제도의 단절적 균형과 제도 진화의 측면에서 분석하고자 한다.

제3절 연구범위 및 연구방법

1. 연구범위

본 연구의 연구범위는 역사적 접근법을 기준으로 하여 두 가지로 나눈다. 첫째, 토지정책에 대한 것이다. 중국에서 토지는 도시토지와 농촌토지로 분류할 수 있다. 도시토지는 1949년 헌법을 통해 국가 소유로 확립되어 엄밀한 의미에서 토지정책변화의 논의 대상이 아니다. 반

면 농촌토지정책은 시기별로 다양한 정책제도가 있어 제도적 분석이
필요하다. 이에 본 연구는 농촌토지에 관한 문제를 연구대상으로 삼고
자 한다.

둘째, 시간적 범위에 관한 것이다. 오랜 역사를 가진 중국에는 각
시대마다 농촌토지에 관한 정책이 꾸준히 존재했다. 그러나 본 연구
에서 중국 역사 전반의 토지정책변화를 연구하기에는 한계가 있으므
로, 근대화 시기 이후인 중화인민 공화국이 수립된 1949년부터 2013
년까지의 토지정책 변화만을 고찰할 계획이다. 본 연구에서 이 시기
를 선택한 이유는 중국이 1949년 신중국 성립부터 2013년까지 '사회
주의'라는 단일한 국가 정치체제를 유지하고 있기 때문이며, 아울러
60여년이라는 시간은 정책제도의 변화를 연구하기에 충분한 시간이
기 때문이다.

2. 연구방법

본 연구는 주로 역사적 접근법으로 연구를 진행할 것이다. 이것의
이점은 네 가지로 대별된다. 첫째, 역사적 접근법은 행태주의에서 할
수 없었던 제도적 연속성(institutional continuity)이나 정책결정에 대
해 설명을 가능하게 해주며, 또한 명확하게 해준다. 다시 말해 이것은
시기적으로 장기간에 걸쳐 형성된 제도적 틀에 의해 미시적 수준의 행
위가 제도에 의해 영향을 받았다는 것을 설명해 줄 수 있다는 뜻이다.
둘째, 역사적 접근법은 통치능력, 제도적 제약, 국가 형성 등과 같은
새로운 개념을 도입하여 기존에 간과되었던 사회현상들을 보다 명확
히 분석할 때에 도움을 준다. 예를 들면 Skowronek의 지적처럼 행정
이나 조직의 역사적 접근을 통해 정치현상에 대한 보다 구체적인 이해

가 가능해질 수 있는 것이다. 셋째, 정부 내의 정책결정을 단순히 행태주의적 형상으로만 보는 것이 아니라 사회적 맥락과 연결시킴으로써 새로운 가설과 이론적 일반화를 가능하게 한다. 따라서 역사적 접근을 통해 미시적 수준의 객관적 사실을 제공하는 것만이 아니라 이를 거시적 수준의 보편적 법칙으로 확장시켜 이론으로 승화시키는 것이다. 넷째, 비록 지나치게 의욕적이기는 하지만 역사적 접근을 통해 도출된 이론적 틀을 미시적 수준의 현상에 대한 인과의 논리로 추론해 낼 수 있다. 이는 결국 현존하는 제도가 그 사회의 역사적, 문화적 산물로 형성되어 일정한 기간 변하지 않고 정책결정에 영향을 미치는 주요한 변수로 작용한다면 그와 같은 제도가 형성된 역사적 맥락을 이해함으로써 현상을 보다 명확히 분석할 수 있다는 것이다(염재호, 1994: 16-17).

역사적 제도주의의 몇 가지 분파적 이론 가운데 가장 자주 이용되는 것이 역사적 제도가 정책에 미치는 영향을 분석하는 '경로의존' 이론이다. 하지만 중국 정부의 60년간의 농촌토지정책변화는 이전의 정책과 제도의 영향뿐만 아니라 외부의 영향도 많이 받았다. 최근 역사적 제도주의 이론은 외부요소가 정책에 어떤 영향을 주는지에 관심을 쏟고 있다. 예를 들면 이론, 구조 및 환경과 행위자 간의 관계 등은 모두 이로 인한 추후의 정책변화를 야기하는 주요 원인으로 보는 것이다. 정책은 다양한 형태로 전개된다. 이전 정책발전 경로에 영향을 받으면 균형 상태에서의 '경로의존'이라고 볼 수 있지만, 외부요인에 의해 영향을 받으면 단절적 균형상태가 나타나기도 한다. 이러한 불균형 상태는 조정을 통해서 새로운 균형 상태로 회복될 수 있다.

본 연구에서 가장 주목하는 것은 현재 중국의 토지정책이 이미 딜레마 상태에 빠졌다는 점이다. 일부 학자들이 경제학의 효율극대화 관점에서 현존하는 토지제도에 대한 국가적 개혁을 주장하고 있는 반면, 다른 학자들은 법학의 관점에서 토지를 사유화하여 농민에게 완전한 사유생산권(私有生産權)을 보장하자고 주장한다. 이처럼 농촌토지제도에 대해 다양한 관점과 이해 상충으로 정부정책 결정자는 정책을 결정함에 있어 딜레마에 처하게 된다. 이는 중국이 개혁개방이후 자본주의 시장체제를 도입한 뒤 국가 사회주의적 정책운영을 하는 과정에서 나타나는 문제로, 다른 나라에서는 찾아볼 수 없는 사례다.

본 연구에서는 먼저 질적 연구방법으로 이론적 논의와 중국토지제도를 분석하기 위한 문헌조사를 하였다. 문헌조사를 통해 본 연구와 관련된 이론적 논의를 통해 사회과학연구 동향을 살펴볼 뿐만 아니라 선행연구의 결과 및 현황 그리고 문제점 등을 파악하였다.

본 연구는 중문, 한문, 영문 논문을 연구 자료로 삼았다. 본 연구의 연구대상이 신중국 건국 이후 농촌토지정책이기 때문에 신중국 건국 이후 중국 공산당 및 정부의 토지정책의 문헌을 참고했다. 그리고 공산당과 국가 지도자인 마오쩌둥(毛澤東), 덩샤오핑(鄧小平), 류사오치(劉少奇), 천윈(陳雲) 등의 토지정책문제에 관한 자료를 분석하였다. 중국 공산당의 토지정책은 건국 이전 혁명시기에 시작되었는데 이전의 토지사상은 건국 이후 중국 공산당 토지정책 마련에 직접적인 영향을 미쳤다. 따라서 본 연구의 문헌자료에 건국 전 중국공산당이 제정한 토지정책문건을 포함시켰다. 그리고 중국의 토지정책은 당시 사회주의 국가와 밀접한 관계가 있었기 때문에 당시 국제사회와 교류한 문헌 자료도 본 연구에 포함했다. 또한 토지문제에 관한 학자들의 학술저서, 간행논문, 학위논문, 회의논문집, 당안(檔案)과 인터넷 자료 등도 활용하였다.

제2장
이론적 논의 및 선행연구 검토

제1절 이론적 논의

본 연구는 정부행위를 제약하는 제도에 문제의식을 가지면서, 중국의 농촌토지정책을 딜레마 이론과 역사적 제도주의 관점에서 분석하고자 하는 것임을 앞서 밝힌 바 있다. 따라서 본 절에서는 역사적 제도주의와 딜레마 이론을 논의하고자 한다.

1. 역사적 제도주의

역사적 제도주의는 20세기 70년대 말부터 80년대 초까지 서양정치과학에 나타난 신제도주의의 한 유파다. 역사적 제도주의 논의가 발전하기 시작한 것은 60, 70년대에 성행한 행태주의에 대한 비판에서부터였다. 아울러 역사적 제도주의는 구조적 기능주의의 관점들과 비교정치학의 정치발전이론을 흡수하면서 발전했다.

역사적 제도주의에 '역사'라는 이름을 덧붙인 이유는 학자들이 역사가 인류 이성의 한계를 극복하는 주요한 방법이라 생각했기 때문이다. 그리고 '제도주의'가 덧붙여진 이유는 제도를 핵심으로 하여 역사를 고

찰하고 국가, 정치제도를 중심으로 하여 사회현상을 분석하는 것을 중
시하기 때문이다.

역사적 제도주의에서 제도는 체제의 조직구조나 정치경제의 순서,
관례, 규범 등을 정착시킨 것이다. 이것들은 헌법규칙, 관료표준의 집
행순서 등을 포함한다.

Peter A. Hall과 Rosemary C. R. Taylor는 『정치과학과 세 가지
신제도주의』에서 역사적 제도주의가 네 가지의 뚜렷한 특징을 지닌다
고 보았다. 첫째, 역사적 제도주의는 제도의 생성과정에서 권리의 비
대칭성을 강조한다. 둘째, 역사적 제도주의는 제도의 건립과 발전을
분석하는 과정에 경로의존과 의외의 결과를 강조한다. 셋째, 역사적
제도주의는 제도분석과 어떤 정치 결과에 발생할 수 있는 다른 요소를
통합 조정해서 연구하는 것을 특히 중시한다. 넷째, 역사적 제도주의
는 비교적 광범한 의의에서 제도와 개인행위 간의 상호관계를 확정하
는 경향이 있다.

1) 제도의 개념

제도란 사람들이 스스로 또는 강제로 받아들인 것, 인류 편의와 선
택 행위를 규정하는 여러 규칙과 습관이다. 이 규칙은 법률, 규칙 및
정부정책 등을 포함한다. 이와 달리 습관은 문화전통, 풍속, 금기, 도
덕규범 등을 가리킨다(張宇燕, 1992:107-144). 또한 제도는 많은 사람들
이 사회에서 함께 살아가는데 필요한 행위규범이나 규율이다. 더욱이
제도는 사회재산의 증량을 가져올 수 있기에 사회의 자본으로 볼 수
있다(盛洪, 2004:25).

역사적 제도주의에서 제도의 개념은 학자에 따라 다양하게 정의된
다. 독일 학자 W.Elsner는 제도는 정책이나 행위규칙이라고 정의한

다. 이때 행위규칙은 많은 사람들이 반복하는 개인 활동을 억제하는 것이다. 특정한 규칙은 일반적으로 특정한 사회 안에서 인정을 받기 때문에 그것은 미래 정책의 틀을 마련해 준다. 즉 정책이나 행위는 특정한 규칙의 위배나 위반에 대해 부정적으로 받아들이게 하면서 다른 사람이 규칙을 지킬 때 특정한 사람도 지키기를 원하게 만든다(張宇燕, 1992:114). 미국 학자 John Kenneth Galbraith는 제도가 한 사회의 풍속, 전통 또는 행위 규범이라고 말한다. 제도는 습관화되고 사람에게 널리 받아들여지므로 공리화(公理化) 및 필수적인 것이 된다. 동시에 이것은 규칙이 되고, 사람들 상호간에 안정된 구조가 된다. 더불어 제도는 삶의 활력소가 되며, 다른 삶의 구속 내지 제재가 되기도 한다. 그러므로 제도는 가치와 규범 가운데의 한 과정이라고 볼 수도 있다. 사회진화란 기질과 사상습관이 집단생활 환경의 압력 하에서 도태되는 과정을 의미한다. 또한 제도는 사람과 사람의 관계를 반영한다. 왜냐하면 사람은 사회에서 살아가는 방식에 두 가지 큰 영향을 받는데, 제도가 그 중 하나이며, 다른 하나는 기술이다. 이때 기술은 자연에 대한 사람의 이용방식이고, 제도는 사람과 사람의 관계를 처리하는 방식이다(盛洪, 2004:23). 한편 제도의 의미가 명확하지 않아 제도를 한 건축물이나 법률과 규칙의 구조에 비유할 때도 있으며, 어떠한 경우에는 고전이나 쾌락주의 경제학 이외의 것 또는 이것에 대해 비판한 것을 모두 다 제도라고 여기기도 한다(Commons, 1962:86-87). 따라서 Commons의 해석에 따르면 제도는 집단행동이 개인의 행위를 통제하는 것이다.

그러나 신제도주의 학자 North는 제도를 한 계열로 규정된 규칙, 법을 지키는 절차와 행위의 도덕 윤리 규범으로 정의했다. 이때 제도의 목적은 복지를 추구하거나 효용을 최대화하려는 개인 행위를 구속하는데 있다고 했다(North, 1999:225). 이렇게 제도에 대한 다른 정의방법 역시 신, 구 제도주의를 구별하는 유력한 표준이 되었다.

하연섭(2011)은 역사적 제도주의에서 제도를 포괄적으로 정의했다. 그에 따르면 제도는 장기간에 걸친 인간행동의 정형화된 패턴을 의미하며, 개인과 집단의 행위에 대한 외적 제약요인으로 작용하는 모든 것을 뜻한다. 염재호(1994)는 역사적 제도주의에서는 인지 과정에서 당연한 것으로 수용하는 규칙, 습관, 일상적 처리 과정으로 개인의 가치나 이해와는 관계없이 개인의 행위에 영향을 미치는 보다 거시적으로 추상화된 모든 실체를 제도로 규정한다고 지적한다. 그리고 김윤권(2008)은 제도를 행위자에게 제약과 기회를 제공하는 장기간에 형성된 공식적, 비공식적인 관계라고 정의한다.

2) 제도와 정책의 관계

역사적 제도주의자들은 제도와 정책을 명확하게 구분하는 경향이 있다. 정책은 제도의 일종의 외재적 표현이다(張紅宇, 2002:29). 또한 정책은 희망하는 사회상태의 목표를 달성하기를 위해 힘 있는 정부기관이 채택해야 할 필수 선택 사항일 뿐만 아니라 제도결정의 기본 방침이다(정정길, 1988:44). 따라서 정책에는 목적과 수단이 포함되며, 실현하려는 목표와 목표달성의 실제적인 절차도 포함된다.

역사적 신제도주의에서는 정책을 정책과정에 참여하는 개별 행위주체들의 전략적 행위의 합으로 이해하는 것이 아니라 정책참여자를 둘러싸고 있는 제도적 틀의 산물로 본다. 이러한 입장에서는 비록 제도가 유일한 변수라고 주장하지는 않지만, 제도적 특성이 정치적 갈등을 조정하는 데 영향을 미치고 제도적 구조가 정책참여자의 영향력을 결정하기 때문에 제도의 중요성이 개별 행위자나 집단의 전략적 행위에

우선한다고 본다. 따라서 정책이라는 종속변수를 설명하는 독립변수
가 분석수준이 미시적인 개별 행위가 아니라 제도라고 하는 거시적 틀
이 되는 것이다(염재호, 1994:14).

한편 토지제도의 개념은 광의적인 것과 협의적인 것으로 나뉜다. 먼
저 광의적인 토지제도는 토지문제와 관계되는 모든 제도를 가리키며,
사람들이 일정한 사회경제조건 아래서 토지의 귀속과 이용으로 생산
한 모든 토지관계를 이른다. 광의적인 토지제도는 토지소유제도, 토지
사용제도, 토지계획제도, 토지보호제도, 토지징용제도, 토지세금제도
와 토지관리제도 등을 포함한다. 다음으로 협의적인 토지제도는 단지
토지의 소유제도, 토지의 사용제도와 토지의 국가관리제도를 가리킨
다. 신중국이 성립된 후의 특정한 역사적 원인 때문에 사람들은 후자
를 토지제도에 대한 전통적 관념으로 이해하고 있다.

토지사상은 토지가치에 관한 철학이며, 토지 정책을 형성하는 기초
다. 하지만 토지사상에 대한 인식은 역사의 변화 및 정치, 사회, 경제
철학 심지어 체제의 변동에 따라 변화한다. 현대 각국의 토지정책이
형성되는 데 있어서 토지사상은 대체로 아래와 같은 두 가지 유형으로
나뉜다. 첫 번째는 토지를 상품으로 여겨 사적으로 점유할 수 있으며
자유적으로 교역할 수 있다는 것을 인정하는 자본주의적 토지제도사
상이다. 두 번째는 토지를 생산 자료로 여겨 사유를 허용하지 않는 사
회주의 공유제토지사상이다. 토지사상은 거시적 토지제도이론으로 중
국의 구체적 토지정책에 직접적으로 영향을 미친다.

중국은 사회주의 체제를 실행하는 국가이므로 중국의 토지제도 또
한 사회주의 토지제도에 속할 수밖에 없다. 이 토지제도의 가장 큰 특
징은 토지의 공유제다. 다시 말해 토지는 국가나 집단이 소유하는 것
이다.

중국은 사회주의 시장경제를 실행했으며, 중국사회제도도 끊임없이 변화하며 발전하였다. 이에 많은 학자들이 중국의 토지제도에 대한 함의와 이해를 끊임없이 연구하고 심화 발전시켜 왔다. 새로운 관점은 구식 사상관념의 구속에서 벗어나 광의의 토지제도를 보다 강조했다. 때문에 토지소유제도, 토지사용제도, 토지의 국가 관리 제도를 중시했으며, 동시에 신정세 하에서 새 토지관계가 생산된 새 토지정책, 토지이용정책, 토지유통정책, 경지보호정책, 토지용도관제정책 등을 전보다 더 강조하였다.

2. 역사적 제도주의와 제도변화

1) 제도변화와 역사

20세기 70년대 전후의 경제성장 연구들은 장기경제사연구에 최근의 제도 요소를 범주에 포함시킨 결과물들이다. 이 분야의 대표인물이 미국의 저명 경제학자 North로, 그는 제도요소의 중요 작용을 새롭게 발표하였다. 신 경제사론과 제도변화이론 덕분에 그는 경제학계에서 신제도경제학의 대표적 학자로 명성을 얻게 되었다. 그 결과 그는 1993년에 노벨 경제학상을 수상했다.

경제학에서 제도를 일컫는 'Institution'은 한 방향으로 규정된 규칙, 복종절차, 도덕, 윤리의 행위규범을 말한다. North는 이것을 '제도배치'라고 부른다. 이때 제도배치는 경제단체 사이의 합작과 경쟁의 방식을 지배하는 일종의 배치를 가리킨다. 제도배치의 목적은 구성원이 합작할 때에 구조 외에 얻을 수 없는 추가수익을 얻거나 법률이나 재산권 변화에 영향을 주는 제도를 제공하여 개인이나 단체가 합법적으로 경쟁하는 방식을 바꾸는 것이다. North가 주장하는 제도변화와 제도혁신은 이런 의미의 제도를 가리킨다.

제도변화는 신제도의 출현이자 구제도(또는 구제도구조)를 부정하며 포기하고 바꾸는 과정을 가리킨다. 이것은 분명 더욱 효율적인 제도로 나아가는 진화를 가리킨다. 제도변화는 현실의 동태적 과정으로 이 과정 중에 누가, 왜, 그리고 어떻게 제도변화를 일으키고, 제도변화의 효과가 어떠한가 등의 문제를 포함한다. 따라서 제도변화의 이론은 반드시 제도변화의 주체·동력·방식 등을 포함해야 한다.

1949년부터 지금까지 중국의 토지정책은 소유권과 사용권의 변화에 따라 대략 세 가지 단계로 나뉜다. 첫째는 1949년부터 1952년까지로 완전한 농민 소유제와 경영권 단계다. 둘째는 1953년부터 1978년까지로 완전한 토지집단소유제와 집단결책권(集體決策權) 단계다. 셋째는 1978년, 즉 중국의 경제개혁개방 이후로 농지에서 가정연산도급 책임제를 실행하지만 토지의 소유권은 여전히 집단이 소유하는 시기다. 그러나 이때 농민은 경영권을 가지기 시작했다. 또한 토지경영권이 끊임없이 확대되면서 농민은 점차 소유권의 취득을 요구했다. 따라서 토지는 사회주의 제도와 자본주의식 경영정책으로 경영되었고, 이 때문에 현 정부는 농지의 딜레마에 빠지게 되었다. 이상 농지정책의 변화를 보면 제도변화이론이 보다 적합하다는 점을 알 수 있다. 예를 들어 1949년부터 2013년까지 꾸준히 사회주의의 토지제도 하에서 토지정책이 변화해 왔지만 때로는 외부환경의 변화 때문에 '단절적 균형'식의 제도변화가 나타났다. 더구나 10년간 지속된 문화대혁명의 영향 때문에 국제환경과 경제 환경은 계속 악화되었고, 인구는 끊임없이 증가했지만 식량은 그 수에 미치지 못했다. 이러한 영향 때문에 중국의 농지정책도 직접적으로, 그리고 간접적으로 변화했다. 1978년부터 중국 정부는 끊임없이 자기의 권리를 줄이기를 시작했고, 농민의 농지사용권을 정도를 확대시켰다. 그 결과 현재 농지제도와 농지정책으로는 해결할 수 없는 딜레마에 부딪히게 된 것이다.

2) 제도변화의 요인

(1) 제도변화와 이데올로기

서양 정통의 경제학 이론은 경제성장과 제도변화에서 이데올로기의 작용을 경시하거나 배제한다. 그러나 일부 사회학자, 특히 마르크스주의이론 학자들은 이데올로기의 작용을 매우 중시한다. North는 두 가지 이론의 정통 기초 아래, 자신의 이데올로기적 제도변화이론을 발전시켰다. North는 신고전 이론으로 해석할 수 없는 두 가지 행위를 설명했는데, 그 중 하나는 "무임승차(freeride)"가 포함된 기회주의 행위이고, 다른 하나는 자기의 이익을 따지는 것이 동기요소를 형성하지 못하는 행위, 즉 이타주의 행위라고 말한다. North의 제도변화 이론은 신고전 이론이 가지고 있었던 통제에 한계가 있는 개인주의의 공리주의가설을 뛰어넘는 이론이다. 그는 변화와 안정에는 반드시 이데올로기 이론이 필요하며, 이를 통해 신고전 이론의 개인주의 합리성으로 형성된 많은 오류를 설명할 수 있다고 설명한다.

North가 설명하는 이데올로기는 상호 연결된 다양한 세계관으로 구성된 결과물로 도덕과 윤리법칙을 포함하는 것이다. 이때 시장 메커니즘을 효율적으로 운영하는 중요한 조건은 사람들이 일정한 이데올로기를 지키는 것이다. 따라서 "사회의 강력한 도덕과 윤리법칙은 경제 메커니즘이 실행할 수 있는 사회 안정의 요소다." North는 이데올로기가 거래원가를 내리는 일종의 제도배치라고 본다. 예를 들면 재산권을 확정하고 집행하는 원가가 수익보다 많은 경우에는 재산권으로 "무임승차"의 문제를 해결할 수 없다. 때문에 이 경우에는 이데올로기로 사람의 행위를 구속해야 한다. 또 다른 예로 정치조직과 경제조직이 명확한 규칙에서는 복종 과정이 필요하며, 복종도 원가를 가지게 된다. 만약 개인의 행위에 어떠한 제약이 부족해 너무 높은 복종규칙의 원가가 생기고 정치나 경제제도를 배치하지 못하게 되면, 많은 투자를 통해서 사람들에게 이 제도의 합법성을 믿게 해야 한다. 이런 상황에서 정치나 경제제도의 배치는 이데올로기와 결합해야 한다. 왜냐하면 사람이 사적 이익을 따지지 않고 사회규칙에 복종하는 행위를 취하는 이유는 이데올로기가 작용하고 있기 때문이다. 이 때문에 North는 '사회구성원이 이 제도가 공평하다고 믿을 때 개인이 규칙위반과 재산권을 침범하지 않으므로, 규칙과 재산권의 집행비용을 많이 줄일 수 있다'고 말한다.

(2) 제도변화와 정치 체제

국가의 존재 근간은 경제성장과 경기침체다. 이 역설은 국가를 경제사연구의 핵심이 되게 하였다. North의 제도변화이론은 비록 재산권이론에서 발전된 것이 아니지만 특이하게도 재산권이론과 국가이론이 결합된 것이다. 이때 국가는 중립적인 것이 아니다. 그 결과 국가는 재산권구조를 결정할 뿐만 아니라 경제성장, 쇠퇴나 정체를 가져온 재산권구조의 효율에 대하여 최종적으로 책임을 져야 한다. North는 제도변화에 관한 국가이론은 무효율성의 재산권을 야기한 정치나 경제조직의 내재적인 활동경향을 해석할 수 있어야 한다고 보았다. 동시에 이것은 역사적으로 국가 자체의 불안정성 즉, 국가의 흥망성쇠 과정을 설명할 수 있어야 한다고 했다. North는 이러한 자신의 국가이론을 '재산권 확정실행 국가이론'이라고 불렀다.

국가이론을 파악하려면 먼저 국가의 성질을 이야기해야 한다. 정치학과 역사학에는 국가의 성질에 관한 여러 해석이 있지만 대체적으로 두 가지인 강탈설(掠奪論)과 계약설로 대별된다. 강탈설은 국가는 어느 집단이나 계급의 대리자로, 한 집단이나 계급의 이익을 대표하여 다른 집단이나 계급의 구성원에게 수입을 착취하는 역할을 한다. 다시 말하면 국가는 약탈하고 착취하는 산물일 뿐만 아니라 통치자가 피통치자를 약탈하고 착취하는 도구다. 서양의 마르크스주의자를 포함한 사회학자들도 이러한 관점을 취한다. 이와 달리 계약설은 국가는 국민이 합의한 결과로, 국민에게 봉사해야 할 뿐만 아니라 사회복지를 최대화하는 역할을 해야 한다. 이러한 이론은 유구한 역사를 가지고 있으며, 최근에는 신고전경제학자들의 새로운 해석 덕분에 다시 주목받고 있다. 분명한 것은 이 두 가지 이론이 모두 일리가 있으며, 동시에 역사와 현실 가운데서 근거를 찾을 수 있지만 두 이론이 모든 국가 형식을 포함하는 완벽한 것은 아니란 점이다. 이론 발전측면에서 보면 국가는 약탈과 계약이라는 이중성을 가진다. 따라서 North는 국가와 관련된 폭력 잠재력이라는 분배론을 주창했다. 그러면서 North는 국가가 폭력에서 비교적 우세한 조직을 가진다고 여겼다. 따라서 국민 사이에서 분배가 평등하다면 계약적 국가가 되고, 분배가 불평등 하다면 강탈적 국가가 되는 셈이다.

North는 복지나 효용을 최대화하는 국가모형을 가지려면 다음과 같은 세 가지 특징을 가져야 한다고 여겼다. 첫째, 국가는 수입을 얻기 위하여 일부분을 보호나 공정이라고 일컫는 서비스로 대처해야 한다. 둘째, 국가의 수입을 최대화하기 위하여 선거인을 여러 집단으로 나누어 각 집단에게 재산권을 설계해야 한다. 셋째, 국가는 내부의 잠재 경쟁자와 외부에 있는 타국의 경쟁자와 직면해야 한다.

North는 국가가 제공하는 기본 서비스는 이익다툼을 위한 기본규칙이라고 지적했다. 이때 국가의 목적은 두 가지다. 하나는 재산권구조의 경쟁과 합작을 형성하는 기본규칙을 정해서 통치자의 임대료를 최대화하는 것이다. 둘째는 거래비용을 내린 후에 사회 산출을 최대화해서 국가 세금수입도 최대화하는 것이다. North는 연구를 통하여 역사의 많은 단계에서 통치자의 임대료를 최대화하는 재산권 구조가 거래비용을 내려 경제성장을 추진하는 효율적 체제와 지속적으로 충돌을 하였으며, 이런 모순이 사회의 경제성장을 방해하는 근원임을 밝혔다. 다시 말하면 국가의 두 가지 목적 사이에 존재하는 충돌은 상호 모순이자 심지어는 저항 행위로 드러나는 국가 흥망성쇠의 근원인 것이다.

(3) 제도변화와 경제 환경

North 이론의 가장 큰 공헌은 재산권이론과 제도변화를 결합한 것이다. North는 Coase 등의 학자가 창립한 재산권이론이 인류역사에 거래비용을 낮추고 경제조직형태를 바꾸는 데에 도움이 된다고 말한다. 재산권이론에 따르면 현존하는 기술, 정보원가와 미래의 불확정한 요소를 제약하는 것은 결핍과 경쟁이 가득찬 세상에서 최소의 재산형태 문제를 해결하는 가장 효율적인 방식일 것이다. 경쟁은 효율적 경제조직형태를 비효율적 경제조직형태로 대체하게끔 한다. 이 때문에 인류는 거래비용을 낮추기 위하여 끊임없이 노력한다. 효율적 재산권은 경쟁성이나 배타성을 가지기 위해서 반드시 명확해야 한다. 이는 미래의 불확정한 요소의 감소에 도움이 되어 기회주의 행위가 발생할 가능성을 줄일 수 있다. 그러나 효율적 재산권이 명확하지 않을 시에는 거래나 계약의 감소를 야기할 수 있다.

North는 재산권구조가 주로 다음과 같은 내용으로 제도변화에 나타난다고 말했다. 우선 재산권구조에 의한 효율적 시장의 형성이다. 신고전경제학이론에서는 시장의 효율성은 단지 충분한 경쟁에 달려 있다고 생각한다. North는 연구를 통하여 시장의 효율성은 그 범위와 재산권 행사를 명확히 한다는 의미라고 보았으며, 이는 생산율 향상을 추진하는 데 있어서 일종의 변수가 될 수 있음을 발견했다. 정보가 불완전한 시장에서는 재산권구조 및 재산권행사가 낮아지거나 완전히 사라질 수 있다. North는 시장이 효력이 없는 근본원인은 재산권 구조가 효력이 없기 때문이라고 보았다. 따라서 제도혁신의 중요 내용은 재산권구조의 혁신이라고 논했다. 다른 한편으로는 기술의 변화와 보다 효율적인 시장개발 등이 원래 있던 재산권 구조와 갈등을 빚어, 상대적으로 효율이 없는 재산권구조가 이루어진다고 보았다. 따라서 그는 이런 상황에서는 재산권구조 조정만이 아니라 재산권구조를 혁신해야 한다고 설명했다.

다음으로는 재산권구조에 의한 기술진보의 추진이다. North는 기술진보율 향상은 시장규모를 확대할 수 있게 할 뿐만 아니라 발명자 또한 발명수익의 대부분을 얻을 수 있게 한다고 말한다. 새로운 지식 투자와 새로운 기술을 발전시켜 얻게 되는 이윤은 지식과 혁신 면에서 어느 정도의 재산권으로 확립되어야 한다. 만약 재산권 보호가 부족하여 신기술이 손쉽게 취득된다면 발명하고자 하는 동력을 잃게 될 것이다. 신기술의 발전은 사회수익률을 굉장히 높게 했지만, 사실 역사적으로 볼 때 신기술의 발전 속도는 너무 더디었다. 문제는 혁신방면에서 체계적인 재산권을 창출해 내지 못했기 때문이었다. 따라서 기술변혁을 장려하고 개인 수익률을 사회 수익률에 가깝게 하는 장려제도야말로 바로 혁신을 명확히 하는 재산권이 된다. '상표, 저작권, 상업비밀과 특허법'은 발명창조자에게 어느 정도의 배타적 권리를 제공하기 위한 것이다.

(4) 제도변화와 행위자 관계

역사적 제도주의는 행태주의와 합리적 선택이론과 비교하여 볼 때 거시적·구조적 시각과 함께 권력관계에 초점을 맞추는 데 그 특징이 있다. 역사적 제도주의는 사회 내에 존재하는 권력관계의 불평등에 초점을 맞출 뿐만 아니라 이러한 권력관계가 제도에 의해 구조화되어 있음을 강조한다. 또한 역사적 제도주의자들은 다원주의, 행태주의, 체계이론, 합리적 선택이론에서 주장하고 있는 것처럼 각 개인이나 집단의 선호가 이익집단이나 정당을 통해 아무런 왜곡 없이 정치적 요구로 전환되지 않는다는 점을 강조한다. 역사적으로 형성된 제도는 사회집단 사이에 권력을 불평등하게 배분하기 때문에 이익의 대표과정이 심하게 왜곡될 수 있다는 것이다(하연섭, 2011:53-54).

제도의 변화과정에서 행위자의 중요성을 인식하게 되면 행위자들 간의 권력관계에 주목하게 된다. 기능주의적 설명방식과 달리 제도가 어떤 특정한 목적을 달성하기 위해 설계되는 것이 아니라면 제도의 구성요소들의 결합 방식에 대한 결정, 어떤 요소들이 얼마나 강조될 것인지에 대한 결정 등은 모두 정치적인 결정일 수밖에 없다. 이는 곧 제도의 형성에 참여하는 행위자들 간의 권력자원의 불균등을 반영하게 되는 것이다(Lowndes, 2002). 제도가 균형 상태인 것처럼 보이는 것은 현존하는 제도로부터 혜택을 받는 사람들이 그렇지 않은 사람들의 요구나 저항을 통제할 수 있는 권력자원을 갖고 있기 때문이며, 이러한 권력균형이 변화하면 제도가 변화하게 된다(하연섭, 2011:170-171).

3. 역사적 제도주의와 정책변화의 유형

중국의 농촌토지정책 변동의 각 단계별 특징을 분석하기 위해 역사
적 제도주의학파에서 발전시킨 제도변화 형태에 관한 이론을 논의하
고자 한다. 왜냐하면 정책은 하나의 규범이자 제도의 의미를 가지기
때문이다. 역사적 제도주의에서 제도변화의 형태에 관해서는 세 가지
시각이 있다. 가장 많은 주목을 받아온 것은 North의 경로의존적 변화
(path-dependent change)시각이며, 상대적으로 주목받지 못한 것은
Krasner의 단절적 균형(punctuated equilibrium) 및 Skowronek의 누
더기식 변화(patchwork) 시각이다(하태수, 2001:113). 하태수(2001)는 제
도변화의 형태를 변화의 폭과 빈도라는 두 가지 기준을 중심으로 유형
화했다. 유형1은 폭이 크면서 빈도가 높은 경우, 유형2는 폭이 크면서
빈도가 낮은 경우, 유형3은 폭이 작으면서 빈도가 높은 경우, 유형4는
폭이 작으면서도 빈도가 낮은 경우다. 이에 본 연구에서는 하태수
(2001)가 제시하고 있는 제도 변화 유형화 기준을 중심으로 중국농촌
토지정책 변화의 특성을 분석하고자 한다. 그 이유는 그의 논의가 제
도변화의 특성을 분석하기 위한 빈도(지속적, 단절적)와 폭(급진적, 점진
적)이라는 기준을 제시해 주고 있기 때문이다.

〈표 2-1〉 정책변화의 유형

변화의 폭 \ 빈도	지속적	단절적
급진적	유형-1	유형-2 (단절적 변화)
점진적	유형-3 (경로의존적 변화)	유형-4 (누더기식 변화)

* 하태수(2001:115) 참고

1) 경로의존적 변화

경로의존적 변화는 물리학의 관성과 유사한 것으로, 일단 어느 경로에 들어가면 좋은 것이나 나쁜 것이나 그 경로에 의존하게 된다는 점을 골자로 하는 유형이다. 사실 자기강화시스템과 경로의존성은 Arthur(1988)의 기술변화 연구 과정에서 최초로 제시된 이론인데, North는 기존 연구자의 기술변화과정 중의 자기강화현상에 관한 논증을 제도변화방면으로 연구하여 제도변화의 경로의존성이론을 제출하였다.

North는 경로의존성은 '과거는 현재와 미래에 큰 영향을 미친다.'라고 정리하면서, '역사는 어떤 방향으로든 그 역할을 하는 것이기에, 오늘날의 각종 결정과 선택은 사실 역사요소의 영향을 받는다.'라고 지적했다. North는 제도변화과정은 기술변화과정과 같아서 수익체증과 자기강화의 시스템이 존재한다고 여겼다. 이런 시스템에 의한 제도변화는 일단 어느 경로에 들어선 다음에는 정해진 경로에 따라 자체적인 자기강화를 얻을 수 있다. 따라서 사람이 과거에 선택한 결정이 현재 선택하고자 하는 것이었을 수도 있다. 경제와 정치제도의 변화는 이미 정해진 경로에 따라 양성 순환 궤도에 들어가면서 신속하게 최적화하기도 하고, 때로는 잘못된 경로에 따라 미끄러져 내려가 심지어는 효율이 없는 상태에 고정되어서 정체를 초래할 수도 있다. 그리고 일단 고정상태에 들어가면 벗어나기가 어렵게 된다(馬廣奇, 2005:225-227).

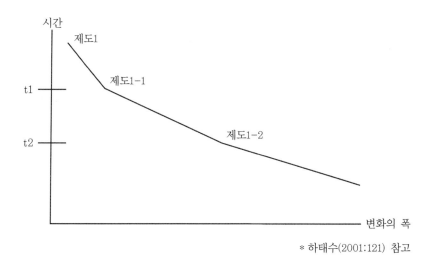

* 하태수(2001:121) 참고

2) 단절적 균형에 의한 변화

(1) 단절적 균형의 개념

단절적 균형에 대한 논의는 Baumgartner와 Jones가 1993년에 먼저 제기했다. 이 연구방법은 미국 정책제정이 장기의 점진변화와 단기의 중대한 정책변화의 특징을 가진다는 결과를 도출했다. 정책제정의 반대자는 새 "정책 이미지(Policy image)"를 형성할 수 있으며, 미국정책의 다양성의 특징을 이용할 때에는 단기의 중대한 정책 변화를 야기할 수 있다. 단절적 균형이론은 초기에는 입법의 변화를 해석하는 것으로 쓰였다. 그러나 최근에는 연방정부예산의 장기적 변화를 포함하여 복잡한 문제를 해석하는데 확대 사용되었다(Jones, Baumgartner, and True, 1998).

역사적 제도주의 연구학자 Krasner는 단절적 균형(Punctuated Equilibrium)의 관점을 제기하고 제도변화에 대한 의견을 표명했다

(Krasner, 1984:240-242). 그는 단절적 균형은 더 많은 불확정한 요소 기회를 만들며, 제도는 장기간에 안정되지는 못하지만 위기의 영향 때문에 상대적으로 갑작스러운 개변을 야기할 수 있다고 보았다. 또한 제도가 안정될 때 자연적으로 변하여 정치결과와 정책 이미지를 형상화하며, 제도가 불안정할 때 그가 염두에 둔 전환방향이 인과에 따라 변해서 반대로 정치결과와 정책 이미지를 형상화한다. 제도구조는 단절적 균형이론에 중요한 기초를 제공했다. 단절적 균형은 최초 종족이나 생물형성의 발전차이를 해석하는 것으로 제기한 것이다(Eldridge · Gould, 1972 ; Raup, 1991). 그는 이후 다윈의 모형에서 평온하고 느린 변화와 달리 진화와 생물 종류세분은 정지의 중간에 가까운 과정이라고 보았다. 단절적 균형의 관점은 사실 제도변화를 가리켰다. 전통적 다위니즘은 변화가 느리고 지속적인 과정이어서 종이 환경에 따라서 변화하게 된다고 생각한다. 이와 달리 극단적 생각을 하는 학자는 변화가 순간적 일이라고 생각한다(胡婉玲, 2001:90).

단절적 균형은 제도가 특정한 균형 하에 한동안 유지되고 난 뒤에 변화하는 것을 의미한다. 변동한 제도는 다시 다른 균형으로 구성되어서 계속 운영된다. 제도균형은 행위자의 담판 능력과 경제교환총체 구성의 일련의 계약담판을 확정할 때 자원으로 협약을 세우는 일에서 취할 수 있는 이익을 발견할 행위자가 한 명도 없는 상태다. 이런 상태에서 사람은 정한 제도안배에 만족해 현행 제도의 개변을 생각하지 않을뿐만 아니라 그럴 힘도 없다. 제도불균형은 사람이 현존제도에 불만을 갖거나 불만족해서 개편하려고 하거나 아직 개편하지 않은 상태이다. 하지만 사실 제도공급은 제도수요와 일치하지 않는다.

제도변화는 사실 제도불균형에 대한 반응이다. 공급은 수요보다 클 때 일부분의 제도를 취소하고 공급은 수요보다 작을 때 약간의 신제도를 만들며, 공급과 수요가 일치할 때 제도균형의 상태로 회복된다(董栓成, 2008:35-36). 그러나 제도변화는 때로 제도설계자의 통치 범위에 있지 않기도 하는 상당히 복잡한 과정이다. Immergut의 역사적 제도주의 토론은 제도변화과정의 고도 복잡성을 설명했다(Immergut, 1998:23). 그는 역사가 인과관계(causality)를 가질 뿐만 아니라 역사도 우연성(contingencies of history)과 불규칙성(irregularities of history)도 가진다고 말했다.

사실 행위자의 생각은 다른 시간에 보다 많은 우연성과 예측불가능한 요소의 영향을 받아서 변하게 된다. 만일 단일경로로 해석한다면 역사에서 무슨 일이 발생했는가에 대한 해석만 하지 이 일이 어떻게 발생하는가는 해석을 할 수 없다. 따라서 역사적 제도주의는 불확실한 결과와 역사의 우연성 요소(contingencies of history)를 상당히 강조한다. 이것은 제도변화의 방향에 대하여 오랜 시간 동안 제도가 어떻게 예기요소와 비예기요소의 개변을 받았는지를 관찰하는 것이지, 이성적 선택학파 경로상의 관점만으로 제도의 변화 방향을 보는 것이 아니다(胡婉玲, 2001:89-91). 제도변화의 방향은 종극균형의 상태를 추구하는 것은 아니고, 균형이 변동하게 된 다음 균형으로 가는 것이다.

(2) 단절적 균형이론의 내용

정치과학에서는 어떤 연구를 통해 일반적으로 의정설치와 정책제정이 경제학의 한계조절을 통하여 평형을 추진한다고 본다. 하지만 일부 학자들은 늘 갑자기 방향을 바꿔서 과거처럼 점진적으로 발전하지는 않는다고 표명했다(Kingdon, 1985/1995 ; Baumgartner · Jones, 1991 ; Kelly, 1994). 점진주의의 유한성 이론과 편익최대화의 무한성 이론은 단절적 균형이론에서 관심을 갖는 격렬한 변화와 정체의 현상에 대한 해석을 하지 못한다.

단절적 균형이론 정책과정은 일반적으로 안정과 점진주의 논리에 따르지만, 때때로 과거와 다른 중대한 변화도 나타낸다.

　정책은 제정하는 과정에서 도약이 거의 정체될 때가 있다. 대부분 정책 분야의 특징은 정체이지 위기가 아니지만 위기도 자주 발생한다. 비록 많은 경우에 공공정책의 진전은 전년도와 비슷하지만, 중대한 정부프로젝트는 크게 변할 때가 있다. 연구결과 안정성과 변화가 모두 정책 과정 중에 중요한 요소로 표명되었다. 이때 정책 모형으로 해석하거나 변화와 안정 중 하나를 보다 성공적으로 해석한 것은 이미 있지만 단절적 균형이론은 두 가지를 동시에 해석할 수 있다. 그러나 단절적 균형이론은 순수한 점진적 정책이론이나 순수한 이성선택이론의 문제를 집중적으로 탐구하는 것은 아니고, 정책과정을 정치제도와 유한 이성정책 제정의 이중 기초에 넣고 정책과정의 의정설치와 정책제정의 상호관계를 강조한 것이다. 또한 정책정체와 정책단속의 문제를 처리하기 위하여 현 의정설치이론을 확장한다.

　단절적 균형은 인류정책의 유한한 이성 위에서 건립된다. 그것의 강력한 이론적 해석은 현실 속에 국가 정책의 고도로 일치한다. 그것은 안정적이고 점진적인 변화 시기를 해석할 뿐만 아니라 격렬한 변혁 및 대규모 변화 시기를 해석할 수 있다. 점진성의 조정 심지어 정체는 자주 발생하는 것이지만 늘 그런 것은 아니다. 단절과 격렬한 정책변화는 실상 부합하지는 않으며, 이는 외부성이 제거된 후 선형수학과 중심제한이론으로 설명할 수 있다.

　단절적 균형이론(Punctuated-equilibrium theory)은 정책의 종적 연구에서 쓰인다. 정치 중의 단절적 균형은 정치가들이 한꺼번에 모든 중요한 문제를 처리할 수 없어 불가피하게 생긴 것이다. 그러나 정부에서는 반드시 이러한 방식을 거쳐야 한다. 소규모와 대규모의 정책변화는 정치체계와 행동결정 사이의 상호작용에서 생긴다. 이런 상호작용은 안정성과 유동성이나 잠시 평형 등 모형이 서로 결합한 것이다. 직면한 모든 문제를 잘 처리할 수 있는 정치계통은 하나도 없다. 정치문제의 토론은 문제로 방향을 인도하는 일련의 정책의 하위체계 중에 보통 분산될 수 있다. 이 하위체계들은 단일이익이 주도하거나, 몇 개의 이익 투쟁에 처하거나, 어느 정도 시간이 지난 뒤에 사라진다. 혹은 새 하위체계를 따로 만들 수 있다. 정책 하위체계의 병행 처리능력과 거시적 정치계통의 교차처리가 결합할 필요 때문에 많은 정책이 비점진적으로 돌변하는 형상이 생기게 되었다. 단절적 균형이론은 균형이나 거의 정체한 시기를 포함해서 그 때의 하위체계가 문제를 처리한다. 불균형시기도 포함해서 그 때의 문제가 거시적 정치의정에 삽입된다. 한 정책이 거시적 정치 의정 중에 처하게 되면 객관적 환경의 작은 변화라 할지라도 정책에 중대변화를 초래할 수 있으므로, 이 계통은 순방향이 되돌아오는 것이라고 여길 수 있다(True · Jones · Frank, 2004: 125-148). 한 정책은 거시적 정치제도의 교차처리과정에 이르러서야 변하게 될 뿐만 아니라 매체와 대중의 관심을 받는 환경에 놓인다(Jones, 1994:185). 이때 중대한 변화가 나타난다.

　Simon(1979, 1983)은 개인과 조직의 의사결정 중에서 병행과 교차과정의 차이를 지적했다. 일부분의 결책구조는 동시에 발생한 많은 문제를 함께 처리할 수 있지만, 나머지는 한 번에 하나씩 처리하거나 몇 개의 문제만 처리할 뿐이다. 정치계통은 모든 직면한 문제를 동시에 처리할 수 없기 때문에 일부분 정책 서브시스템에서 문제처리 기구를 허용한다고 여길 수 있다. 수많은 문제는 같은 시기에 다른 전문가단체에서 살피는데, 이때 이익의 평형과 변화를 완전히 배척하지 않는다. 서브시스템의 문제를 처리하는 과정에서 조직적인 정치활동이 있을 수 있으므로, 환경변화에 따르는 이익타협과 작은 행동은 점진적으로 변화한다. 그러나 일부분의 중대한 정책을 병행 처리하면 정책변화에 대한 장애를 만들 수 있다. 이것은 병행처리가 고도로 의정화된 정치과정이 아니기 때문이다. 따라서 병행 처리 과정은 중단될 때 하나씩 하나씩 처리해야 한다. 즉 정부의 중대한 문제는 한 번에 하나씩이나, 한 번에 몇 가지를 고려·토론·결정해야 한다.

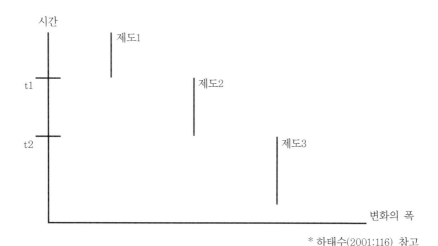

* 하태수(2001:116) 참고

3) 누더기식(patchwork) 변화

스코우로넥의 누더기식 변화는 점진적이며 단절적인 변화이다. 따라서 경로의존적 변화와 달리 새로운 제도는 환경조건의 변화에 따라 기능적으로 적응하면서 비교적 평화롭고 순조롭게 나타나지 않는다고 보았다. 그것은 기존의 제도적 장치들에 의해 형성된 권력구조의 영향 속에 벌어지는 정치적 투쟁들을 통해서 형성된다. 그리고 일단 한번 형성된 제도는 역사성을 보이면서 일정기간 동안 유지된다.

그는 환경변화가 제도변화를 위한 자극에 불과하다고 주장한다. 관련 행위자들은 이러한 환경변화에 적절한 혁신 대책을 가지고 자동적으로 반응하지 않는다. 행위자들은 잠재적인 제도가 자기의 위치에 미칠 영향을 정치적 셈법에 따라 계산한다. 그리고 제도적 권력을 놓치지 않으려고 혹은 그것을 더 확보하려고 제도변화 과정에서 서로 갈등하고 투쟁한다. 새로운 제도는 이와 같이 변화무쌍한 정치적 투쟁과 타협을 통해서 등장하는 것이다.

1877년부터 1920년 사이에 미국 국가제도는 크게 두 단계의 변화를 거쳤다. 첫 번째 단계는 1877년부터 1900년까지로 이때 일어난 제도변화는 바로 누더기식 변화였다. 이 시기에는 제도변화를 주도하는 개혁세력과 기득권을 지키려는 자들 사이에서 정치적 투쟁이 많이 나타났고 결국 기득권자들의 반발로 개혁이 성공하지 못했다. 그 결과 제도변화는 중구난방식으로 전개되고 말았다. 이 시기에 국가건설이라는 제도변화를 주도한 사람들은 새로운 지식인 계층이었다. 그 중에서도 법률전문가, 사회과학자, 직업군인들이 주도적이었다. 이에 맞서 정당과 법원 같은 기득권 세력들은 자기들의 기득권을 지키기 위하여 새로운 수요를 해결하는데 많은 노력을 하였다. 그러나 이들은 제도개혁에 있어서 자기들이 가지고 있는 권력의 본질 때문에 제약을 받을 수밖에 없었다. 법원들은 새롭게 요청되는 나라경제에 대한 경찰역할을 떠맡으면서 급격한 사회변동 사이에서 생긴 거버넌스의 공백을 차지하고 말았다. 1890년에 고등법원이 설치되면서 사법부는 더욱 강화되었다. 법원은 대륙규모의 새로운 경제 질서를 인식하고 통치권위의 집중을 꾀하였다. 하지만 법원은 초기 미국국가의 한계를 모두 보충하기에는 역부족이었다. 그 결과 이들은 개혁주도자들의 개혁시도를 방해할 수밖에 없었다. 그 결과 제도변화는 누더기 깁기 같은 형상이 되고 말았다. 개혁주도자들 중에서 일부가 정부기관에 고용되었지만, 그것은 그 기관들을 근본적으로 대체하는 것이 아니라 단순히 급한 대로 갖다가 쓰는 미봉책에 따라 고용된 것에 불과하였다(하태수, 2001: 124-127).

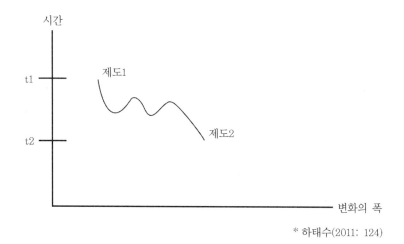

* 하태수(2011: 124)

이 모형은 점진적인 변화를 통해서도 질적으로 다른 새로운 제도로의 변화가 가능함을 제시하였다는 의의를 지닌다. 특히 점진적인 변화과정에서 당사자들의 순조로운 협상보다는 정치적 투쟁이 나타남에 주목할 필요가 있다. North의 경로의존적 변화에서와는 달리 관련 이행당사자들은 기득권을 지키기 위해서 혹은 권력을 더 차지하기 위하여 서로 갈등한다. 그러나 공화당의 장기집권이 질적 제도변화의 원인인 것을 고려한다면 대등한 세력 간의 지속적인 투쟁 외에 권력의 불균형도 이 유형의 제도변화에 필요함을 알 수 있다.

4. 딜레마 이론

1) 딜레마의 정의

딜레마란 '비교불가능한 가치나 대안이 선택선상 동시에 나타날 때, 한 가지의 선택으로 인해 다른 가지가 가져올 기회손실이 크기 때문에 선택이 곤란한 상황'을 말한다. 정책결정은 단일의 가치 내에서 특정 상태를 선택하는 것은 물론, 상이한 가치들 간의 우선순위를 결정하는 선택행동이다. 하지만 상충되는 가치가 선택상황 속에 동시에 나타나면 결정단위(정책결정자 혹은 행위자)는 선택상의 어려움에 직면하게 된다. 실제의 정책결정 중 많은 부분이 비교불가능한 대안이나 가치 간의 피할 수 없는 선택상황, 즉 딜레마 상황에서 이루어진다고 할 수 있다. 예를 들어 토지 공개념을 둘러싼 사회적 평등의 요구와 지배계급의 현상유지 요구 간의 갈등 문제들은 정책담당자들에게는 전형적인 딜레마 문제라고 할 수 있다(이종범 외, 1991:121).

본 연구의 분석대상이 되는 중국의 농촌토지정책도 이와 같은 맥락에서 이해할 수 있다. 개혁개방이후 중국 농촌 토지 문제의 근저에는 서로 양립할 수 없이 보이는 두 가지 과제, 즉 토지 집중화와 농업경영 규모의 확대를 통한 토지자원의 활용도를 제고해야 하는 현실적 필요성과, 개별 농민들에게 토지권리를 평등하게 부여하고 보호해야 하는 이념적 당위성이 불가분하게 얽혀 있는 것이다(장호준, 2011: 562).

딜레마 이론은 규정한 시간 내에서 서로 충돌하는 두 가지 방안에서 한 가지를 선택해야 하는 것을 가리킨다. 이러한 정책결정과정은 아주 큰 기회비용이 따르는 것이기에 선택은 난해할 수밖에 없다. 이 이론이 제시하는 방안선택형태는 불확정성 정책결정과 정이론의 합리형 모형, 만족형 모형과는 달리(윤견수·소영진, 2000:29-33) 주어진 정보는 충분한 상태이며 정보의 불완전한 문제는 존재하지 않는다. 그러나 딜레마 이론 중에 두 가지 방안 사이에는 기회비용의 차이가 너무나도 크기에, 정책결정자가 아무리 풍부한 지식과 정보를 갖고 있다 하더라도 정책결정과정을 좌지우지할 수 없고, 쉽게 어느 방안에 결정을 내릴 수가 없다.

2) 딜레마의 구성요소

한국 딜레마 이론 연구학자 이종범 교수는 딜레마 현상이 주로 아래와 같은 내용을 포함하고 있다고 말한다. 첫째, 딜레마 중 두 가지 방안의 가치관은 서로 배척하는 것이며 두 가지 방안의 관계가 아무리 모호하고 복잡해도 두 가지 방안 사이에는 상호 타협성이 존재하지 않는다. 둘째, 두 가지 방안은 서로 격리된다. 여기에서 말하는 격리는 방안 사이에 어떠한 연계성도 존재하지 않는 것을 가리킨다. 또 딜레마 상황 아래서 두 가지 방안에 대한 선후순서 배열은 불가능한 것이며 방안 간의 협상도 실현될 수 없다. 셋째, 두 가지 방안이 가져온 결과의 가치는 우열을 가리기 힘들다. 넷째, 서로 단절된 두 가지 방안은 서로 충돌된다. 여기에서 말하는 충돌은 두 가지 방안이 결정 진행될 때 동시에 선택하거나 포기해서는 안 된다는 뜻이다. 즉 한 가지 방안을 선택하는 동시에 아주 큰 기회비용을 손실한다는 의미도 포함된다. 다섯째, 정책결정의 시간은 한정되어 있다. 즉 규정된 시간 내에서 서로 충돌되는 두 가지 방안 중에서 한 가지를 선택해야 하는 것이다. 정책결정과정 중에서 결정자가 통제하기 어려운 조건 중 한 가지가 바로 시간이다. 시간요구가 엄격한 상황일수록 사태에 대한 통제 정도가 더욱 높다. 일반적으로 주어진 시간 내에 내린 정책결정에 의한 기회비용의 상실은 아무리 크다 하더라도 아무런 선택을 하지 않는 것보다는 그 손실이 작다(윤견수·소영진, 2000:37-38).

소영진(1993; 1999)은 이종범 외(1992; 1994)에서 제시한 딜레마 조건의 모호성을 수정하여 딜레마가 되기 위한 형식적 조건 혹은 본질적 구성요소를 정리하였다(윤견수, 2010:15-16). 첫째, 서로 단절적인 두 개의 대안이 존재한다. 딜레마 상황을 구성하는 대안은 두 개여야 하고 그것은 서로 절충 불가능하다. 즉 대안들이 서로 단절적이고 연속성이 있어서는 안 된다. 척도를 빌어 설명하자면 두 개의 대안은 명목척도의 성격을 가진다. 그렇기 때문에 두 대안 간의 우선순위를 비교하는 함수를 만들 수 없다. 둘째, 단절적인 두 개의 대안은 서로 상충적(trade-offs)인 상태로 존재한다. 서로 충돌한다는 것은 두 대안을 맞교환할 수 없다는 의미다. 따라서 한 대안을 선택하는 행위와 다른 대안을 포기하는 행위가 동시에 발생한다. 셋째, 두 개의 대안이 가져올 결과가치의 크기는 균등해야 한다. 이때 균등한 상태는 결과가치가 불확실하거나 애매하더라도 결정자가 어느 하나를 선택할 근거를 찾지 못하는 상태다. 또한 결과가치는 대안의 선택이 의사결정자에게 가져다 줄 미래의 편익을 뜻하며, 여기에는 인식과 감정 등의 심리적 상태가 포함된다. 정책으로 인한 이득과 손실의 규모가 산술적으로 같은 크기여야만 딜레마 상황이 되는 것은 아니다(김동환, 1994:150). 넷째, 제한된 시간 내에 결정을 해야 한다. 만약 결정을 하지 않아도 된다면 상황이 변하면서 결정의 어려움이 줄어들 수도 있다. 그런데 딜레마 상황은 시간의 제약이 존재하기 때문에 어떤 식의 결정이든 해야 하는 상황이다. 즉 선택이 불가피한 상황인 것이다. 따라서 선택을 하지 않고 현재 상태를 유지하는 것 역시 하나의 대안을 선택하는 것이다. 이미 상황이 결정자의 결단을 요구하는 상황으로 바뀌어버렸기 때문이다.

위의 내용대로라면 딜레마는 "두 개의 대안이 존재할 때, 두 개의 대안을 동시에 선택할 수도 없으며, 그 중 한 개의 대안을 선택하기도 곤란하지만, 제한된 시간 내에서 선택을 하지 않을 수도 없는 상황이라"고 정의할 수 있다.

따라서 본 논의에서는 이러한 딜레마의 상황조건에 맞추어 현재 중국의 농촌토지정책의 딜레마 상황을 설명하고자 하며, 이러한 상황조건이 만들어진 요인에 대하여 역사적 제도주의 관점에서 제도적 제약요인을 분석하고자 한다.

3) 제도와 딜레마

역사적 제도주의 관점에서 본다면 현재 중국의 농촌토지정책의 딜레마 상황은 제도라는 거시적 틀에 의해 영향 받은 결과로 볼 수 있다. 딜레마 이론에서도 딜레마 상황을 분석하는 요소들로 맥락이나 상황의 변화, 대안, 가치, 집단의 요소들을 제시하고 있다. 딜레마 상황을 분석하기 위한 맥락이나 상황의 변화를 분석하기 위해서는 딜레마의 원인이 되는 사회경제적 배경과 역사적 맥락 등을 고려해야 한다(이종범 외, 1991:127). 본 연구에서는 제도를 "행위자에게 제약과 기회를 제공하는 장기간에 형성된 공식적·비공식적인 관계"라고 정의 하였는데, 이것은 딜레마 이론에서 제시하는 요소들을 포함한 것이다.

제2절 선행연구 검토

1. 중국 농촌토지제도에 관한 연구

중국은 개혁개방 전 역사적 문제로 인해 당시의 농촌 토지제도를 연구할 기회가 많지 않았다. 그럼에도 불구하고 일부 학자들은 각종 관련 자료를 통해 수준 높은 논문들을 내놓았다. 예를 들면 Huang Phllip C.C.의 〈화북(華北)의 소농경제와 사회변화〉와 〈양자강 삼각주 소농가 정과 농촌발전〉, 미국학자Edward Friedman, Paul G.Pickowicz, Mark Selden의 〈중국농촌: 사회주의국가〉 등이 그것이다.

이러한 논문 중에서도 MacFarquhar, Fairbank(1974)가 책임 편집한 〈케임브리지 중화인민공화국 지리사〉가 최고의 저작으로 평가 받는다. 이 논문은 신중국이 광범위하게 시행한 토지개혁, 농업합작화, 인민공사 및 가정도급책임제 등을 다른 계층의 농지제도개혁 과정으로 연구하고 분석한 것이다. Teiwes는 토지개혁에 대하여 논하는 과정에서 경제개혁방안의 토지개혁이 얼마나 크나큰 공헌을 하는지는 계속 논의할 필요가 있다고 지적한다. 토지개혁운동의 주요 성과는 바로 정치에 있다. 중요한 사실은 봉건사회의 질서(秩序)는 이미 아무런 힘이 없음을 증명하였다는 점이다. 또한 씨족, 종묘와 비밀사회 등 옛 농촌조직이 새 조직으로 대체되어 그들의 교육, 중재 및 경제 기능을 담당한다는 점이다. 그 결과 그는 빈농과 중농(中農) 사이에 새로운 농촌 간부 엘리트가 생기게 되었다고 말한다.

농업합작화 운동에 대하여 Teiwes는 1956년 말까지 거의 완벽한 집단화 농업생산 합작사가 건립되어, 많은 공산당 조직이 이 운동을 적극적으로 추진하였을 뿐이지, 마오쩌둥 개인의 기획에 의한 것은 아니라고 말한다. 이때 중국에서 농업 합작화를 순조롭게 완성한 원인은 여러 가지로 해석할 수 있다. 이데올로기 면에서의 점진주의와 사회갈등형식을 완화하는 방향으로 소련의 방법을 수정했고, 규율을 갖춘 공산당조직이 농촌에 존재했으며, 현(縣) 등급의 강경 당원들이 많은 작업반을 조직해서 농촌의 중요한 변혁을 이끌었기 때문이다. 더불어 중국공산당이 고심하여 제정한 농촌 경제정책은 대부분의 농민에게 좋은 것을 제공해 주었을 뿐만 아니라 선택적인 면에서도 모든 농민이 합작 이외에는 다른 선택을 할 수 없었기 때문이다.

인민공사 체제에 대하여 Lieberthal(1978)은 인민공사 규모의 조정과 계산 단위가 공사에서 생산대까지의 조정과 변화를 거치며 생겨난 것으로 개인의 노력에 대해 어느 정도의 격려 향상을 하기 위한 것이라고 말한다. 이를 통해 인민공사체제의 지속, 즉 이 계산체제가 인민공사의 장기간 지속에 많은 영향을 주었다는 것이다. 가정도급책임제에 대하여는 중국이 20세기 1980년대 초에 농업을 지속적으로 발전시키는 데에는 몇 가지 공통적인 요인이 있었다고 보았다. 그는 "만약 책임제와 가정도급책임제를 실시하지 않았다면 농업생산의 증가는 의심할 것도 없이 1980년대 초 수준보다 더욱 낮아졌을 것이다. 책임제와 이로부터 생겨난 농업발전은 중국에서 오랫동안 지속되어온 농업문제를 짧은 기간에 조금 완화시키면서 공업화를 추진하게 하였고, 농촌 1인당평균소득을 식품수요면에서 국내 공급을 초과하지 않은 상황에서도 두 배 가량 증가시킬 수 있었다."라고 말했다(MacFarquhar & Fairbank, 1990:78, 106-107, 533-534).

2. 중국 농촌토지제도 변화에 관한 연구

신중국 농촌 토지제도변화에 대한 연구는 하나의 시스템공학이다. 미국 학자 Barrell(1995)은 신제도 경제학의 분석방법으로 신중국 성립 이후 농촌 토지제도변화 과정을 분석했다. 그리고 그는 농촌토지제도변화는 제도로 얻을 수 없는 외부이윤을 얻기 위한 것이라고 말했다. "토지개혁은 20세기 30년대 초부터 이미 존재했던 불평등 토지소유권

분배 상황과 농촌경제의 둔화, 많은 농촌 인구가 계속하여 누적되어온 빈곤을 개선하기 위한 것이고, 합작화운동은 전쟁 후의 농촌경제를 회복하기 위한 것이다. 초급생산합작사에서 고급생산합작사까지 바꾼 것은 농업발전 완급조절과 농촌등급의 수입 불균형의 상황을 개선하기 위한 것이다. 인민공사화는 생산적인 규모 효과와 농촌 기초 시설을 촉진하기 위한 것이고, 나아가 빈민의 기본수입 보장과 무료의료 및 기타 사회봉사를 통하여 재산을 재분배하기 위한 것이다. 세대별 생산책임제는 노동과 실적을 연결하고 농민의 생산적 적극성을 동원하고 농업과 농촌경제의 급속발전을 추진하기 위한 것이다."라고 주장했다.

미국경제학자 Perkins(1984)의 『중국농업의 발전』과 Chow(1984)의 『중국경제』저서 중 중국농업, 특히 중국의 토지분배와 조직제도도 눈여겨볼 만하다. Perkins는 대략 1368-1968년의 600년 동안 중국농지제도의 변화상황을 분석하였는데, 600년 동안 중국농지의 소작모델과 소작율이 큰 변화가 없었음을 발견했다. 흥미로운 점은 Perkins는 소작관계가 토지생산량증가에 별다른 영향을 미치지 않았으며, 토지생산능력에 큰 영향을 미친 것은 "소작경작권 보장으로 일정한 토지와 그 사용기간 및 토지세 납부 등에 근거한 소작계산방법이다"라고 한 것이다. 이러한 결론 통해 볼 때 이 제도는 현실을 반영하였다는 점에서 시대에 뒤쳐지지 않는 제도라 할 수 있다.

Chow(1984)는 주로 인민공사제도에 의한 생산과 분배문제를 분석하고, 분업제도는 농민의 적극성을 동원시키는데 적합하지 않다고 보았다. 또한 노동력이 다른 공사 사이에서 자유롭게 이동할 수 없는 농업발전에 영향을 주는 제도적 요소를 찾아냈다. 이것은 토지와 노동시장이 존재하지 않기 때문에 토지를 사용하지만 자본금을 낼 필요가 없는 것은 물론 노동력을 유동할 수도 없으며, 토지와 같은 가치 있는 자원을 효율적으로 사용할 수 없기에 생산율이 줄어들 수밖에 없었다는 의미다. 미국 워싱턴 대학의 Roy Prosterman(1998) 교수와 동료들은 중국 농지의 사용형태와 사용기한의 실제 운용을 분석하고 중국농촌 토지제도 법제화를 중점적으로 연구했다(李平, 1995:38-44). 이 연구는 국내학자와 비교해도 손색이 없는 훌륭한 성과이며 그들이 제기한 내용도 높은 수준의 것이다.

또 다른 학자들은 중국토지관리제도의 고찰을 통하여 중국농지제도 변화 중에 존재하는 문제와 원인을 분석했다. Cartier(2001)는 중국 도시와 농촌 토지 관리제도의 연구를 통해, 경작지를 넓은 관점에서 보았을 때 농민의 권리를 보장할 수 없다는 사실이야말로 토지관리가 어려움에 빠진 근본 원인이라고 지적했다. James(2007)는 농촌토지에 관한 관리제도의 연구를 통하여 중국 현행의 농촌토지제도가 다음과 같은 몇 가지 문제가 있다고 지적했다. 첫째는 토지 사용권의 불안정이다. 이 불안정은 세 방면에서 나온 문제인데, 먼저 권리 지정에 대한 현행제도의 결함, 계약 기간에 토지소유자가 가지는 권리, 끝으로 정부 자체의 계약에서 생긴 문제(중립된 제 3자가 없이 계약을 강제로 수행한다)가 그것이다. 중국농촌토지사용제도가 존재하는 두 번째 문제는 토지가치에 대한 저평가다. 이 상황을 개선하는 가장 좋은 방법은 각 농민가정이 소유권을 강화해 단체 발언권이 강화된 보다 좋은 연맹을 맺는 것이다.

중국 농지제도 변화문제 연구에는 여러 가지 이론이 있으나 제도경제학 이론 및 방법에 대한 연구가 가장 많이 사용되고 있다. 그렇기에 중국토지제도변화는 제도경제학 이론을 검증하는 시험장이라 할 수 있는데, 제도경제학 이론으로 중국농지문제를 분석 연구하는 것이 경제학계에서 환영을 받고 있다. 중화민국의 토지 소유시기부터 신중국 성립초기의 토지개혁까지의 합작사와 인민공사에 관한 논의는 상당히 많은데, 특히 농촌개혁 이래의 토지제도변화는 중국농업경제의 지속적인 발전을 추진한 것은 물론 제도경제학이론으로도 중국농지제도의 변화 궤적을 검증하는 많은 고전문헌들을 탄생시켰다. 이 고전문헌들을 하나하나씩 정리하는 것은 쉽지는 않은 일이지만 동시에 의미 있는 일이라 할 수 있다. 그렇기에 필자는 이러한 문헌 중 반드시 필요하다고 생각하는 일부 문헌들을 선별하여 해당 문헌의 관점과 내용을 정리하고자 한다. 필자가 수집한 문헌 중 린이푸의 중국농지제도변화의 관점은 가장 눈여겨볼 만하다. 린이푸는 가정경영우월성 모형의 설명, 가정도급책임제와 농업증가에 대한 공헌의 논증 및 가정도급책임제 개혁이 가져올 생산율 증가 예측과 유발성 제도혁신의 해석을 비롯하여 집단화의 인민공사 실패 원인을 분석하였고, 이를 통해 기존의 제도경제학 이론 및 실증에 새로운 내용을 추가하였다(林毅夫, 1992).

한편 저우치런은 구이저우(貴州)성 메이탄(湄潭)현의 농촌토지제도 개혁 시범지역에 대한 사례분석을 통하여 자신의 중국 농지제도 변화에 대한 기본관점을 피력했다. 〈메이탄: 전통농업지역의 토지제도변화〉는 개혁 이래 새 토지 제도로 생겨난 내부모순이 농가경제에 준 영향과 새 제도의 요구에 대하여 어떻게 제도를 만들어 제공했는지를 분석한 연구다. 논자는 가구 단위 생산 도급제가 생긴 초기는 유발성 제도의 공급 방식과 달라서 호별도급생산 이후의 제도 공급은 자체적으로 형성되기가 어렵다고 논했으며, 제도 공급의 부족을 어떻게 극복해야 하는가에 대해서는 정부가 '제도성 기업가'가 될 필요가 있으며 시험적 방식이나 더 좋은 방식을 채택해야 한다고 지적했다(周其仁, 1994:37). 바꾸어 말하면 강제적 제도변화는 어떠한 경우에는 경제 당사자의 이성적 행위의 표현이 아니라는 것이다. 아울러 이 논문에서는 인구가 증가해도 토지에 분배 받지 않고 비경지자원개발을 추진하는 유도설계 제도 및 후기정책 제정을 위한 이론도 제시하였다.

이외에도 리우쇼잉의 〈제도이론 및 중국현대농지제도〉(劉守英, 1993: 140)는 중국농지제도의 계약구조 및 소유권 부족을 분석하였고, 쿵징위안의 〈중국 경제생활중의 비정식적 제도 배분 및 영향〉(孔涇源, 1993:95)은 정식 제도배치와 비정식 제도배치를 연구한 후, 두 가지 제도형태가 중국 농지제도변화에 준 영향을 분석하였다. 첸젠포의 〈인민공사의 소유권제도〉(陳劍波, 1994:47-53)는 인민공사의 실패원인을 색다르게 분석하였으며, 원톄쥔(溫鐵軍)은 '양전제(兩田制)'를 평가했으며, 왕청더(王誠德)는 '규모경제'를 평가하였다. 황지쿤(黃季焜)은 수리 관개 시설과 임지 소유권제도 등 다양한 토지 사용제도형태를 분석했다. 이와 같이 많은 학자들이 중국농지제도변화에 관한 제도 수요와 공급, 제도 혁신과 선택, 소유권과 소유권범주, 거래원가와 계약, 인간의 행위와 공공선택 등 다양한 명제를 심도 있게 연구하였다.

이 밖에 진샹무(靳相木)는 박사논문 〈중국농지제도연구〉(2002)에서 신중국 농지제도변화과정을 체계적으로 연구했다. 그는 중국이 20세기 1950년대에서 21세기에 이르는 50여 년 동안 토지 집단소유제를 계속 실시했다고 말했다. 논자는 농업 합작화 시기의 토지 집단소유제는 구성원의 토지 개인소유권을 인정하지 않았기에 합작사의 높은 조직효율만을 유지하고자 했다고 밝혔다. 그리고 인민공사 시기에 국가의 행정권력은 광범위하고 깊이 개입되었기 때문에 농업집단 경제조직에 들어와 사원토지의 개인소유권을 전면적으로 부정하여 인민공사 체제를 아무리 조정해도 조직효율이 낮은 어려움을 근본적으로 해결할 수 없었다고 설명했다. 더불어 20세기 1970년대 말의 농촌개혁은 농민 토지도급경영권 형식으로 다시 사적 토지권리를 허용하였으므로 집단농작제도가 다시 가정농작제로 되돌아갔을 뿐만 아니라 오랫동안 조직효율이 낮았던 문제를 완전히 해결할 수 있었다고 말했다. 아울러 진샹무는 중국농지제도변화의 역사로 보면 신중국 창립 후의 30년까지는 토지사유제 부정과 관련되어 잘못된 것을 고치려다 오히려 더 나빠지는 요소가 생겼다고 분석했다. 그는 새로운 시기 농촌 토지제도인 "정사합일(政社合一)"의 인민공사 체제에서 "집단조직–농가" 두 계급으로 나뉜 체제로의 전환은 중국특색의 융통성이 있는 토지권리 개인화 과정에 따른 지속된 발전이라고 하였다. 더욱이 논자는 이 개혁노선은 융통적, 단계적으로 시종일관 순차적으로 실행되었고, 이러한 개혁 노선은 신구 체제전환의 '순조로운 해결'이었다고 언급했으며, 동시에 이것은 사회 안정을 보장한다는 대전제 하에서 농촌토지제도의 심도 있는 변혁이었다고 평가했다.

뤄푸잉(羅夫永)은 박사논문 〈소유권조합–중국농촌토지제도의 구축〉(2007)에서 건국 이래 중국농촌 토지제도의 변화과정을 되돌아보며 현재상황의 농지제도배치를 중점적으로 연구했다. 그는 현재의 중국토지제도는 전형적인 불균형 상태이며, 기존의 제도로는 주체자가 잠재적 이윤이나 외부적 이윤을 얻을 수 없음이 드러났다고 주장했다. 이는 농지소유권제도의 혁신이 필요하게 되었음을 의미한다. 그렇기에 논자는 이를 토대로 중국농촌토지 소유권제도개혁의 '국가소유, 농가점유'의 모델을 제시했다.

왕셴핑(汪先平)의 박사논문 〈당대 중국농촌토지제도 연구〉(2007)는 중국 건국 후 농촌토지제도변화에 대한 연구를 통하여 중국에서 시장경제체제를 확립하고 개선함에 따라 토지사유제든지, 토지공유제든지 간에 국가의 행정권과 토지생산요소의 소유권은 반드시 뒤엉키고 합

쳐진 상태에서 분리되고 독립된 상태로 변하게 마련이며, 이러한 과정
은 장기간에 걸친 필수적 과정이라고 지적했다. 그래서 그는 중국이
정책면에서 '국가통일경영관리를 농업업자와 분산하여 경영하는 관리'
인 통일분산결합의 토지제도를 실시할 것을 건의했다.

장펑(姜鋒)은 〈중국 농촌토지제도 문제 연구〉(2008)에서 중국 집단
소유의 농지제도를 고찰하며 아주 긴 기간 동안의 중국 현행 농촌토지
제도, 즉 농지집단소유, 가정도급책임제의 토지제도가 명의상으로는
존재하지만 내용과 외연이 끊임없이 변하여 두 방향으로 변화·발전하
고 있다고 지적했다. 하나는 농지 생산수단 소유권이 국가를 대표로
한 정부소유방향으로 발전하고 있는 것이며, 다른 하나는 농지소유권
이 농가를 주체로 한 농민계층으로 발전하고 있다는 것이다. 그는 농
지 생산수단 소유제 변혁의 결과는 두 힘의 중 어느 쪽이 더욱더 선진
화된 생산력 발전 방향의 대표가 되느냐에 달려있다고 분석했다.

주목할 만한 점은 최근 몇 년간의 중국경제의 발전에 따라 농지제도
개혁이 다시 활기를 되찾고 있으며, 제도변화가 끊임없이 새로운 형태
로 나타나면서, 사회의 지대한 관심을 이끌어 내고 있다는 사실이다.

지난 30여 년간 중국 경제의 지속적 발전은 경제체제의 개혁이 있었
기 때문이고, 이러한 체제개혁은 농지제도의 변화에서 시작된 것이다.
실제로 농업과 국민경제체제개혁의 순서는 다음과 같다. 토지가정경
영을 핵심으로 한 도급책임제를 확립, 이후 각 이익을 초보적으로 조
정한 다음, 효율이 낮은 인민공사체제를 개혁, 두 경영체제를 확립하
고 다양한 형식의 농촌경제체제를 창조했다. 우선 미시경영체제변혁
의 성공은 자원요소의 배당효율을 크게 향상시켰을 뿐만 아니라, 가장
큰 범위에서 산업구조의 전환을 실현해 제도적 기초를 제공했다. 그리
고 농촌기업발전, 노동력유동, 교환조건의 개선은 시장기제의 형성을

크게 촉진했다. 또한 농업현대화, 농촌도시화, 농촌사회경제발전은 국민경제의 각종 직업을 지속적이고 안정적으로 성장 발전시켰다. 그렇기에 농지제도변화는 중국농업과 농촌, 나아가 국민경제의 중추적 역할을 하였으므로, 그 여파는 중국의 정치와 경제체제 개혁의 모든 방면에 영향을 주었음을 쉽게 발견할 수 있다.

천시원(陳錫文)의 중국농촌개혁 연구는 탄탄하고 훌륭한 성과를 보여준다. 그는 『중국농촌개혁: 회고와 전망』(杜鷹, 1999:77-79)에서 농촌개혁문제에 대한 심층 있는 사고와 체계적인 논술로 중국농촌개혁 문제를 어떻게 풀어가야 할지 보여주었다. 또한 그는 가정도급책임제에 대한 연구와 논술에도 많은 심혈을 기울였다. 논자는 천시원의 관점이 가정도급책임제의 풍부하고 해박한 분석이었을 뿐만 아니라 가구 단위 생산 도급제 실시 후의 농촌제도배치문제라는 소위 '후포(后包)' 문제에 대해 다시 한 번 되짚어 보게 했다고 생각한다. 왜냐하면 그는 토지제도변화가 일으킨 농촌재산제도, 농촌조직제도, 농촌시장제도 및 농촌기업제도의 건설 등에 대해 많은 시사점을 주었기 때문이다. 이 저서는 연구자들에게 시사하는 바가 많기 때문에 인용률이 가장 많은 책 중 하나이기도 하다.

본 연구에서 두잉(杜鷹)의 성과와 관점을 인용하는 이유는 그가 오랫동안 중국 농업정책의 연구에 전력하였기 때문이다. 그는 여러 문제의 다양하고 해박한 견해를 가지고 있는데 그 중 농촌기업, 농촌노동력이동 및 농민수입 등의 문제에 대한 관점과 사고방식이 특이하다. 그의 관점을 간단하게 정리하면 그의 이론과 사상이 중국농촌의 가장 기본 제도인 가정도급책임제에 뿌리를 두고 있으며, 그가 이 제도의 효과에 대한 견해를 나타내고 있음을 발견할 수 있다. 예를 들면 그는 『농촌을 나가다』(杜鷹, 1997)에서 중국과 같이 토지를 중시하고 이동을 잘 하지 않은 전통적 농업 사회에서 왜 대규모의 노동력 유동현상이 나타났는지에 대하여 심층 있게 분석했다. 논자는 이 저서에서 가정도급경영제는 생산을 위한 제도격려가 있어 노동생산율을 너무 많이 높였기에 토지경영 중에 오랜 시간 잠재했던 실업현상이 드러났다. 그러나 여전히 사람은 많고 토지는 부족하여 경작지가 부족한 상황이었다. 가장 근본적인 원인은 인민공사제도의 실패 후 개인농민의 재산권과 신분자유가 생기면서 조직원이 퇴사하는 권리가 사라졌기 때문에 더 이상 이동이라는 전제가 사라진 것이다. 바꾸어 말하면 가정도급경영의 제도적 배치가 가지는 가장 직접적인 성과는 농업노동력을 농업 이외에 취업을 가능케 한 것과 농촌노동력의 대량 이전을 추진시킨 것이다. 이것이 바로 『농촌을 나가다』가 우리들에게 일깨워 주고 있는 부분이다.

린이푸는 대체적으로 제도와 기술 및 농업발전 연구에 이바지한 공로가 크며, 특히 제도경제학 연구자들 사이에서 그의 논문은 호평을 받는다. 그의 관점은 중국경제 학계에도 적지 않은 영향을 주고 있는데, 그의 제도경제학에 대한 심층적 연구는 본 저자에게 매우 흥미로운 것이 아닐 수 없다. 예를 들면 최근 출판된 그의 『제도와 기술 및 중국 농업발전에 대한 재 논술』은 통상적 제도경제학 이론과 각국의 경제발전사실을 검증한 것이다. 또한 그의 논문 〈제도와 경제발전〉은 뛰어난 논문이다. 그는 논문을 통해 발전 중인 국가의 생산력과 제도가 선진국과 비교하면 놀라운 차이가 있다고 주장한다. 이어서 그는 그렇다면 제도가 왜 이렇게 다르고 왜 제도를 형성하고 어떻게 형성하는가. 이런 제도가 어떻게, 동시에 얼마나 생산율의 차이를 내는가. 왜 어떤 때에는 무효제도가 안정화를 가져오게 되며, 이때 어떻게 안정화 되는가. 모든 제도 중에서 어느 것이 가장 중요한가. 제도가 어떻게 잘못된 방향으로 변화하는가 등의 이러한 문제들을 흥미롭고, 통찰력 있는 시선으로 다루었다. 그는 제도와 경제발전 사이에는 뚜렷한 상호관계를 가지고 있으며, 우선 제도가 경제발전의 수준과 진전에 영향을 준다고 논했다. 그리고 경제발전은 잦은 제도변화를 불러일으키게 된다고 말하였다. 따라서 그는 이런 문제의 해결을 위하여 제도경제이론을 통한 중국경제발전의 몇 가지 과제들을 분석할 수 있다고 생각했다.

제도학파를 대표하는 장우창(張五常)의 사상은 그의 『소작농이론』에 잘 드러나 있다. 그는 다른 토지소작형식 아래서 자원배치의 성질, 특히 소작을 나눈 것을 토지소작방식에 의거하여 계약은 시기마다 하고, 소작농이 생산한 부분에 따라서 일정한 비율의 지세 납부를 규정했다고 역설하였다. 왜냐하면 전통적 관점에서 나눠진 소작제도는 자원배치의 무효율을 초래할 수 있기 때문이다. 그러나 그는 이론상이든 경험상이든 이러한 무효율의 관점은 모두 착각이라고 말했다. 사유재산권 면에서 지주가 혼자서 토지를 경작하거나, 농민을 고용해서 토지를 경작하거나, 혹은 정해진 땅값에 따라 토지를 남에게 빌려 주어서 경작하거나, 지주와 소작농이 실질적인 생산량을 함께 나누는 등의 모든 방식은 어떤 의미에서는 자원배치효율과 같은 것이다. 바꾸어 말하면 계약자 자체가 개인 재산권의 표현형식이기만 하면 다른 계약배치는 자원효율이 별 다르지 않음을 의미한다. 아울러 그는 '계약'이라는 단어를 상세히 논하면서 이 용어가 제도경제학에서 자주 쓰이는 어휘가 되었음을 언급하였다. 또한 그는 『소작농이론』과 『경제해석』를 통해 '신제도경제학' 사상을 설명하고, 제도경제학 이론으로 문제를 분석해 넓은 의미에서의 새로운 사상을 개척했다(張五常, 2000).

그밖에 신제도경제학, 재산권이론 및 게임의 이론 등을 통해 중국의 농지제도변화의 과정을 경제학의 입장에서 연구한 사례가 적지 않다. 장홍우(張紅宇)는 박사논문 〈중국농촌 토지제도변화의 정치경제학분석〉(2001)에서 거래비용의 시각으로 인민공사제도와 가정도급책임제를 상세히 분석하여 네 가지 가설을 논증했다. (1) 가정도급책임제는 토지경영의 기본제도로 현 단계에서 거래 원가가 가장 낮으면서 업적과 성과가 가장 높은 이성적 제도와 배치다. (2) 가정도급 기본제도 틀에 모든 농지 사용제도형태를 다음의 어떠한 제도변화방식으로 바꾸어 채택하더라도 모두 경제당사자의 이성적 행위로 나타난다. (3) 가정도급책임제는 이성적 제도배치로 그 변화과정에서는 외적 변수가 제도배치의 구조를 좋은 쪽으로 변하게 하여, 끊임없는 창조가 나타나게 된다. (4) 제도변화는 끊임없는 창조행위가 수반되어야 한다. 그래서 토지제도변화에서 이익주체의 재산권의 범주와 농가가 가진 권리의 완전성은 미래에 제도창조의 기본적 착안점이 될 것이다. 따라서 그는 거래원가의 높고낮음은 제도배치를 비교하는 중요한 요소로 현 단계의 농지제도창조는 가정경영의 기본 제도 기초를 반드시 유지해야 한다고 논했다. 동시에 정부는 제도공급의 이성행위에 대하여 제도수요와 제도공급의 '일관성'을 확보하기 위하여 제도변화의 거래원가, 헌법절차, 도덕규범과 대중의 지식수준을 충분히 고려해야 한다고 평하였다.

후위안쿤(胡元坤)은 박사논문 〈중국농촌 토지제도변화의 동력기제〉(2003)에서 중국 농촌 토지 제도변화는 사실상 특정한 거래환경에서 내외부이윤을 흡수하기 위하여 어느 이익집단의 주도하에 이익집단과 관련된 이익다툼의 결과라고 주장한다. 제도변화의 방향은 주도집단이 자신의 이익의 방향에 따라, 순이익의 최대화(거래비용의 최소화) 원칙에 따라 내려지는 제도선택인 것이다.

장원화(蔣文華)는 박사논문 〈다양한 시각의 중국농지제도〉(2004)에서 중국농지제도를 종합하며, 중국농지제도변화의 실질은 일정한 구속 하에 각 방면의 이익 충돌 및 이익 다툼의 결과라고 말했다. 그는 법률적 시각으로 중국의 농지제도는 국가권력이 엄격하게 통제하는 시스템 구조로 강 국가, 약 단체, 약 개인의 특징이 뚜렷하다고 보았다. 이때 토지의 균등분배와 조정은 농민집단이 생존의 압력을 극복해야 할 일종의 집단행위(개인의 이성 선택을 기초로 함)이자, 합리다. 그러나 이 제도는 이미 서서히 상실되고 있는 추세다. 공업화와 도시화의 진행과정에서 보다 효율적인 사회보장체계와 보다 자유로운 토지유통메커니즘을 빌어 토지조정을 대체하는 것이 앞으로의 필연적 정책선택이다. 그렇기에 논자는 중국이 한층 더 높은 헌정국가가 되어야 농민토지권리와 기타 권리문제를 근본적으로 해결할 수 있으며, 중국농업문제와 농촌문제의 중요한 해결책은 '도시화'와 '공업화'에 달려 있다고 언급했다.

중국 내의 많은 학자들이 농업개혁 및 가정도급경영제도변화를 근거로 제도에 대해 진행한 체계적인 연구와 분석은 결코 소홀히 할 수 없는 부분이다. 실제로 중국경제문제, 특히 중국농촌문제의 다양한 변화를 연구하고 분석하기만 해도 제도와 농지제도변화의 영향을 받지 않은 영역이 없음을 쉽게 발견할 수 있다. 가령 한쥔(韓俊)은 농촌시장경제체제구조를 기초로 토지제도가 일으킨 농촌조직제도, 농산품유통제도, 농촌기업산권제도 및 기타 관련한 제도를 분석했다(韓俊, 1998). 또한 차이팡(蔡昉)은 합작경제의 모든 방면으로 농촌조직, 지역사회를 논술하며 자신의 제도경제학이론의 이해와 실제적 통찰력을 철저히 반영했다(蔡昉, 1999). 그리고 궈슈톈(郭書田)은 중국 도시와 농촌의 이원경제, 사회구조의 이론 및 이런 제도구조가 생기게 된 심각한 원인들을 분석했다(郭書田, 1990). 한편 마샤오허(馬曉河)는 거시적인 관점에서 농업과 국민경제 발전을 다루면서 농업개혁과 토지제도변화로 야기된 다양한 국민경제산업의 제도 성과를 분석했다(馬曉河, 1999).

제3절 분석모형의 구성

본 절에서는 필자가 앞 절에서 논한 이론적 논의를 바탕으로 본 연구의 모형을 도출하고자 한다. 행위자에게 제약을 가하는 제도로는 이념, 사회 및 정치적 환경, 행위자를 들 수 있다.

역사적 제도주의는 이념(가령 정책패러다임이나 정책사고 등)을 비공식적 제도로 이해하거나 넓은 의미의 제도 안에 포함시킨다(March & Olsen, 1989; Thelen & Steinmo, 1992; 등). 역사적 제도주의는 제도의 존재를 정의하기 위해 이념과 같은 추상적이고 모호한 개념에 의존한다. 그러나 이념은 제도수준의 중요한 성분이며, 제도변화를 설명하는 중요한 요소다(김윤권, 2008: 412). 또한 딜레마 이론에서도 가치는 딜레마 상황을 가져오는 하나의 중요 요인으로 간주된다. 이념이 행위자에게 미치는 영향을 구체적으로 살펴보면 다음과 같다. Hall은 이념이 정책에 영향을 주는 방식으로 첫째, 이념은 의사결정자의 수많은 관심을 정의하고 우선순위를 정해준다고 보았으며, 둘째, 이념은 의사결정자가 사회현실을 단순화시켜 불확실성을 줄이게 하고, 셋째, 이념은 문제해결을 실행하는데 필요한 대책을 식별시켜준다. 또한 이념은 행위자의 의사결정에 대한 영향을 구조화시키는 잠재력을 가진다. 현재 및 미래의 행위자의 이념을 주입할 능력은 구조와 행위자의 연계에 결정적이다. 이념은 행위자가 제도변화를 추구할 때 해석과 방향의 역할을 한다. 더불어 이념은 행위자의 조건, 이익극대화전략 제공, 제도변화의 방향을 제시해주며, 미래의 제도변화에 지속적인 영향을 준다(Goldstein & Keohane, 1993:11-12; Hall, 1989:361; 김윤권, 2008:412). 따라서 본고에서는 중국의 농촌토지정책의 변화 및 현재 딜레마 상황에 영향을 미치는 중요요인으로 이념요인을 선택하여 분석하고자 한다.

왜냐하면 공산주의 정치이념은 중국의 정책변동과 현재의 딜레마 상황에 중요한 영향을 미쳤을 것이기 때문이다.

환경변수 또한 정책변화 딜레마 상황에 영향을 주는 요인으로 간주된다. 경제상황의 변화나 사회환경의 변화로 나타난 문제점들은 정책결정자로 하여금 문제를 해결하기 위한 선택을 강요한다. 이것은 중국의 농촌토지정책의 경우에 인구의 급증과 농업생산물의 생산성 하락으로 인한 식량문제와 관련된다. 이에 본 연구에서는 중국의 농촌토지정책에 영향을 미치는 환경변수로 인구 및 식량과 같은 사회경제적 변수를 포함하여 분석하고자 한다.

행위자간의 권력관계는 거버넌스 특성으로 이해할 수 있다. 정책문제를 해결하기 위한 거버넌스의 특징은 정책결정과 집행과정 그리고 정책의 변동에까지 영향을 미친다. 특히 중국의 중앙정부와 지방정부의 관계는 토지소유권과 사용권에 있어서 자유주의 국가와 다른 특이한 관계다. 여기서 지방정부는 중앙정부의 이해관계와 달리 지방정부의 이익을 위해 활동한다. 왜냐하면 법률의 모호성과 미비로 인해 토지의 실질적 사용자이자 사용권자인 농민들의 이익이 침해되는 경우가 증가하고, 이로 인해 지방정부와 집단(집체) 조직, 그리고 농민들간의 갈등이 심화되는 등 토지 권리의 문제가 농촌사회에서 대두되고 있기 때문이다. 이에 본 연구에서는 행위자 간 관계를 변수로 설정하여 중국의 농촌토지정책의 변동과 딜레마 상황을 분석하고자 한다. 아래 그림은 본 연구의 분석틀을 나타낸 것이다. 그림에서 종속변수로 그려진 정책변동과 딜레마의 소유권과 경영권은 농민의 토지에 대한 소유권과 경영권(사용권)의 유무에 따라 구분한 것이다. 그리고 이러한 소유권의 변화를 연구대상기간인 1949년부터 현재까지 3단계로 구분하여 표시한 것이다.

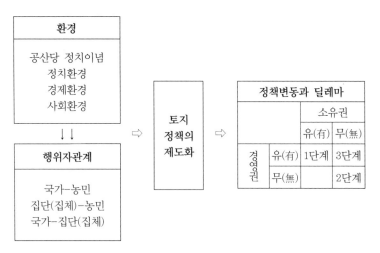

[그림 2-1] 중국농촌 토지정책의 변동과 딜레마 분석틀

제3장
중국 농촌토지정책의 역사적 변화과정

중국공산당이 혁명전쟁에서 승리할 수 있었던 요인은 토지 소유에 대한 중국 농민의 한(恨)을 "무상몰수, 무상분배, 채무철폐" 구호로 내세웠던 토지 혁명 덕분이었다고 할 수 있다. 중국공산당의 토지개혁은 기본적으로 수많은 빈농(贫农)과 고농(雇农)의 지지 확보 전략에 초점을 맞추고 진행되었던 것이다. 이와 같은 토지정책의 기조는 혁명전쟁에서 승리하고 중화인민공화국 초기에 추진되었던 사유제 토지개혁 때까지 이어졌다. 그러나 1953년 이후 중국공산당의 토지정책기조는 점진적으로 사회주의 건설을 위한 합작화 및 집단화를 추진하기 위한 방향으로 선회하였다. 그러나 그 결과는 철저한 실패로 판명되었다. 실패의 주요원인은 두 가지로 볼 수 있다. 첫째, 당시 중국농촌의 객관적인 경제조건을 충분히 반영하지 못했다. 둘째, 농민의 토지에 대한 집착과 열망에 배치되는 토지 소유와 사용의 집단화 및 공유화의 추진이 농민의 생산성 저하, 노동 감독비용과 관리비용 증가 등을 초래한 것이었다. 이에 1978년 말부터 개혁개방정책이 추진되면서 농촌에서는 토지 집단소유의 틀은 유지하면서 토지사용권(경작권)을 가정도급책임제로 전환하는 개혁이 추진되었고, 집단화와 공유화의 상징으로

20년간 존속시켰던 정사합일의 이민공사제도는 폐지되었다(박인성, 2010a: 238). 아래 표는 이러한 중국의 농촌토지제도의 변화를 간략하게 정리한 것이다.

〈표 3-1〉 중국의 농촌토지제도변화

연도	토지제도	내용	단계
1949-1952년	농민개인소유, 농가자주경영	농촌의 토지 사유제(소유권과 사용권)가 모두 농민에게 있었다.	1단계
1953-1978년	상호협조조	상호협조조는 개체경제 기초 위에 자원, 상호 이익의 원칙에 따라 조직된 농업협동 조직이다. 이 단계에서는 토지 개혁 후 형성된 토지 및 생산자료(생산재)의 농민 소유권과 독립경영이 유지되었으나, 분산된 개체노동을 일정 정도의 연합 노동으로 대체하였다. 토지에서 산출되는 수익은 각 호에 귀속되었고, 노동력을 적게 제공한 농가는 보다 많은 노동력을 제공한 농가에 품삯을 지불하였다.	2단계
1953-1978년	초급합작사	초급합작사는 개인 토지소유권을 승인하는 전제 하에 농민의 토지와 농기구 등 생산자료(생산재)와 토지사용권(경작권)을 합작사 집단(집체)소유로 전환시켰다. 합작사 사원(社員) 즉, 구성원은 집단(집체)에 입사된 사적 자산에 대하여 직접적인 지배권, 사용권, 점유처분권이 없었다. 토지소유권의 권리는 합작사에 입사한 자신의 토지에 대한 지대와 지분을 배당받는 것뿐이었다. 이 단계까지는 입사와 퇴사의 자유가 보장되었기 때문에 합작사와 단독 경작 형식이 병존하였다.	2단계
1953-1978년	고급합작사	고급합작사 단계에서는 농민개체소유제가 사회주의 집단소유제로 대체되었다. 즉 토지사유제는 폐지되었고, 농업합작사 집단(집체)소유, 통일사용 경영제도로 바뀌었다. 농민의 토지, 농기구 등 생산자료(생산재)는 모두 무상으로 집단(집체)에 귀속되었다. 토지지분도 폐지되	

연도	토지제도	내용	단계
	고급 합작사	었고, 개인생산 자료의 소유권, 사용권, 수익권, 처분권 등도 일률적으로 집단에 귀속되었다.	
	인민 공사	인민공사 시기에는 집단(집단) 구성원인 농민의 집단소유, 토지에 대한 사용권, 수익권, 양도권을 부정하고, 모든 농업생산자료(재)를 공유화하고, 농촌 노동력은 인민공사 또는 생산대가 통일적으로 지휘·조정배분·사용하였다. 농민은 자신의 사유재산은 물론, 자신의 노동의 자유가 허용되지 않았다. 또한 노동의 성과에 대해서는 공사와 생산대가 국가 통일 규정에 근거하여 정산하고 배분하였다.	
1978년-	가정연산 도급책임제	가정도급책임제는 가정청부책임제라고도 할 수 있으며 농가가 경제단위가 되어 토지를 청부받아 경작하는 것을 말한다. 소유권과 경영권(사용권)을 분리시켜 소유권은 국가나 집단가 가지는데 반해 사용권은 개인이나 경제단위(농가)가 가질 수 있도록 허용한 것이다.	3단계

제1절 1949-1953년의 농민개인소유 및 가정자주경영 시기

1. 역사배경

신중국 건국 초기 중국공산당은 중국에서 오랫동안 이어져왔던 봉건지주의 토지소유를 농민개인의 소유로 하는 역사적인 제도변혁을 완성했다. 물론 이 토지개혁은 다음의 역사배경에서 진행된 것이다.

1) 전쟁에 의한 경제 체제 파괴

신중국 창립 전 일본은 1937년부터 1945년까지 항일전쟁(抗日戰爭)을 일으켰다. 이후 공산당은 국민당과 3년 동안 전쟁을 선포하여 중국의 농공업은 크게 파괴당했으며 경제도 붕괴했다. 농공업 생산이 파괴당한 정도는 1949년 주요 농공제품생산량과 해방 전의 최고 생산량을 비교해보면 알 수 있다. 공업생산 면에서 공업제품 생산량은 보편적으로 줄어들었는데 그 중에서 생철과 강철이 가장 많이 줄어들었다. 1949년 생철의 생산량은 25만 톤으로 단위 최고 생산량(1943년 180만 톤)의 13.9%였으며, 강철 생산량은 15.8만 톤으로 단위 최고 생산량(1943년 92.3만 톤)의 17.1%이다. 농업생산 면에서 농업 생산량도 많이 줄어들었는데 식량생산량은 15,000만 톤에서 11,318만 톤으로 24.5%로 줄어들었다. 면화는 84.9만 톤에서 44.4만 톤으로 47.7%를 줄어들었고, 찻잎은 22.5만 톤에서 4.1만 톤으로 81.8%가 줄어들으며, 가축은 7,151만 마리에서 6,002만 마리로 16.1%가 줄어들었다(孫健, 2000). 따라서 중국은 경제회복과 생산발전이라는 절박한 임무에 직면할 수밖에 없었다.

신중국 건국 초기에 모든 업계가 부흥을 기대하고 신민주주의혁명의 임무를 철저히 완성하기 위하여 새 정권에서도 전쟁으로 인해 파괴된 경제 회복 발전에 주력했다. 심각한 경제상황 아래서 중국공산당 지도자는 토지개혁의 중요성을 의식했고 토지개혁에 적당한 경제모델을 연구하기 시작했다. 따라서 공산당 지도 아래 전 중국은 1949년 겨울부터 1953년 봄까지 '토지를 봉건착취자에게서 농민에게 이전해 주고, 봉건지주의 사유재산을 농민의 사유재산으로 탈바꿈시키며, 농민을 봉건 토지관계에서 해방시키는' 토지개혁을 단행했다(毛澤東, 1991).

그리고 1950년 6월 6일부터 9일까지 중국공산당은 제 7기 3차 전국대표대회를 개최하여 다시 토지개혁을 이 대회의 중요 문제 중 하나로 채택했다. 이때 마오쩌둥은 보고에서 전 당원과 전국 인민에게 여덟 가지 임무를 제기했는데, 그 중 최우선과제가 토지개혁이었고 이것은 재정경제상황을 근본적으로 호전시키기 위한 첫 번째 조건이었다.

2) 신 정권의 불안정한 사회질서

1949년 10월 1일에 신중국을 건국하고 새로운 정권이 대륙에 들어섰다. 신중국 건립 후 대부분 인구는 농촌에 집중되어 있었다. 또한 토지개혁을 하지 않은 신해방지구의 사회질서는 혼란하고 불안정한 상태였다(王荣全, 2012:15-16). 다른 방면은 국민당이 오랫동안 통치했기 때문에 많은 대중들은 중국공산당의 통치에 대하여 의구심을 가졌고, 새로운 지역의 많은 농민은 여전히 지주가 통치하는 곳에서 아무런 권리를 갖지 못하는 위치에 처해서 감히 현 상황을 개선하고 봉건 통치에서 벗어나고자 투쟁할 용기를 가지지 못했다(白希, 2009). 이 시기에 새 정권은 사회적 안정이 우선 순위였다. 모든 공산당 집권 정권의 안정에 대하여 영향을 주는 주요 요인은 적대 세력인 잔존 국민당 세력과 지주계급이었다. 따라서 토지개혁을 통해서 봉건착취의 토지제도를 폐기하고 지주계급을 일소하고 많은 다수의 농민이 주인으로 삼아야 그들의 옹호와 지지를 얻을 수 있었다. 동시에 농공연맹을 공고히 해야 많은 인민 대중을 동원해서 국민당의 잔존 세력을 없애고 새 정권을 공고히 할 수 있었다(王樂全, 2012:16-17).

3) 농촌토지분배제도와 소작제도의 불합리

건국 전에 중국공산당은 중국의 토지문제를 주시해왔다. 공산당이 이끈 혁명도 일정한 의미로 보면 토지혁명이었다. 혁명전쟁시기에 중국공산당은 토지제도의 개혁이 중국혁명의 주요내용이라고 여겼다. 중국공산당이 징강산 근거지(井岡山根据地)에서 가장 중요하게 행한 것이 바로 토지문제 개혁이었다. 토지개혁의 강령은 '경작자에게 밭을(耕者有其田)'로, 즉 몰수한 봉건 대지주, 군벌, 관료, 사당의 토지를 무료로 근거지의 농민에게 나누어 준다는 것이었다. 이런 행위는 공산당이 아주 짧은 시간에 농민의 지지를 얻게 한 원동력이 되었으며, 혁명을 추진하는 중대한 힘이 되었다(邢成舉, 2012:28-29). 1925년에 중국공산당은 〈중국 공산당이 농민에게 보고한다〉를 발표했는데 농민의 빈곤을 해결하려면 '경작자에게 밭을'의 방법을 실행한다고 다시 주창했다. 1928년 〈징강산토지법(井岡山土地法)〉부터 1941년 〈중국토지법 대강〉까지 중국공산당이 발표한 토지제도개혁에 관한 대다수 문건의 주요 원칙은 지주의 토지를 몰수하고 농민에게 나누어 준다는 것이었다. 1931년의 〈중화소비에트공화국 헌법대강〉은 토지국유화의 실현을 목적으로 한다고 규정했다. 1940년에 마오쩌둥이 제기한 신민주주의 공화국의 농촌재산권제도는 지주의 토지를 몰수하고 토지가 없거나 많지 않은 농민에게 나누어 준 것이었다. 이어서 이것은 쑨중산(孫中山)의 '경작자에게 밭을(耕者有其田)' 구호를 실행하고, 농촌의 봉건관계를 일소하며 토지를 농민의 사유재산이 되게 한 것이었다(毛澤東, 1991:678).

그러나 신중국 건국 초기에 약 2.9억 명의 농업인구가 있던 신 해방지구는 여전히 토지개혁이 이루어지 않았으며, 그들은 화동, 중남, 서북, 서남의 많은 농촌에 분포되었다. 토지개혁을 하지 않은 지구에서 봉건토지소유제는 여전히 존재했고, 각종 생산물의 분배는 몹시 불공평했다. 토지개혁 전의 경지상황에 대한 조사와 통계에 의하면 농가 총수 3.79%를 차지하는 지주가 총 경지의 38.26%를 가졌으며, 농가 총수 3.02%를 차지하는 부농은 총 경지의 13.66%를 지녔고, 농가 총수 57.44% 이상을 차지하는 빈농과 고농은 총 경지 14.28%만 가졌고 지주가 가진 토지는 빈농과 고농의 20배나 되었다(吳承明·董志凱, 2010). 불합리한 토지분배제도와 소작제도의 영향으로 농민은 비록 일 년 내내 일했지만 평화롭고 재난이 없을 때만 먹고 살 수 있었기에 농민들은 쉽게 어려움에 처할 수밖에 없었다. 이처럼 불합리한 토지분배와 소작제도는 일련의 사회문제를 야기했다. 하나는 지주가 농민을 가혹하게 착취해 농민은 생산의욕을 잃어버리게 되었고, 농촌사회생산력의 발전은 지연되었다. 농민들은 일 년 내내 노동했지만 대부분의 성과는 지주가 그대로 차지했고 그로 인해 농업생산성향상에 대한 열망과 능력도 부족하게 되었다. 때문에 이 시기에 대륙과 대만의 농업은 모두 쇠퇴했다. 농업발전의 정체는 공업의 발전을 막아 공업발전에 필요한 자금과 원료도 제약을 받았다. 다른 하나는 지주가 농민을 잔혹하게 착취했기 때문에 농민과 지주 간의 대립이 일어나 농촌사회질서가 불안정하게 되었다. 많은 농촌에서 농민과 지주의 정치 및 경제적 지위차가 커서 대부분 농민들은 생계 수단으로 경작하는 밭을 유지하기 위하여 지주의 착취를 견뎌야 했다. 하지만 지주의 도가 넘치는 착취와 괴롭힘은 오히려 농민들로 하여금 생존의 위협을 느끼게 하였다. 그래서 농민들은 지주의 횡포에 저항했고, 이는 농촌사회질서의 불안을 초래했다. 그 결과 중국공산당은 정권을 얻은 후에 농촌에서 불합리한 토지분배와 소작제도 때문에 생겼던 폐단을 없애기 위해 반드시 토지개혁을 해야만 했다(王榮全, 2012:15-16).

2. 농촌토지정책의 내용

중국 공산국가 건국 이후, 중국 농촌토지정책의 변화과정은 토지소유권, 사용권 및 경영권의 차이에 따라 총 3단계 과정을 거쳐 이루어졌다. 이러한 일련의 과정은 다음과 같다.

초기 중국에서 설립된 토지개혁정책은 1947년의 〈중국토지법대강〉이다. 이 법안은 농촌토지개혁에 관한 중요한 기본강령으로 차후 진행된 토지개혁정책에 많은 영향을 주었다. 초기의 토지개혁정책의 내용에는 모든 토지는 균등하게 농민 수에 따라 분배되는 농민사유제 실행이 포함되었다. 내용으로 보면 법안의 제 3조는 모든 토지 소유권은 농민에 있다는 것이며, 제 6조는 농촌의 모든 토지는 농촌의 실제 인구에 의하여, 남녀노소를 불문하고 모두 똑같이 분배해야 한다는 기록이었다. 이때 농촌 인구 수에 따라서 균등하게 토지를 분배하는 형식을 실시하도록 규정되어 있었다.

중국 건국 후, 1950년 6월 30일 〈중화인민공화국토지개혁법〉이 제정되었고, 중국 전역으로 토지개혁이 실시되었다. 이는 최초로 토지개혁을 법적으로 규범하고 세분화하여 농민소유권을 전보다 한층 더 보장한 법이었다. 개혁법에는 토지개혁에 관한 노선, 방침 및 정책이 명확히 규정되었다. 더불어 봉건적 생산관계에서 존재했던 지주계층에 대한 토지소유제를 완전히 폐지시켰다. 이 개혁의 실시는 3억 명이 넘는 중국 농민들의 크나큰 호응을 받았다. 이 덕분에 농민들은 처음으로 자신의 밭을 소유하게 되었고, 이로 인한 자발적 생산 참여가 대단히 높아졌다. 전국 식량 생산은 점차적으로 회복되면서 증가 추세를 보였는데 1951년 식량 총생산량은 14,369만 톤, 1952년은 16,392만 톤으로 역대 최고 기록을 달성했다. 그러나 농민의 적극적인 생산 참

여가 높았던 것과는 달리 토지수량과 생산능력이 일정치 않다는 객관
적인 문제점도 나타났다. 농민들은 평균적으로 10여 묘(畝) 경지를 국
가로부터 분배받았고 소농기구도 갖추었지만, 이들의 농업 경영방식
도 단순히 인력에 의지한 소농생산방식이었기 때문에 생산성이 크게
낮아 대부분의 농민들은 농가 자체의 식량도 해결 못했다. 따라서 자
급자족의 소농경제상태는 많은 문제점을 안고 있었다.

　따라서 중국에서는 소농생산과 국가적 대생산 간의 모순을 해결하
고 농민들 간의 이익을 도모한다는 목적으로 농업합작화에 대한 결의
가 발표되었고 농민 토지소유제는 집단소유제로 변경되었다. 마오쩌
둥은 "몇 천 년 동안 이어져 내려온 중국 농민의 소농경제는 한 농가에
하나의 생산 단위로 분산되어 농민을 전보다 더욱 빈곤에 처하게 했는
데 이를 극복할 수 있는 유일한 대안은 집단생산화를 실현해 나가는
것이다."라고 지적했다(毛澤東, 1976). 농민 소농생산의 문제점과 국가
경제발전 수요에 의하여, 중국 정부는 농민들 간의 노동력을 서로 교
환하여 돕는 상호합작을 진행하여 빈곤에서 벗어나고 농촌의 낙후한
이미지를 변화시키기로 했으며, 농민의 적극적인 생산 참여가 저조하
여서는 안 된다고 강조했다. 중국 공산당 중앙 위원회는 1951년 12월
에 공포한 〈농업생산 합작에 관한 결의(초안)〉를 전국에 발표하여 호조
조(互助組) 운동을 전개하고 시험적인 농업생산합작사를 운영했다. 합
작은 주로 세 가지 형식으로 진행되었다. 첫째는 단기 혹은 계절마다
단순하게 서로를 돕는 형식, 둘째는 장기간 서로 믿고 돕는 형식, 셋째
는 토지 생산수단을 공동으로 출자한 토지 협력 형식이다. 이런 집단
생산 합작에서 토지와 농기구, 가축 등의 생산수단은 모두 개인이 소
유했다. 경제회복정책과 토지개혁, 호조조 운동 등에 힘입어 중국의
농업은 급속히 발전하기 시작했으며, 농촌에서의 사회주의에 대한 지

지가 매우 높아졌다. 1952년 말에 이르면 이 정책은 중국 전역의 기본 정책으로 자리 잡게 되었고, 봉건토지소유제가 완전히 사라져 농민이 처음으로 자신의 토지를 소유하게 되는 소농경영의 농지제도가 자리 잡게 되었다.

1952년 말 일부 소수민족지역을 제외한 중국의 전역에서는 토지개혁 및 생산수단과 농민들 간의 생산 합작을 마무리 하게 되었다. 또한 봉건적 지주계급의 토지소유제가 폐지되고 농민의 사유제에 근거한 새 농업생산 상호합작은 농촌경제의 회복과 발전을 촉진하는 계기가 되었다.

제2절 1953-1978년의 노동대중 집단소유 및 집단통일 경영 시기

1. 역사배경

1) 합작화운동의 배경

중국에 있는 농민들은 예전부터 오랜 기간 동안 서로 돕고 협력하는 경험을 가지고 있었다. 중국공산당에서는 제 2차 국내 혁명전쟁 시기에 토지혁명과 농촌무장할거를 실행했을 때 이미 '노동조합팀', '경작팀', '경우합작사' 그리고 '소비합작사' 등 농민들이 생산하고 소비하는 다양한 상조조직을 설립하였다. 이러한 조직들은 공산당이 한 곳의 정권을 장악한 다음에 토지혁명의 심화시키고 봉건토지소유제를 폐지시킴에 따라서, 민간의 고유한 친족들 사이에서 임시로 상조하는 습관을

기초로 하여 농민들의 소원과 고유한 습관에 의해 건립되고 발전된 것
이었다. 따라서 이러한 조직들이 군중들 사이에서 인기가 많았다(劉慶
롱, 1995:45). 항일전쟁시기에 이르러 혁명의 형세가 전환됨에 따라 중
국 공산당이 농업상조와 합작에 대한 이론을 재고했기 때문에 노동상
조조직은 또 다시 변화했다. 마오쩌둥은 과거에 장시(江西)성의 농촌,
당시 산시(陝西)·간쑤(甘肅)·닝샤(寧夏)의 변경 지역에서 농촌간부와
군중들의 경험을 꼼꼼하게 분석하였다. "농민군중들은 수천 년 동안
개인경제에 속하였고 한 집 한 집이 하나의 생산단위가 되었다. 이와
같이 분산된 개인의 생산방식은 봉건통치의 경제기초가 되었지만 농
민들을 영원히 빈곤에 허덕이게 하였다. 이러한 상황을 극복하는 유일
한 방법은 점차적으로 집단화를 실행하는 것이고 또 집단화를 실행할
수 있는 유일한 방법은 레닌의 말대로 합작화다."라고 강조하였다(毛澤
東, 1991a:931). 따라서 해방전쟁시기에 상조와 합작 조직이 한층 더 발
전되었다(劉慶롱, 1995:45-46).

　1952년 9월에 이르러 토지개혁이 거의 끝났기 때문에 전국범위에
3억 명의 농민들이 약 7억 묘의 농지와 대량의 생산 자료를 분배받았
다. 아울러 해마다 지주에게 납부해야 했던 약 350억 킬로그램의 식량
을 면제받았다. 농민토지소유제의 건립에 따라 농민들의 생산을 향한
열정이 적극적으로 표출되었고, 생산력이 유례없이 높아져 농업생산
은 빠르게 회복되고 발전되었다. 그 결과 1952년의 농업생산총생산액
은 484억 위안에 달해서 경제상황은 이미 회복되었고 항일전쟁 이전
의 수준을 넘게 되었다. 1952년은 1949년과 비해 식량총생산액이
1131.8억 킬로그램에서 1639억 킬로그램으로 48.2%나 증가하였다. 목
화솜 총생산액은 44,440만 킬로그램에서 130,070만 킬로그램으로
193.3%가 증가하였다. 하지만 농촌 생산력의 기초는 아직 취약하였

다. 장기적인 전쟁 때문에 일부의 농가들은 주요한 인력을 상실했고, 목축, 농기구와 다른 생산 자료도 다소 소모했다. 농지개혁 이후에 농지와 다른 생산자료도 더욱 분산되었다. 1950년에 산시(山西)성에서 전형적 농촌 다섯 곳을 뽑아서 조사하여 통계를 실시한 결과, 평균적으로 부유한 중농은 집집마다 가축 두 마리가 있었는데, 일반적인 중농은 매호 한 마리도 가지지 못했다. 더욱이 빈농은 가축이 세 집에 한 마리 꼴로 있었다고 하였다. 동북지역에서 집집마다 말 한 마리를 가지고 있는 농가들이 비교적 많았다. 그렇지만 그 곳의 토질과 경작 풍습 때문에 집집마다 세 마리 이상의 말이 있어야 대개 독립적으로 경작할 수 있었다. 산둥(山東)성은 1951년의 가을에 이르러야 목축과 농기구가 전쟁 이전 수준의 8.5%를 회복하였다. 농가들이 가지고 있는 생산자료는 산시성과 허베이(河北)성 혁명지역의 상황과 비슷하였다. 각 혁명지역에서 쟁기와 써레 등 농구를 전부 갖추었던 농가는 지극히 소수였다. 그리고 우물, 수차, 큰 수레, 일륜차 등은 최저 기준에 미달하였다. 따라서 집집마다 분산하여 운영하는 것이 어려워지면서 농업 인프라 구축, 농업기계 사용, 그리고 신기술의 보급을 강화하는 일이 불가능했다. 때문에 일부 농민들은 상조와 합작에 대해 현실적인 요구를 제시했다. 이러한 상황에서 농민들은 실제로 두 가지의 적극성을 가지고 있었다. 한 가지는 농민들이 금방 농지를 분배받았기 때문에 자유영업의 적극성을 지녔고, 다른 한 가지는 생산 기초가 비교적 취약해서 서로 돕고 합작하려는 적극성을 지녔다는 것이다. 신중국의 농촌합작화 운동은 바로 이러한 배경으로 시작된 것이었다.

1952년 하반기에 이르러 국내와 국제 형세가 크게 전환되었다. 국내 형세를 보면 3년 동안의 노력으로 국민당 지배자들이 남겨 놓은 난국을 회복했고, 정치, 경제, 사회가 안정을 이루었으며 각 방면에서 모두 기대를 뛰어넘는 성적을 얻었다. 토지개혁은 전국범위에서 반혁명을 진압한 투쟁, "삼반오반(三反五反)" 운동 등 일련의 정치적 투쟁을 통해 인민민주전정을 공고히 했으며, 사회주의개조를 추진하는 기초를 다지었다. 또한 국민경제가 전면적으로 회복되었고 공업과 농업 생산도 새로운 발전을 이루었다. 특히 국영의 공업이 주도적 지위를 차지하였다. 1952년 말의 통계에 따르면 국영의 공업생산액이 공업총생산액에서 차지하는 비중이 50%를 넘었다. 농촌에서 토지개혁을 완성한 후 일부의 지역에서 적극적으로 상조하고 합작하기도 했으며, 다른 일부의 지역에서는 농업생산합작사와 공급 수매 합작사를 설립하였다. 국제 형세를 보면 항미원조(抗美援朝) 전쟁이 결정적인 승리를 거뒀지만 사회주의 진영과 자본주의 진영 간의 대립은 여전히 첨예했다. 따라서 전쟁의 위협은 아직 제거되지 못 했으며 유리한 기회를 잡아서 공업화를 빨리하고 실력을 강화하며 국방을 강대하게 해 재해를 미리 방지해야 하였다. 이에 마오쩌둥이 이끌었던 중국공산당 중앙위원회(이후 약칭: 중공 중앙(中共中央))가 당시 주변 상황을 잘 살펴 과도기의 총노선(總路線)을 제시했다. 즉 "중화인민공화국 성립에서 사회주의로 개조되는 시기가 과도기인데, 당의 과도기 총노선과 총임무(總任務)는 긴 시간을 요하므로 국가의 공업화와 더불어 농업, 수공업, 자본주의 상공업에 대해서는 사회주의로 개혁을 실현시킨다. 총노선은 중국 각종 사업의 방향을 뚜렷이 제시해 주었다. 각종의 사업이 총노선을 위반하면 우경이나 좌경을 저지를 것이었다." 총노선의 제기에 따라 신중국 성립 전에 제출한 "먼저 10년, 15년이나 더 오랜 시간에 걸쳐 신민주주의를 실시하고 다음에 사회주의로 넘어간다."라는 구상을 바꾸고 직접적으로 합작화운동을 추진하였다. 1954년 중기에서 1955년 초기에 이르러서는 국제 형세가 완화되기 시작하였다. 당시 서방경제가 불경기에

빠졌지만 중국의 제 1차 5년계획은 매우 순조롭게 진행되어 온 나라의
공업과 농업 총생산액의 성장 속도가 여러 해 동안 계속 선진국을 초
월하게 되었다. 중공 중앙과 마오쩌둥은 이처럼 유리한 국내와 국제
형세를 충분히 이용해서 사회주의를 건설하고 개조하는 진도를 가속
화했다. 또한 중국의 국정에 맞는 사회주의 노선을 탐색하였고 중국을
번영하고 부강한 사회주의국가로 만들기로 결심하였다. 당시 농업생
산의 상황과 공업은 비약적으로 발전하는 요구에 미치지 못했다. 때문
에 마오쩌둥은 농업합작화를 촉진시켜 농업생산을 증가시키고 국가건
설과 발전, 그리고 국민의 생활 개선 등을 하기로 하였다. 그리고 마오
쩌둥은 전보다 더 많이, 더 빨리, 더 좋게, 더 더 적은 비용으로 사회주
의를 건설하는 총노선의 기본 구상을 제시하였다. 따라서 농업합작화
운동, 심지어 사회주의개조는 1956년 중기에 완성되었고 이는 원래의
계획보다 11년이나 앞선 것이었다.

　또 다른 간과할 수 없는 배경은 식량의 통일구입·통일판매 정책을
제정하는 것이다. 신중국이 성립된 후에 국민경제는 점차 회복되었다.
그리고 국가 대규모의 경제건설이 전반적으로 발전됨에 따라 공산당
중앙위원회에서는 사회주의공업화와 농업생산 간에 첨예한 갈등이 드
러남을 발견하였다. 이러한 갈등을 신속하게 해결하는 방법은 농업생
산을 발전시키는 것이었다. 또한 농업생산을 발전시키고, 식량문제와
국가경제와 국민생활에 관한 문제를 해결하는 유일한 활로는 "상조와
합작을 전개"하는 것이었다. 이에 마오쩌둥은 농업합작화 과정에서 거
듭 "사회주의공업화는 농업합작화와 별개로 독립적으로 진행할 수는
없다"라고 강조하였다. "만약 농업에 대한 사회주의개조의 속도가 사
회주의공업화의 속도와 부합하지 않으면 사회주의공업화가 독립적으
로 완성될 수 없어서 반드시 큰 어려움을 당할 것"[2]이기 때문이었다.

1952년 여름이 지날 무렵, 매달마다 식량 매수 계획을 완성하지 못하였지만 판매 계획은 매달마다 돌파하였다. 식량 상황은 날로 심각해졌다. 이러한 국면을 초래하는 원인은 당시 밀의 생산량이 자연재해로 감산했다는 점에 있다. 또 농민들이 생산물을 팔지 않으려 했으며, 도시와 농촌 식량 공급이 확대되어 농민들이 소비한 식량이 증가되었다. 때문에 중공 중앙은 어떻게 식량 공급을 확보해야 하는지를 연구했고, 결국 식량 통일 구입·통일 판매라는 정책을 실시하기로 결정했다. 다시 말해 이 정책은 농촌에서는 식량을 매상하는 동시에 도시에서는 식량을 배급 판매하는 것이었다. 동시에 이것은 엄격히 민영 상점을 관제해서 통일적으로 관리하여 국가와 농민 및 소비자 사이의 관계, 중앙과 지방간의 관계, 지방과 지방간의 관계를 조정하는 일이었다. 중국에서는 식량의 통일구입과 통일판매라는 정책을 제정했기 때문에 식량 공급문제를 해결할 수 있었고, 농촌합작화에도 깊은 영향을 미쳤다. 마오쩌둥은 중공 중앙 확대회의에서 식량에 관한 문제를 토론했을 때 농촌경제가 개인 경제에서 사회주의경제로 넘어가는 시기에 있다고 명확히 지적하였다. "우리나라는 국영경제가 주체이면서 두 날개를 지닌다. 하나는 국가자본주의(주로 개인자본주의에 대한 개조)이고, 또 하나는 상조하고 합작하며 식량을 매상하는 것이다(농민에 대한 개조가 계획적인 식량의 매상이 없이는 불완전하게 된다.)." 중공 중앙위원회에서 발표했던 〈식량의 계획적 매상과 공급에 관한 결의〉에 언급되었던 식량의 통일 구입과 통일 판매의 실행은 "흩어진 소농경제를 국가 계획 건설의 궤도에 올리고 농민을 상조 및 합작이라는 사회주의 도로로 인도하여 농업에 대한 사회주의 개조를 추진하기 위해 택해야 할 중요한

---

2) 1955년 8월 16일 마오쩌둥이 중공중앙에게 이첩하고 기안한 〈랴오닝성위원회 농업 생산합작사문제에 관한 보고서〉에서 기재된 지시.

절차"였고, "공산당이 과도기에 실시하는 총노선의 필수적인 성분"이 었다. 결의에서는 상조 및 합작을 통해 사회주의로 한 걸음씩 나아가 야 농업생산량을 점점 높여 모든 농민들이 빈곤에서 벗어나 날로 부유 해질 수 있다는 점을 농촌 당원간부들과 농민들에게 납득시켜야 한다 고 밝혔다. 그리고 국가공업화를 실현해야 국가가 기계를 통해 농민을 도와서 집단농장을 발전시키고 농민들에게 풍부하고 값이 싼 생활자 료를 공급할 수 있게 한다는 것을 그들이 깨달아야 한다고 역설했다. 더불어 국가공업화를 실현하려면 식량의 통일구입과 통일판매를 옹호 해야 하고 상조 및 합작을 실행해야만 농업생산력을 높일 수 있다고 말했다. 이상과 같은 내용에 의하면 중공 중앙은 식량 통일구입과 통 일판매, 농업 상조와 합작, 이 두 가지 조치를 상부상조한 조치로 보았 고, 과도기 총노선이라는 배경 아래 이 두 가지 조치를 냈다. 사실 후 에 과도기 총노선을 홍보하는 과정에서도 식량의 통일구입과 통일판 매와 농업 상조와 합작을 결합시키는 일을 추진했다. 통일구입과 통일 판매라는 정책을 제정하는 일이 농업합작화운동 추진에 중요한 역할 을 하고 있다고 한다. 그러므로 1950년대에 농업은 전체 사회 발전과 정에서 이미 중심에 자리했다. 농업합작화운동도 총체적으로 사회와 경제발전의 객관적인 요구와 실제수요를 반영하는 것이었다(劉慶旻, 1995:47).

경제적인 원인을 제외하고 보다 주목을 요하는 중요 배경은 당시에 당내 장기적으로 존재하고 있었던 이데올로기의 투쟁이다. 우선 "좌 파"와 "우파"로 나누었다. 이것은 소련에서 그대로 옮겨 와 당내 투쟁 하는 과정에 형성된 시비 평가 체계다. 마오쩌둥은 이 점에 대하여 "사 물이 시간의 흐름에 따라 발전하는 것이며 해야 할 시간이 오면 해야 하는데 안 하는 것이 우파이다. 해야 할 시간이 오지 않는데 억지로

하는 것이 좌파이다."라고 논설하였다. 이러한 우파와 좌파에 대한 평
가는 당시에 당내 또는 사회에 시비를 평가하는 중요한 원칙 중 하나
였다. 소련에서 옮겨 온 전통 습관에 의거하여 한 가지 잘못을 한 노
선, 특히 우파 기회주의로 여겨지면 무조건 다 틀린 것이라고 생각하
게 되겠다. 사실 이러한 방식은 상대방에게 변명할 여지도 주지 않고
잘못된 비판을 초래하기 쉽다. 그 결과 실사구시적인 태도로 문제에
반응하여 토론이 불가능하게 만들었다. 다음 양대 노선과 두 계급의
투쟁이다. 이는 사회주의와 자본주의의 투쟁이었고 무산계급과 자본
계급의 투쟁이었다. 민족 자본계급을 완전히 없애지 못하는 상황에 사
회주의로 넘어갔기 때문에 양대 노선과 두 계급의 투쟁이 존재하기 마
련이었다. 중요한 점은 인위적으로 투쟁을 확대하여 다른 의견 및 정
상적인 논쟁을 양대 노선 혹은 두 계급의 투쟁으로 여길 경우 막대한
정치적인 압력을 초래하여 형세에 대한 정확한 판단과 다른 의견의 제
기를 억제하게 된다는 것이다. 합작화 운동의 전개는 이러한 배경과도
밀접한 관계가 있었다. 특히 1955년에 덩쯔후이(鄧子恢)에 대해 우경화
된 비판·투쟁을 한 후에, 합작화운동은 의식형태 간의 투쟁에 직접
영향을 받아 빠르게 고조되었다. 이결과 본래 경제규칙 하에 점차적으
로 발전시켜야 했던 경제개혁은 의식형태가 주도하는 형상이 되었고,
엄청난 정치운동으로 변하게 되어, 합작화 운동은 단 몇 달 동안에 전
국 범위에서 완성되었다.

2) 인민공사의 건립 배경

중국은 1950년대 후기에 이르러 국민 경제에 대하여 사회주의 개조
를 순조롭게 완성하여 제 1차 5개년 계획을 앞당겨 실현하였다. 농촌

에서 5년의 짧은 기간에 걸쳐 사회주의 개조를 완성하여 고급 합작화를 기본적으로 실현하였으며, 농민 집단 소유제를 시행하였다. 이 때문에 농업 생산도 발전되었다. 또한 다른 경제 분야에도 사회주의 개조를 실시해서 새 체제를 건립하여 생산의 발전을 도모하였다. 이러한 상황에서 중국 공산당과 전국 인민은 빈궁하고 낙후된 생활 모습을 재빨리 개선하여 부유하고 조화로운 국가를 만들며 자본주의 국가와의 생산력의 거리 차를 줄이기를 간절히 바랐다. 때문에 중국 공산당 중앙 위원회가 전당의 공작 중점을 혁명이 아닌 건설에 두었고, 소련의 사회주의 모델에서 벗어나 중국만의 사회주의 노선을 탐구하기로 결정하였다. 그러나 중국 민주혁명의 승리, 사회주의 개조의 완성, 특히 농업 합작화의 완성은 중국 공산당 중앙 위원회에 주체적 능동성의 역할을 높게 평가하도록 하였다. 또한 당의 지도, 사회주의 제도, 유력한 사상 무기, 그리고 대중 운동이 있다면 어느 곳이든 승리할 수 있고, 비약적인 발전과 공산주의로의 이행을 실현할 수 있다고 믿게 하였다. 이러한 의식을 기초로 하여 중국 공산당 제 8차 전국 인민대표 대회 제 2차 회의에서 "열의를 북돋우고 앞장서기에 힘써서 전보다 더 많이, 더 빨리, 더 좋게, 더 적은 비용으로 사회주의 경제를 건설하자"란 기본 노선이 정식적으로 통과되었다. 당시의 홍보에 의하면 이 기본 노선의 기본 정신이 "가장 빠른 속도로 국가의 생산력을 발전시킴", "속도가 기본 노선의 핵심", "빠름이란 많고 빠르고 좋고 더 적은 비용으로 절약하는 것이 관건임", 이 세 가지를 포함한다고 하였다(中共中央黨史研究室, 1991:363). 다시 말해 인민공사야말로 이 지도 사상의 생산물이었던 것이다.

〈표 3-2〉 제 1차 5개년 계획 시기의 농민 수입과 소비 수준

연도	수입				소비			
	전자 총계	집에서의 소득	가족실행에 서의 소득	기타	전자 총계	자신의 계정 소비	상업 소비	기타
1952	–	–	–	–	62.4	41.5	20.0	0.9
1953	–	–	–	–	68.7	43.3	24.3	1.1
1954	84.65	2.43	76.90	5.87	70.0	42.3	26.5	1.2
1955	84.41	45.47	28.51	10.43	76.3	46.5	28.5	1.3
1956	87.57	43.40	36.08	8.09	77.5	46.1	29.9	1.5
1957	–	–	–	–	79.0	46.7	30.7	1.6

* 주: 수입 중 기타 수입은 대출 소득이 아닌 소득을 가리킨다.
소비 중 기타 소비는 문화와 주택 등에 관련된 소비를 가리킨다.

〈표 3-3〉 제 1차 5개년 계획 시기의 농업 발전의 기본 상황

연도	농업 생산 총액	약식총량 (억킬로그램)	면화 총량 (억킬로그램)	식용유총량 (억킬로그램)	큰 동물의 연말 총량 (만 마리)	돼지연말 총량 (만 마리)
1952	417.0	1,639	130,370	419,315	7,645.9	8,676.5
1953	426.8	1,668.5	117,475	385,550	8,075.7	9,613.1
1954	440.7	1,695	106,490	430,500	8,530.0	1,0171.8
1955	477.7	1,839.5	101,840	482,650	8,774.5	8,792.0
1956	508.4	1,927.5	144,515	508,550	8,773.3	8,402.5
1957	536.7	1,950.5	164,050	419,595	8,382.2	14,589.5

* 자료출처: 농업부정책법규국과 국가통계국의 농촌 부문에서:
『중국 농촌 40년』, 중원농민출판사, 1989년, p.130.

중국공산당 제 8차 전국인민대표대회 제2차 회의에서 통과된 기본 노선은 무조건 속도를 강조하는 것이었다. 따라서 당시 중국은 속도 이외 것에는 관심을 두지 않았다. 1958년 1월의 난닝회의(南寧會議)에 서 돌격주의 반대와 농업 발전 개요 중의 40 가지의 규정을 앞당겨 실현할 것을 정식적으로 제출하였으며 국민 경제 계획의 세 단계(각각 1,840만 톤, 2,040만 톤, 2,200만 톤의 농업 생산량을 실현한다)를 제정하여

주요한 계획 지표를 대폭 향상시켰다. 난닝회의 후에 각지에서 각 지역의 계획 목표를 향상시켰다. 그 중의 저장(浙江), 광둥(廣東), 장쑤(江蘇), 안후이(安徽), 장시(江西) 등에서 5년 또는 조금 더 많은 시간 동안 농업 발전 개요가 규정한 12년의 양식 생산 목표를 제시하였다. 현실에 부합되지 않는 높은 목표를 실현하기 위하여 중공 중앙으로부터 지방까지 모두 서둘러 성공을 추구했다. 그 결과 위에서 아래까지 모두 비현실적인 공작 방법을 보편적으로 채용하였다. 또한 객관적 법칙대로 일하지 않은 탓에 현실과 괴리를 겪게 되었고, 특별한 경험을 보편적으로 넓히는 손해를 입게 되었다. 더불어 압력을 더욱 강화해, 서로 비교하여 평가하기 시작하였다. 〈인민일보(人民日報)〉에서는 매달마다 수리 건설 분야에 "대약진(大躍進)"을 취득한 성, 자치구, 직할시의 진도 보고서를 공포하여, 순위가 뒤에 있는 지방에 대해서는 엄청난 압박을 받게 하였다. 이러한 상황에 "과장하는 풍조"가 전국에 퍼져 나갔고 많은 지방이 보고 결과를 날조하였다. 그래서 유채, 밀, 논벼, 그리고 땅콩이 각각 1묘당 생산량이 806근, 7,320근, 36,900근, 10,000근에 이르게 되었다. 농업 생산이 풍작을 얻자 심지어 "사람의 담력이 큰 만큼 땅의 생산량도 그만큼 클 수 있다", "하루가 20년과 같다"라는 황당무계한 슬로건까지 나타났다. 이러한 전반으로 퍼진 비약적인 발전 모델의 필연적인 결과가 바로 인민공사이다.

다른 중요한 배경은 정치적으로 반우파(反右派) 투쟁과 경제적으로 무모하게 전진하는 것을 반대하는 것에 대한 비판이다. 인민 내부의 모순을 잘 처리하기 위하여 당은 1957년부터 정풍운동을 전개하였는데 결과적으로 소수 부르주아지의 우파 분자가 기회를 타 반격을 개시해 중국 공산당과 사회주의에 풍파를 일으켰다. 이런 상황에 중공 중앙이 곧바로 정풍운동을 반 우파 투쟁으로 전환시켜 중국 공산당 제8

차 전국인민대표대회 제2차 회의의 결의를 수정하였다. 또한 과도시기에 존재하는 중요한 모순을 무산계급과 자본 계급의 모순으로 제시하였다. 중공 중앙이 형세를 심각하게 예측하여 대중 운동을 통해 반 우파 투쟁을 널리 퍼지도록 하였고, 이것은 나중에 "계급투쟁(階級鬪爭)을 위한 개요"의 방침 시행을 초래하였다. 그리고 반 우파 투쟁이 거의 끝난 후에 당내에서 돌격주의 반대에 대한 비판도 전개하였다. 또한 돌격주의 반대의 반대는 대중의 적극성을 억제하였으며 고조되고 있는 대중의 생산 열정을 누그러뜨렸고 건설의 속도를 느리게 해 비약적인 발전도 이루지 못하게 했다고 판단했다. 마오쩌둥은 여러 차례 회의에서 돌격주의 반대의 반대를 비판하여 이를 정치적인 문제, 우파 보호주의라고 하였다. "대약진"을 벌인 후에 당내와 사회에 의심을 품는 사람을 "정세를 관망하는 기회주의자"라고 비판하였으며 이들이 겉으로 돌격주의를 반대하는 것이지만 실제적으로 비약적으로 발전하는 것을 반대하는 것이라고 생각하였다. 반대로 허풍을 늘어놓는 사람처럼 과장된 언행을 일삼는 사람은 비판하지 않을 뿐만 아니라 오히려 표창하며 격려했고 등용까지 하였다. 결과적으로 목표의 높이와 속도는 자연적으로 정치 태도의 표준이 되었다. 그리고 "약진"이 아닌 것은 낙후하고 보수적인 사상을 의미했고, "약진"이 진보적이고 혁명적인 사상을 상징하는 정치 여론이 되어 목표를 갈수록 높게 정하다보니 생산량도 갈수록 높게 보고하게 되었다. 심지어 "대자연과 싸우자", "높은 산을 피하고 흐르는 물을 건너자", "삼년의 고전을 통해 생활 모습을 바꾸자" 등의 호언장담이 끊임없이 나타나게 되었다. 돌격주의 반대와 우파 보호주의를 비판하는 동시에, "대약진" 과정에 "개인주의"와 "집단 이기주의"를 비평하기도 하였으며 농민들에게 "공산주의 대규모 공동 작업"에 보수를 문제삼지 않도록 했다. 그리고 일부 지방에는 수리 사업 건설, 조림, 가뭄과 투쟁, 수해 방지와 수확을 벌이는 과정에 상호 이익을 무시하고 무상으로 원조하도록 강력하게 선전하였고, 이를 농민의 사상적 각오를 높게 하는 것으로 삼아 공산주의 정신으로 발양시켰다. 이것 역시 인민공사의 건립을 위한 사상적 기초를 만들어 주었다.

2. 농촌토지정책의 내용

농촌토지집단소유화의 진행과정은 호조조부터 초급농업생산합작사 혹은 고급농업생산합작사로 진행되면서 농민토지의 소유제는 집단소유제로 바뀌었다. 하지만 이는 농민들이 토지에 대한 개인적 소유권을 포기하게 만들어, 그들을 단지 토지의 사용자로 만들었다. 즉 토지가 농민의 노동대상으로 전락한 것이었다. 1953년부터 1957년까지의 호조조부터 고급농업합작사까지의 과도단계에서는 '토지투자, 투자배당(土地入股, 按股分红)'의 농민토지정책이 실시되었다. 이 과정에서 정부가 시행한 농업합작화의 구체적 형식은 다음 세 단계였다.

제 1단계는 농업 호조조 단계다. 토지를 기타 생산 사유제와는 별도로 경영상 분리하여 노동협조를 실시했다. 제 2단계는 초급농업생산합작사 단계다. 중국공산당은 똑같이 일하고 똑같이 나누는 원칙에 따라서 농민들이 반(半)사회주의성질을 가지는 초급농업초급합작사를 세우도록 했다. 제 3단계는 고급농업생산합작사단계다. 호조조 단계에서는 농민들이 여전히 토지를 소유하고 있었다. 그러나 초급농업합작사단계에서 농민들의 토지는 합작사의 통일적인 경영관리 내에 있었다. 사원은 집단적인 생산노동에 종사하면서 출자에 따른 배당을 받는 반(半)사회주의적 경제협동체 성격을 지니고 있었다. 그리고 약

200호 내외의 농가로 구성되는 고급합작사는 주요 생산수단에 대한 공동소유, 공동관리와 함께 노동의 질과 양에 따른 사회주의 분배정책을 실시하는 완전한 사회주의의 경제 형태를 띠었다. 1958년부터 1978년까지 중국정부는 집단인민공사의 확립과 실시단계에서 '토지집단소유, 집단경영'의 농지정책을 실행하였다. 그리고 이 시기는 다시 두시기로 나뉜다. 이때 1957년부터 1958년까지가 인민공사의 확립시기이며, 1959년부터 1978년까지는 '일대이공(一大二公)'에서 '3급 소유, 생산대를 기초로(三級所有, 隊爲基礎)'의 인민공사정책 운영시기다.

1) 호조조(互助組)에서 고급농업합작사로의 과도기 (1953-1956년)

농민의 개체경영의 본질은 여전히 소농경제이기 때문에 토지개혁 이후 생산력의 발전에 따라서 그 한계도 명확하게 드러났다. 드러난 한계는 크게 두 가지 방면인데, 그 중 하나는 농민이 토지와 생산도구를 얻었지만 당시 중국 농촌 생산력은 매우 낙후되었다는 점이다. 일반 농가의 생산 도구는 거의 없거나 부족했으며, 생산자료와 자금이 턱없이 모자랐다. 또 다른 한계는 한 농가는 하나의 생산단위로 한 개체경영에서의 영향력이 미미하여 소농경제는 농업생산에서 자연재해에 저항할 힘이 없었고, 생산설비의 기술향상과 농경지 수리 시설은 매우 절실한 실정이었다는 사실이다.

1952년 토지개혁이 완성되자 농촌에서는 주로 중국 공산당정부의 〈농업생산호조합작에 관한 결의(초안)〉에 맞추어 상호합작조직을 추진하기 시작했다. 상호합작조직의 목적은 서로 도움을 주면서 함께 고난을 해결하자는 것이었다. 토지, 농기구와 가축은 여전히 농민의 소유이기에 도움 받는 만큼 도와주는 방식으로 서로 협력하는 것이었다. 호조조는 노동 조건과 대가가 따로 없고 규모가 작고 자유로웠기에 대부분 계절적인 상호 협조나 일시적인 경우가 많았다. 이에 1953년 봄부터 낙후된 소규모 생산의 개체경제를 발전된 대규모의 생산합작체제로 설립하기로 결정했다. 그리고 구체적 목표로 1959년까지 전국에 35,800개의 농업생산합작사를 설립할 것을 결정하였다. 이러한 목표에 따라 중국 농촌 전역에서는 합작화 운동이 추진되었다. 추진 정도는 정부의 기대 이상이었다. 이미 1951년 중국의 일부 농촌에서 나타나기 시작했던 농업생산합작사는 1955년 8월부터 1956년 사이에 급속도로 확산되었다. 농업 생산 합작화의 진도를 가속시키기 위하여 1953년에 공산당 중앙위원회는 농업, 수공업 및 자본주의 상공업 개조에 대한 과도기 노선을 제정하였다. 1953년 3월 중공 중앙은 〈농업생산호조합작에 관한 결의〉를 발표하였고, 그 해 12월에 중공중앙은 〈농업 합작사발전에 관한 결의〉도 발표하였다. 초급농업 생산합작사는 상호합작운동을 지속적으로 지도해 가면서 계속 발전하는 중요한 원동력이 되어야 한다고 강조했다(姜愛林, 2001). 이 결의에서 공산당 지도부는 농촌에서 농민의 연합을 촉진하고, 점차 사회주의의 농업에 대한 개조를 실현하여, 농민을 부유한 사회주의 길로 인도해 가는 농업합작사를 지속적으로 발전시키겠다는 의지를 표명했다. 결의안 제 1조에는 호조조와 청년팀을 조직해 농업생산 합작사의 발전을 추진시키고, 농업생산합작사를 통해 고급농업생산합작사의 발전을 추진시키는 것은 사회주의 체제 개혁의 중심이라고 명시되었다. 중국 공산당 지도부에서는 중국 농업생산 상호합작부터 초급형식의 반 사회주의의 농업생산합작사로 전환하였다. 그리고 다시 완전한 사회주의 고급형식의 농업생산 합작사 형식의 농업합작화 정책에 대하여 긍정적으로 생각했다.

1955년 7월 이후, '전족을 한 노파(보수적이고 답답한 사람)'라고 매도하며 우파 보수사상을 비판했고 농업합작화의 '사회 대변혁' 운동을 일으켰으며, 동시에 경제합작화의 진도를 가속화시켰다. 그해 10월에 출판되었던 『중국농촌의 사회주의 고조』 책자 머리글에서 마오쩌둥은 '전족을 한 노파' 사상을 강렬히 비판하였으며 전국적으로 농민들이 합작사에 참여하여 사회주의 건설에 참여하는 것을 매우 긍정적으로 평하였다(毛澤東, 1955:179). 농민의 토지 사유는 중요한 문제였기에 중국정부는 토지배당 분배를 쉽게 취소하지는 않았지만 합작사의 참여농민들이 소량의 농지를 가지도록 허용했다. 1955년 11월에 제정된 〈농업생산 합작사 시범 규정 초안〉에 의해 합작사 조직원은 소량의 농지를 가지게 될 경우 농지는 반드시 농업합작사에 맡겨 사용하도록 했다. 합작사는 사원이 맡긴 토지 질량과 수량에 따라서 매년 수입 중 적당한 보수를 농민에게 지급했다. 토지소유권은 농민이 계속 보유하게 하였고 토지수당을 경제적 보조형식으로 지급했다. 토지 보수는 전체 합작사 사원들을 격려하였으며, 적극적인 노동 참여를 높이기 위하여 농업노동보수보다 낮아야 한다고 규정했다. 그러나 적당한 수입을 얻으려면 토지수당분배가 너무 낮으면 안 되었기에 농업생산합작사 발전 초기에는 좋은 토지를 가진 많은 농민들을 입사시켰고 토지는 있지만 노동력이 부족한 사원들도 입사하게 하였다.

1956년 3월 중국정부의 〈고급농업생산합작사시범초안〉에서는 중국 전역에서 초급합작사는 이미 안정되었으므로 농민들은 토지 등 주요 생산자료를 집단합작사에 입사시켜 공동으로 처리할 것이라고 발표했다. 이에 따라 토지경영권은 농민에 귀속되지 않게 되었고, 토지에 대한 소유권과 경영권도 분리되었다. 1956년 6월에 통과되었던 〈고급농업생산합작사 시범 초안〉에서는 합작사에 입사한 농민들의 토지사유와 생산도구를 합작사 집단 소유로 완전히 전환했다. 더불어 사원은 일인당 토지수의 5%를 초과하지 않은 농지만 가질 수 있게 되었고 토지수당은 취소되었다. 1956년 가을부터 고급생산합작사가 중국 전역으로 추진되면서 초급형식생산합작사는 완전히 고급형식의 생산합작사로 전환되었고 토지에 대한 집단소유제도 전환되었다. 또한 공산당 지도부의 강한 정치압력과 국민들의 맹목적 열정 때문에 고급생산합작사의 속도는 끊임없이 가속화 되었고, 고급생산합작사 합병운동도 활발히 진행되었다. 1956년 6월 말까지 중국의 고급생산합작사는 이미 31.2만 개가 넘었으며 입사한 농가가 전체 농가 수의 63.2%를 차지했다. 9월 말에 이르면 전국의 고급생산합작사는 38만 개로 증가했고, 입사한 농가 수는 전체 농가 수의 72.7%에 이르게 되었다. 11월 말에 이르면 고급생산합작사 54만에, 입사 농가가 1억을 넘어서게 되면서 농가 총 수의 87.8%를 차지하게 되었다. 1956년 12월말 입사농가 수는 1억 1,780만에 이르러서 전국 총 농가수의 96.3%를 차지하였으며 이 중에 고급생산합작사에 참가했던 전국 농가수는 87.8%를 차지한다 (國家統計局, 1958:183-184). 1957년에 이르면 74만 고급생산합작사 설립에 전국 총 농가수의 90%가 고급생산합작사에 가입하게 되었다(王琢, 1999). 이처럼 중국의 농업생산합작화는 완전히 뿌리를 내리게 되었다. 고급생산합작사의 주요 특징은 사원의 토지가 합작사의 소유로 전환되었고, 토지수당은 취소되었다는 것이다. 사원의 토지과수원은 다른 큰 합작사가 소유했으며, 사유의 농기구와 가축과 같은 생산수단은 법적으로 값을 정했고, 합작사가 공동 소유하게 되었다. 사원은 소량의 토지와 수목만을 보류하여 경작하고 소유했다.

그러나 고급생산합작사에는 처음부터 정부가 허용할 수 없는 문제점들이 존재하였다. 첫째, 고급생산합작사는 농민의 수시 탈퇴가 가능했기에 정부가 농민의 탈퇴를 막는 방법을 고안해야 했으며, 이것은 다시 강력한 공산당의 정치적 힘에 의하여 개정되면서 농민들의 참여를 막게 되었다. 둘째, 고급생산합작사는 지방 정부의 영향을 받았지만 경제적 측면에서 지방정부는 재산권이 없을 뿐만 아니라 고급생산합작사의 직접 관리 상급기관도 아니었다. 이로 인하여 토지개혁의 실시는 지방 정부의 잘못된 역할로 더 큰 사회적 분열을 야기시켰다(張樂天, 1998:67-68). 이러한 두 가지 중요한 문제들은 사회주의 계획경제의 건전한 발전을 해치는 것이었다.

2) 인민공사의 확립과 실행 단계(1957-1978년)

(1) 인민공사의 확립(1957-1958년)

1958년 3월 중앙정부는 〈인민공사로의 적절한 소형농업합작사 합병에 관한 의견〉을 통과시켰다. 그리고 조건이 있는 지역에 한하여 소형 농업합작사들 사이에는 대형 합작사로 합치는 합작 격려 운동이 일어났는데, 이것이 바로 인민공사의 전주곡이었다. 이 해 8월에 대약진 운동이 최고조에 이른 가운데 중앙정부는 〈농촌에서 인민공사 설립 문제에 관한 결의〉를 통과시켰다.

인민공사는 1958년 마오쩌둥이 제정한 제도변화의 방침에 따라 만들어진 새로운 조직이었다. 이 이름은 과거에 사용되었던 대공사라는 명칭에서 유래되었다. 8월 초 마오쩌둥은 허난의 신촌 칠리잉(七里營), 샹청현(襄城縣), 장거현(長葛縣), 허베이의 쒸수이현(徐水縣), 안귀현(安國縣), 딩현(定縣), 산동 지역 등의 농촌을 시찰하면서 소형합작사를 대형합작사로 합병하는 운동을 인정했고, 지지해 주었다. 또한 앞으로 인민공사가 공인, 농민, 상인, 학자, 군인들을 함께 결합하기 때문에 큰 규모로 쉽게 공유하고 다스릴 수 있어야 한다고 지적했다(〈인민

일보〉, 1958년 8월 9일, 12일). 인민공사의 특징은 초대형의 규모와 정사
합일 관리체제의 실시였다. 보통 인민공사의 조직규모는 일반 일향일
사(一鄕一社), 약 2천 가구의 참여가 적합했지만 지역에 따른 자연지형
조건과 생산발전의 수요에 따라 여러 향(鄕)을 한 향으로 합병하였기
에 총 6천 가구인 큰 공사로 조직이 가능했다. 실제 인민공사는 1만이
나 2만 가구 이상이 되더라도 반대하지 않았다. 실제로 정사합일(政社
合一)을 실시하여 향(鄕)단위는 사단위로, 향인민위원회는 사위원회로
되었다.

　마오쩌둥이 인민공사 이름의 합병을 지지하자, 그 영향으로 중국 전
지역에서 공사 수량이 급격히 증가했다. 한 달 만에 농민의 토지사유
제가 끝났고, 이 때문에 토지 소유권과 경영권은 모두 합작사가 소유
하였다. 농가 가정경영 지위는 농업기층 경영조직과 기본경영단위로
대체하게 되었다. 1958년 10월말까지 대부분의 성(省)은 '소형사를 대
형사'로 하는 '정사합일'의 인민공사 제도를 목표로 삼고 실행에 들어
갔다. 중국 농촌에서 1957년 74만 고급생산합작사는 28,500개 인민공
사로 합병되었고(王琢, 1999:33) 99.1%의 농가들이 인민공사에 참여했
다. 각 성에 있는 가구 수는 평균적으로 4,756 가구였다(Yang, 1996).
공사를 합병하는 과정에서 농민소유토지는 취소되었고 공사의 토지는
공사 집단이 소유하게 되었다. 이로 인하여 농업의 사회주의가 개조되
면서 사회주의 집단 농업소유제가 확립되었다. 그 해 12월에 중앙정부
의 〈인민공사의 몇 가지 문제에 관한 결의〉가 통과되자 인민공사는 전
보다 더 규범화되었다. 또한 중국 사회주의 사회구조의 공업, 농업,
상업, 학생, 사병이 결합한 기본 조직단위이자 사회주의 정권조직의
가장 기본이 되는 조직단위로 명명되었다. 이로써 고급생산합작사가
합병되어 만들어진 '일대이공'의 인민공사는 공식적인 정권조직으로

인정되었다.

(2) '일대이공'에서 '3급 소유, 생산대를 기초로'로의 변경(1959 -1978년)

1959년부터 시작된 인민공사제도는 농촌의 토지권리를 무력화시켜 농민의 적극적인 참여를 주춤하게 만들어, 농촌생산력의 발전을 저해하였다. '일대이공'의 인민공사제도에서 농민들은 이름만 집단경제 주인이었을 뿐 인민공사와는 처음부터 끝까지 관련이 없었다. 이는 농민계층이 농업 생산에 참여하는 적극성을 심각하게 떨어뜨려 농업생산력과 경쟁력도 급격히 하향시켰다. 또한 경영능력과 경영규모면에서 자주 불협화음을 가져왔다. 그렇기에 농업생산에 효율적인 효과를 가져오지 못했고 농업생산 총액과 생산량이 계속하여 감소했다. 1959년 중공 중앙 정치국(中共中央政治局)은 제 2차 정조우회의(鄭州會議)에서 인민공사의 소유관계를 조정했으며 공사 일급(公社一級) 소유제를 변혁하였다. 즉 당시의 공사소유제에서는 공사가 직접 소유하는 것 이외에 대대 소유제와 생산대가 소유하는 것도 존재한다고 했지만 그 뒤의 루산회의(廬山會議)에서 곧바로 중단되었고, 인민공사운동은 초기의 토지국유화를 계속 진행했다.

이 기간에 중국은 삼 년간의 자연재해로 농업 경제 위기를 겪게 되었다. 때문에 중국 중앙 지도부는 무작위로 합병하는 식의 인민공사를 설립하는 돌진제도배치를 재검토하고 조정했다. 1961년 3월에 기초한 〈농촌 인민공사 업무 조례(초안)〉는 조례의 수정초안과 공사내부의 공사, 생산대대와 생산대 사이의 관계를 다시 조정하기 시작했다. 하지만 생산대대(고급생산합작사와 대등)를 3급 소유의 부서와 동등하게 하였는데, 이런 규정은 재산권관계에서 가난한 생산대가 부유한 생산대와 똑같은 권리를 누릴 수 있게 하는 것이었다.

이로부터 1962년 9월까지 중국 공산당 중앙정부는 제 8회 10차 전국대표대회 〈농촌인민공사업무조례(수정초안)〉(속칭 농업60조)를 통과시켰으며 이 초안은 인민공사체제를 보다 효과적으로 조정했다. 이 조례의 가장 핵심 내용은 이전에 제정되었던 부서의 정산 단위를 분권화한 것이었다. 조례 제 2조에서는 '인민공사의 기본 정산단위가 생산대이다. 독립채산을 실시하고 손익을 스스로 책임지고 직접 생산을 조직하고 수익분배를 조직한다고 규정하였다. 이는 각 지방의 상황에 따라서 인민공사의 조직이 2급일 수 있는 공사와 생산대로 나눌 수 있으며, 혹은 3급인 공사, 대대와 생산대로 나눌 수 있다는 것을 의미했다. 제21조에서는 생산대의 토지는 생산대가 소유하고 집단이 소유한 산림, 수원과 초원은 생산대 소유가 우선이면 모두 생산대가 소유하도록 하였다. 이런 규정은 생산대가 토지 집단소유제의 소유권자가 되는 정책기초를 한층 강화하였다. 이로 인하여 중국농촌토지 '3급 소유, 생산대를 기초로'의 소유제 기초는 안정이 되었다. 또한 인민공사의 '3급 소유, 생산대를 기초로'의 관리의 방침이 확립되었고 농촌토지는 생산대를 기본소유단위로 하는 제도로 확정되었다. 초급합작사의 토지는 농민이 공통 소유하는 방식으로 다시 돌아가는 추세를 보였다. 인민공사체제를 조정하는 동시에 공산당은 토지정책에서 농민의 농지제도를 회복하여 농민이 스스로 농작지 및 미개황지에서 경작을 허락하지만 농지의 총수량은 생산대 경지 면적의 15%를 초과하면 안 된다는 제한을 두었다(國家農業委員會辦公廳, 1981:634-642). 이 토지소유권은 집단이 소유했지만 수입은 사원이 소유했다. 이런 토지정책은 이후 다시 여러 번 개정을 반복했지만 '3급 소유, 생산대를 기초로'체제는 1978년 농촌경제체제 개혁 전까지 변함없이 실시해 왔다.

종합하여 말하면 토지개혁 시기에 형성된 토지사유제는 농업합작화와 인민공사화 운동을 통해 토지공유제로 강제적으로 대체되었다. 중국에서는 20여 년 동안 토지 집단 소유와 집중경영의 농지제도를 실시했다. 개혁개방 후에 중국에서 가정연산도급경영을 기초로 하여 통분 결합의 쌍방 경영 체제가 형성되었다. 이 체제로 인하여 이 시기의 중국의 농지제도는 토지집단소유와 가정연산도급경영의 형식으로 나타났다.

제3절 1978년 이후 노동대중 집단소유 및 가정연산 경영 시기

1. 역사배경

중국의 개혁개방은 농촌의 가정연산도급책임제의 출현에서 시작한 하의상달(自下而上)식의 수요 유발성 제도변화였다. 1978년 11월 24일 안후이성 펑양현 샤오강촌(安徽省鳳陽縣小崗村)의 열여덟 가정의 농민이 밭을 얻어서 스스로 경작하기 위하여 손도장을 찍었다. 이것은 중국 농촌 토지정책개혁의 서막이 열리는 순간이었다. 그러나 당시 '좌파' 사상이 여전히 존재해 농촌경제업무에 많은 영향을 주었기 때문에, 중앙정부는 처음에 이런 농민들의 자발적 제도를 인정하지 않았으며, 어떤 문건에는 부정적인 태도를 취했다. 한편 1978년 12월 공산당제 11회 제 3차 전국대표대회가 성공적으로 열렸다. 이 대회는 중대하고 의미 있는 것으로 중국공산당이 해방사상과 실사구시의 사상노선을 다시 회복 확립시켰다. 또한 중공중앙은 〈농업발전을 가속화하는 몇 가지 문제에 관한 결정(초안)〉을 통과시켰고 농업생산 지도사상 중의 '좌파 사상'의 잘못을 비판했다. 이후에 많은 농민들이 실천 과정에서 호별도급생산이 가져온 성과를 이해하면서 점차 견해를 바꾸었다.

따라서 1978년의 가정연산도급책임제가 나타난 역사적 배경을 상기해보면 인민공사화의 파산은 역사의 필연이었다는 것을 알 수 있다. 또한 가정연산도급책임제 운영에서 나타난 몇 가지 사항들도 정리해볼 수 있다.

첫째는 사상영역의 혼란 상태를 수습하여 바로잡았던 것이다. 1977년 이후 당의 내부는 '좌파' 사상노선의 실행에 대해 불만을 가지고 항의해서 진리표준으로 토론을 전개했다. 이것은 '두 개 대강'이라는 잘못된 방침을 부정했던 것이고, 극좌의 사조를 비판해서 큰 범위에서 모호한 인식을 분명하게 밝혔던 것이었다. 그리고 정신적 속박을 타파했던 것은 사상을 해방시키기 위하여 기초를 다진 것이었다. 1978년 12월에 개막된 제11회 제3차 전국대표대회에서는 진리를 검사하는 유일한 표준은 실천이라면서, 토론을 통해 '두 개 대강'의 구속을 타파할 것을 제기했다. 실사구시를 호소하며 해방사상에 대처해 나가는, 이른바 다방면에서 생산력 향상과 어울리지 않았던 생산관계와 상부구조를 개선하며 적합하지 않았던 관리방식, 활동방식과 사상방식을 모두 개선해야 한다고 제기했다. 또한 '문화대혁명' 중에 발생한 중대한 사건과 그 전에 남아 있는 몇몇 역사문제들을 토론했으며, 남아 있는 역사문제를 해결하려면 반드시 실사구시(實事求是)적 사고를 해야 하고, 잘못이 있으면 반드시 바로잡아야 한다는 원칙을 확립했다. 이 회의는 '좌파' 사상노선의 전면적 변화와 실사구시 사상노선의 재확립에 직접적인 영향을 주었다. 제11회 제3차 전국대표대회 이후에 '좌파'의 잘못된 사상을 확실하게 깨끗이 정리했고, '계급투쟁을 강령으로'라는 구호를 중지했다. 또한 '무산계급 독재정치하의 연속혁명'의 이론을 폐기했고 〈건국 후 당의 몇 가지 역사문제에 관한 결의〉를 기초하여 통과시켰다. 이것은 몇 년 간의 '좌파'의 잘못과 마오쩌둥의 과거 잘못을 과학적으로 분석했고 비판했을 뿐만 아니라, 오랫동안 공산당이 투쟁 중에 형성되었던 좋은 전통을 확고하게 유지했다. 그 결과 시비를 가리고, 당시 남아 있는 '좌파'와 '우파'의 잘못된 관점을 고치고 당과 전국인민의 사상을 통일했다.

둘째는 업무의 중점을 경제건설에 두었다. 1978년 12월 제 11회 제 3차 전국대표대회는 건국 이래 중국공산당의 역사에 있어 의미있고 중요한 큰 전환점이 되었다. 이로부터 중국사회는 중국특색사회주의를 건설하는 신시기에 들어갔다. 제 11회 제 3차 전국대표대회에서는 당의 업무 중점 전환의 문제를 진지하게 토론했고, 신속하고 단호하게 당의 업무중점과 전국인민의 주의력을 사회주의 현대화건설로 집중해야 한다고 주창했다. 업무중점을 사회주의 현대화건설로 순조롭게 이전하기 위해 당은 경제건설과 계급투쟁의 사이 문제에 '좌파'의 잘못된 사상을 깨끗이 정리해야 한다고 피력했다. 동시에 사회주의 사회의 주요 모순을 정확하게 인지하고 '우리의 생산력 발전수준이 아주 낮아서 인민과 국가의 수요를 만족시키지 못하는 것은 모순이므로, 우리의 중점업무는 바로 이 모순을 해결하는 것'이라고 지적했다. 대회는 국민경제를 기초로 하는 농업을 아주 중시했다. 때문에 몇 억 명에 이르는 농민의 적극성을 동원하고자 일련의 정책적 조치와 경제적 조치를 제기하는, 다시 말해 곡물 일괄구매가격을 상승시키고 농업용 공업제품의 판매가격을 낮추는 일을 포함했다. 그리고 이 전국대표대회에서는 〈농업발전을 가속화하는 몇 가지 문제에 관한 결의(초안)〉도 통과되었다. 이때 농업업무 중의 좌익사상의 잘못을 철저히 반성하기를 원했을 뿐만 아니라, 노동조직을 강화하고 엄격한 생산책임제를 설정해야 한다고 명확히 밝혔다. 그리고 조도급제(包工到組)와 임금 계산 생산 도급제(聯産計酬) 등의 형식을 승인했다. 대회는 경제체제가 너무 집중되어 있는 문제에 대해서는 권력을 하급 기관에 분산하는 원칙으로 각급 행정기관을 간소화했다. 계획적이고 과감하게 권력을 하급 기관에 분산하고 단호하게 경제규율에 따라서 처리하며 가치규율의 역할을 중시한 결과였다. 국민경제발전에 보다 좋은 조건을 창조하기 위하여 중앙정부는 1979년 4월에 3년 동안 국민경제를 조정하겠다고 발표했고, '조정, 개혁, 정돈, 제고'의 방침을 세워 국민경제를 조정할 때 경제체제개혁을 시작해야 한다고 밝혔다. 중앙정부는 제출한 12항의 주요 조치 중에서 제1항은 모든 심신의 에너지를 집중해서 농업에 반영하고 농업과 공업의 관계를 잘 조정한다는 것이다. 여기서 제 11회 제 3차 전국대표대회가 곡물 일괄구매가격을 향상시키고 농업용 공업제품의 가격을 낮추는 구체적 정책실현 이외, 국가가 농업에 투자하는 비중, 일괄구매지표 통제 향상 등의 이런 조치들은 농민생산의 적극성을 크게 높였다.

조정업무를 완성한 후 1982년 9월에 개최했던 중국공산당 제 12차 전국대표대회에서는 당의 새로운 시기의 총임무(總任務)를 제시했다. 이때 중국 공산당에서는 전국 각 민족 인민을 단결시키고, 자력갱생을 위해 분투하게 하며, 점차 공업, 농업, 국방과 과학기술의 현대화를 실현하고, 중국을 고도문명, 고도민주의 사회주의 국가로 건설할 것을 총임무로 제시했다. 1981년부터 세기말까지 20년 동안의 경제건설 최종 목표는 경제효율을 끊임없이 향상시키는 전제아래 꾸준히 전국 공, 농업의 총생산액을 네 배로 늘려 1980년의 7,100억 원을 2000년의 2.8만 억 원 상당으로 증가시키고, 사람들을 중등 정도의 생활수준에 도달케 하는 경제건설을 이룩하고, 고도의 사회주의 정신문명과 고도의 사회주의민주를 건설한다고 발표했다.

또한 그 해 12월 4일에는 〈중화인민공화국헌법〉을 수정했고 통과시켰다. 이 헌법 제 13조는 행정구역 구분에 관한 규정으로 원래의 향, 진, 촌의 체제를 회복하였는데 이는 인민공사가 정식으로 해체됨을 상징했다. 인민공사의 해체는 역사의 필연이었다고 할 수 있다. 우선 인민공사제를 실시하는 동안 국가의 공업화를 위한 원시적 축적을 완성할 수 있었고, 국가는 당시 우선적으로 중공업을 발전시키는 전략의 역사적 과정 중에서 여러 성과를 거뒀지만 인민공사는 본질적으로 보면 여전히 고도로 집중된 정사합일체제(政社合一體制)였다고 할 수 있다. '좌파'의 방해 때문에 국가, 단체와 농민개인 사이의 이익관계는 시종 정확한 처리가 되지 못해서 농민의 적극성에 많은 영향을 주었지만 1978년에 들어 국가는 초보적 공업화 목표를 순조롭게 실현하고 공업화의 기본도 마련을 하였기에 인민공사제도가 해야 할 역사사명을 완성했으므로 해체는 역사의 필연인 것이라 할 수 있다. 한편 인민공사제도는 고유의 폐단이 있었다. 본질적으로 고도로 집중된 정사합일체제의 관리체제로 농민의 개인이익과 경제인으로 한 특징을 완전히 경시했으며 특히 마지막에는 균등하게 같은 대우를 받게 하는 바람에 농민의 생산 의욕을 크게 꺾어서 중국 농업의 생산을 오랫동안 발전하지 못하게 했다. 그리고 문화대혁명이 종료됨에 따라 중국이 경제건설의 신시기에 들어서게 되면서 이전의 정치투쟁과 계급투쟁에서 경제건설을 중심으로 전환하는 일이 절박하게 되었다. 그러나 인민공사제도는 고유의 폐단 때문에 날이 갈수록 농촌경제발전의 장애물이 되었다. 이에 구체제 개혁의 필요성이 제기되었다. 한편으로는 당시 많은 농촌의 농업생산발전은 느렸지만 인구증가가 빨랐다. 게다가 많은 지역에서 끼니 문제를 해결하지 못했기 때문에 낙후된 상황을 개선하기 위하여 농민이 제도개혁을 절박하게 요구하는 목소리가 갈수록 높아졌다. 다른 한편으로는 10년 동안의 문화대혁명을 겪은 후에 국가의 재정능력이 아주 빈약해져 제도개혁에 필요한 거래비용을 부담할 수 없었다.

사실 가정연산도급책임제는 처음부터 확립된 것이 아니고 우선 인민공사제도의 저효율, 인민 노동 적극성의 동원, 노동에 따른 분배의 문제를 해결하기 위한 것이었다. 그 첫 걸음은 생산대 자주권에 대한 보장을 어떻게 하는가였다. 먼저 1978년 12월 22일 중국공산당 제 11기 중앙위원회 3차 전체회의는 〈중국공산당중앙이 농업발전을 가속화하는 몇 가지 문제에 관한 결의(초안)〉를 통과시켰고 "인민공사의 기본적 계산단위는 지역에 따라 제정해서 경작할 권리, 생산증가의 조치와 경영관리방법을 결정할 권리가 있다. 자기의 제품과 현금을 분배하고 지도기관과 지도자의 권력남용을 억제할 권리가 있다"고 명확히 지적했다. 결과적으로(張紅宇, 1995:486) '오권'이 있어서 인민공사제도의 뿌리가 근본적으로 흔들렸지만 농촌개혁의 환경은 점차 좋아졌다. 인민공사제도가 와해되었기 때문에 개혁환경이 점차 좋아져 생산책임제는 비로소 아래부터 위로 점진적인 방식으로 부분균형부터 일반균형까지의 돌파를 실현할 수 있었다(胡美靈, 2008:104). 또한 1979년 9월 28일 중국공산당 제 11기 중앙위원회 4차 전체대표회의에서는 〈농업발전을 강화하는 몇 가지 문제에 관한 결정〉을 정식 발표했으며 각급 행정기관의 의견을 강조했다. 즉 법률의 규정을 제외하고는 행정명령의 방법으로 사와 대를 강제집행하면 안 되었고, 국가의 통일된 계획하에 시기와 지역에 따라서 알맞게 제정하는 것을 허락했으며, 그들의 자주권을 보장하고 그들의 적극성을 발휘하게 했다. 그리고 이것은 농민들에게 실천을 통한 격려 작용으로 발휘되었고, 농촌경제체제개혁에 기초를 다져주게 하였다. 또한 이후 경제체제개혁은 전국적으로 신속히 전개되어 개혁과 발전이 가능한 시대가 될 수 있었다.

2. 농촌토지정책의 내용

중국 문학대혁명이 끝난 후 중국경제는 변화하기 시작하였다. 1978년 중국공산당 제 11기 중앙위원회 3차 전체회의에서는 경제발전 개혁 개방정책을 실시하였다. 경제개혁은 농촌부터 시작되었는데, 그 핵심은 바로 토지정책이었다. 인민공사 시기에 형성되었던 토지집단소유, 집단경영의 농지제도로 인하여 농민의 생산 적극성이 저조하여 식량 총생산량은 급격히 하락되었고 농민들의 생활은 빈곤해졌다. 이런 전통적 토지 제도의 문제점에 대하여 중국 공산당정부는 다른 나라와 같은 서방의 급진적 민영화 개혁 노선을 채택하지 않았고 토지사용권만 소유하는 우회적인 방법을 실시하였다.

전통적 '3급 소유, 생산대를 기초로(三級所有, 隊爲基礎)'의 소유제를 기초로 점차 토지의 사용경영권이 농민에게 부여되었고, 인민공사 '3급 소유, 생산대를 기초로'의 경영제도가 전면적으로 해체되면서 전국 각 지역에서 가정연산도급책임제가 동시에 추진되었다. 새로운 '가정도급제, 가구 단위 생산 도급제'를 표준으로 한 가정경영체제 기본정책은 1983년 말까지 거의 마무리가 되었다. 한 가정의 농민을 단위로 한 집단의 토지에 대한 도급을 통하여 토지의 경영권과 사용권을 얻었다. 이러한 정책은 30여년 이래로 중국 농촌 토지정책의 한 획을 긋는 역사적인 변화로 농촌토지경영이 가정연산도급책임제로 전개되었음을 의미했다.

1) 가정연산도급책임제 토지정책의 확립(1978-1993년)

1978년부터 1993년까지, 가구 단위 생산 도급제 정책의 실시에서 가정도급경영제도의 추진으로 중국 농촌 특유의 토지소유권과 사용권이 분리되었다.

(1) 1978-1983년의 농지(農地)제도변화

토지의 가정연산도급경영제도는 처음부터 제정된 상태에서 시행된 제도가 아니었다. 중국 공산당 제 11회 제 3차 전국대표대회 이후 중국 정부는 가정도급제를 시행하는 동안 이것을 비판했고 이와 관련된 모든 것을 금지하였기에 그 당시는 조직 단위의 노동 도급제와 조직 단위의 생산 도급제(包工到組와 包産到組)의 두 가지 형식만 실행했다(전자는 완성된 전체 생산량을 시간과 노동 강도에 의하여 계산 하고, 후자는 맡은 전체 생산량으로만 보수를 계산한다). 1979년 9월의 중국공산당 제 11기 중앙위원회 4차 전체회에서는 〈중공 중앙 농업발전을 가속시키기 위한 몇 가지 문제에 관한 결정〉을 통과시켰다. 또한 3급 소유, 생산대를 기초로 하는 제도는 중국 현재의 농업생산력 발전수준에 맞추어 진행할 것을 요구하였다. 실제 생산대는 농업생산력의 발전수준이 아닌 공동 정산 공동 분배하는 원칙으로 전체 생산량 근거하여 공동 노동수당을 계산했고 초과 생산하면 장려하는 분배방침을 실행하였다(1979년 말까지 전국에서 50%이상의 생산대가 조 단위 노동 도급제를 실행하고 4분의 1은 조 단위 생산 도급제를 실행했다). 비록 가정도급제와 공동 분배받은 농지를 혼자 경작하는 제도는 허락하지 않았지만 이번에 통과된 결정은 산간 지역에 독립 가구에게 가정도급제를 허락했다. 1980년에 공포했던 75호 문건에는 연산도급책임제의 중요성을 인정했고 농업생산량의 기초 위에 일정한 범위 내에서 가정도급제를 실시하는 정책을 펼치면서 농촌토지도급경영의 진도를 아주 빠르게 가속화시켰다. 1981년 10월 전국 농촌 97.8%의 생산대는 이미 다양한 형식이 존재하는 생산책임제를 도입하였다. 이 중에 가정도급제와 가구 단위 노동 도급제가 50%를 넘어섰다.

가정도급제의 명칭은 1982년 1월1일 중공 중앙 발표한 '삼농(三農)' 문제에 관한 첫 번째 '1호 문건(一號文件)', 즉 〈전국농촌업무회의 기요〉에 기재되어 사용한 것이었다. 문건에서는 가정도급제와 가구 단위의 생산 도급제나 전면 도급제는 모두 사회주의 생산 책임제라고 명하였다. 더불어 이는 합작화 이전의 개인소유의 경제와 다르고 사회주의 농업경제의 일부분이라고 명확히 밝혔다. 1983년 1월 중공 중앙(中共中央) 발표했던 두 번째 공산당중앙위원회 '1호 문건', 즉 〈현 농촌 경제정책의 몇 가지 문제〉에서는 가정연산도급책임제의 성과를 높이 평가했고 전국에 널리 그 성과를 선전하는 동시에 인민공사체제에 관한 개혁을 진행한다고 말했다. 또 정사분설(政社分設)을 실행했으며 가정연산도급책임제를 확립한다고 발표하였다. 생산도구는 전부 농가에 맡겨 농가에서 자주적으로 운영했고 공사와 이미 약속했던 방식에 따라 생산량은 분배하였다. 이에 따라 가구 단위 생산 도급제를 "국가에 충분히 상납하고 집단에 납부하고 남은 것은 자기의 것"이라고 부르기도 하였다. 제도변화의 확장효과는 아주 컸다. 농가 생산 도급제가 1979년부터 시작되어 1983년 말에 이르면서 58.6여만 대에 이르렀다. 그러나 전면 도급제는 그 해 시작되었지만 농가 생산 도급제의 98.3%인 57.6여만 대에 이르렀다. 곧 전국에서 대다수의 생산대가 전면 도급제란 토지도급경영방식으로 바뀌게 되었다. 이 문건을 통해 가정연산도급책임제가 장기적으로 중국농촌경제 발전 방향임을 충분히 드러났다. 문건의 제 1조는 가정연산도급책임제가 공산당의 지도 하에 중

〈표 3-4〉 각 지역 책임제실행의 과정(단위: %)

전면도급제 \ 일인당 순수입으로 팀을 나눈다	〈300	301-450	451-650	651-900	〉900	전체총 합계
1978년	3.83	0	0	0	0	0.4
1979년	0	0	0	2.22	4.55	1.19
1980년	5.83	9.62	10.47	6.67	2.27	8.7
1981년	7.69	30.77	29.07	24.44	9.09	28.06
1982년	5.38	36.54	36.05	22.22	34.09	31.23
1983년	7.7	23.07	24.41	44.44	43.18	29.25
지속적집단경영	0	0	0	0	6.8	1.19
합계	100	100	100	100	100	100

국 농민이 창조한 위대한 것일 뿐만 아니라 마르크스주의 농업합작화 이론이 중국에서 새롭게 적응하며 발전한 것이라고 지적했다. 이는 인민공사체제의 완전한 해체를 의미했다. 문서 제 5조는 인민공사의 체제는 두 가지 방면으로, 즉 연산도급책임제를 실행하고 정사분설(政社 分設)을 개혁하여야 한다고 피력하였다.

전국 253개 촌의 조사통계수치에 따르면 가정연산도급책임제의 실행은 1978년부터 1983년까지 6년 동안 진행되었고, 대부분 1981-1983년에 집중되었다. 1978년에 도급책임제를 실행한 촌은 전체 촌의 0.40%를 차지했다. 1979년에는 1.19%를, 1980년에는 8.7%를, 1981년에는 28.06%를 차지했다. 또한 1982년에는 31.23%를, 1983년에는 29.25%를 차지하였고, 집단경영촌은 1983년 말까지 1.19%만 차지했다.

〈표 3-4〉를 살펴보면 수입수준에 따라 진행속도는 많은 차이를 보인다. 수입이 낮은 지역에서는 책임제를 일찍 시행했고 일찍 끝냈다. 수입이 높은 지역에서는 책임제를 늦게 시행했으며 늦게 끝마쳤다. 1982년 이전의 책임제 가구 수는 공식적인 발표가 없어 비율만 찾을

수 있다. 전국적 가구도급책임제의 보급은 1982년부터 1983년까지 2년 동안에만 집중되었다. 그러나 일인당 순수입 300원 이하의 빈곤촌에서 1982년 이전에 이미 76.92%의 농촌이 도급제를 실시 완성했다. 900원 이상의 고수입 농촌은 15.91%만 존재하였다. 다른 중간상태의 농촌은 두 가지 사이에 존재했다. 전면 도급제를 실행한 속도는 각 촌의 수입수준과 반비례관계다. 즉 가난한 촌일수록 개혁을 선호했다. 따라서 농촌토지제도의 변혁은 낙후한 지역으로부터 발전된 지역으로 추진한 제도였다고 볼 수 있다. 이 변혁을 일으켰던 주원인은 기존 인민공사제도의 폐단으로 심각한 국가위기를 초래하였기에 변혁의 발생 및 빠른 속도의 변화를 촉진하게 된 것이었다(何道峰, 1993:32-33).

(2) 1984-1993년의 농지제도변화

1984년 전국의 99% 가량의 생산대가 가정연산도급책임제를 실행하였기 때문에 실제적으로 인민공사는 그 자취를 감추게 되었고, 토지집단소유, 가정도급경영의 농지제도가 토지제도의 기초를 이루게 되었다. 이런 재산권 모형은 농지의 집단소유권과 농가의 독립경영권을 보증했다. 또한 토지의 수익 분배방식의 "국가에 충분히 납부하고 집단에 충분히 남겨두고 남은 것은 다 개인소유다"를 알맞게 조절해 주어서 농민의 생산 적극성을 크게 촉진시켰다. 더불어 중국 농촌경제의 발전과 농업생산수준의 향상을 가속화했던 것은 물론 생산도 개선되어 사회적으로 "배고픔"의 문제가 해결 되었다. 또한 농촌가정도급책임제의 확립으로 "토지집단소유, 가정도급경영, 장기 안정의 도급권, 합법적 전이 격려"의 기본적인 토지제도 구조도 자리 잡았다.

1984년 1월 1일 중공 중앙 발표했던 세 번째 중앙 '1호 문건' 즉 〈1984년 농촌업무에 관한 통지〉는 연산도급책임제를 계속 안정시키고 완성하는 것을 중점적으로 강조했다. 아울러 토지도급기한은 일반적으로 15년 이상이어야 하며 생산 주기가 긴 것과 개발 프로젝트는 도급기한이 전보다 더 길어야 한다고 규정하였다. 이 제도의 목적은 농민들에게 안정된 토지 도급 기한을 주면서 토지사용권 회전을 권장하는 것이었다. 이후에 발표되었던 일련의 공문들에서도 모두 농가들의 토지 도급을 안정시켜야 하고 농민 가족 운영에 안정된 기대감을 주어야 한다는 점이 재차 강조되었다. 1985년까지 인민공사 정사분설(政社分設), 향 정부 설립 업무는 대부분 완성되어 기존의 5.6여만의 인민공사는 9.1여만의 농촌인민정부로 전환되었다. 또한 아래의 94여만 촌인민위원회를 관할하여 인민공사체제가 공식적으로 완전히 종결되었다. 1986년 1월 1일 중국 공산당 중앙정부, 국무원이 발표했던 〈1986년 농촌업무의배치〉, 즉 다섯 번째 '1호 문건'에는 농촌개혁의 방침정책은 '정확하고 발전적으로 계속 이 정책을 관철하고 집행해 나가야 한다.'라고 명시했다.

토지소유권 고수를 전제로 토지사용권 제도에 대한 다양한 모델과 형식이 만들어졌다. 예를 들면 양전제(兩田制)는 대부분 지역에서 실시되었고, "규모경영"과 토지 주주합작제를 중국 연해지구의 발달한 지역과 대중도시 교외에서만 시행해 나기기로 하였다. 더불어 사황(四荒: 황폐한 산, 도랑, 언덕, 모래사장)의 사용권을 땅은 많으나 사람이 적은 중국 서북지방과 남서부에서 어떻게 실행할 지 등을 지속적으로 연구하면서 나아가기 시작했다.

2) 토지사용기간의 연장과 사용관계의 안전화 단계(1993-1998년)

1984년 1월 중국 공산당 중앙정부가 발표했던 〈1984년 농촌업무에 관한 통지〉의 '1호 문건'에서는 토지도급기한을 연장했고 토지도급기한을 15년으로 결정하였다. 1993년 전국 제 2차 토지도급 기간부터 중국정부는 경작도급기간이 끝난 후 다시 30년을 연장할 수 있는 정책을 실시했고 토지사용권은 중화공화국 토지법에 따라서 유상 양도를 승인했다. 또한 가정연산도급경영책임제 안정과 가정연산 도급경영 책임제 개선, 농촌산업구조 조정, 농촌 노동력 이동 촉진, 농촌 도시화 및 현대화 가속, 농촌 토지사용권 전이제도의 창의적 실천과 토지 소유권, 도급권, 사용권의 삼권분리 실현 및 농가의 토지도급경영기한 연장을 주 내용으로 삼았다.

1993년 11월 중공 중앙 및 국무원이 발표했던 〈현 단계 농업과 농촌 경제발전에 관한 몇 가지 정책과 조치〉는 토지도급관계를 유지하고 농민 투입의 증가를 격려하며 토지의 산출율 늘리기 위해 정한 기한 외에 30년을 더 연장시켰다. 동시에 도급 맡은 경지가 빈번하게 변동되는 현상을 피하고 경지의 경영 규모가 계속 세분화하는 일을 방지하고자 도급기한 안에 '사람을 늘려도 토지는 늘리지 않고 사람을 줄여도 토지는 줄이지 않는다.'란 조항을 넣었다. 또 토지가 집단에 속하고 토지 용도를 바꾸지 않는다는 전제로 하청을 주는 쪽의 동의를 받아서 토지사용권을 유료로 양도할 수 있다고 명기했다. 따라서 새로운 제도는 그 뜻이 명확하면서 내용 범위를 크게 확장한 정책이었다. 새롭게 확대되어 삽입된 주요 문구는 다음 몇 가지다. 첫째, 농가 토지도급기한이 30년 연장으로 명확히 기록되었다. 둘째, '사람을 늘려도 토지는 늘리지 않고 사람을 줄여도 토지는 줄이지 않는다.'라는 것을 분명히 하였다. 셋째, 토지사용권에 수수료를 받고, 또 이것을 양도함을 정부가 허락함으로 토지 자원을 최적화할 수 있게 되었다. 넷째, 제 2산업과 제 3산업의 발전, 비농업으로의 고용기회가 많아져 농민들의 동의를 전제로 적정 규모의 경영을 실행한다고 기록되었다. 이러한 정책의 목적은 농업 노동 생산력을 향상시켜서 농업의 상대적인 이익을 높이기 위함이었다.

1997년 6월 중공 중앙과 국무원 사무처는 〈농촌 토지도급관계를 더 안정시키고 완성하기 위한 통지〉를 공포했다. 때문에 토지도급기한 연장 업무를 전개했고 대부분 농가는 원래 도급 맡은 토지를 계속 안정시켰다. 원래 사용목적이었던 도급 토지를 목적 없이 사용하거나 생산대 토지소유권의 한계를 함부로 위반해서는 안 되었으며 촌에서 공정하게 도급을 맡아야 했다. 또한 토지도급관계는 '대안정, 소조정', 단 소조정은 사람과 토지의 갈등이 뚜렷한 개별농가만 가능하다고 규정했다.

1998년 10월 중공 중앙은 제 15기 중앙위원회 3차 전체회의를 통해 〈농업과 농촌 업무의 몇 가지 중대한 문제에 관한 결정〉을 또 다시 발표했다. 가정도급경영을 기초로, 통분결합(統分結合)의 쌍방경영체제를 장기간에 안정시켜야 하는 동시에 농촌토지도급의 장기적 안정을 위한 법률과 법규를 서둘러 만들어서 농민들한테 장기적으로 보장된 토지사용권을 주어야 한다고 피력했다. 그리고 1998년에 수정한 〈토지관리법〉은 토지도급경영기한이 30년이라고 규정했다. 이는 토지경영제도에 대해 법률적 측면을 강조한 것으로 토지제도를 규범화하기 위한 조치였다(張紅宇, 劉玫, 王暉, 2002,(2):12-14). 1997년부터 1998년까지 전국범위에서 토지 도급기한 연장 정책이 확정되었다. 가정도급제는 원래 팀(隊)을 기초로 한 토지소유권과 사용권제도를 집단이 소유하는 토지소유권과 농민이 소유하는 토지경영 사용권으로 변하여 토지소유권과 경영사용권의 분리를 실현했다(王文滋, 2001:570-573).

3) 농촌토지정책의 건전화와 법제화한 시기(1999-2013년)

2000년 중앙정부는 〈국민경제와 사회발전의 15차 5개년 계획을 세우기 위한 건의〉에서 농촌토지제도 법제화 건설을 가속화하여야 하며 가정도급경영을 기초로 하여 통분결합이란 쌍방경영체제를 장기적으로 안정시켜야 한다고 지적했다. 이후 농촌토지정책의 법제화 건설은 빠른 속도로 추진되었다. 이후 국가토지관리제도가 날로 강화되었으며 각종 필요 법률 법규가 점차 제정·완성되었다. 이에 중국정부가 추구하는 목표는 세계에서 가장 엄격한 토지관리와 경지보호제도를 만드는 것이 되었다. 2002년 8월 〈중화인민공화국 농촌토지도급법〉이 공포되었다. 이 법에서는 '농촌토지도급이 농촌집단경제 조직내부의 가정도급방식을 채택하고, 가정도급경영 제도는 법률의 형식으로 정착시키며, 농민에게 장기적이고 보장이 되는 농촌 토지 도급경영권을 부여한다.'라고 명확히 규정되었다. 이때 국가가 농촌토지도급관계의 장기적인 안정을 보호한다는 것은 법률로 미래에 대한 농촌토지재산권정책의 기본적 방향을 규정한다는 의미였다.

이어서 〈중화인민공화국 농촌토지도급 경영권증명 관리방법〉(2004), 〈중화인민공화국 농업 기술 보급법〉(2004), 〈중화인민공화국 농업법〉(2004), 〈농촌 토지 도급 경영권 유통 관리 방법〉(2005) 등 다양한 관련 법률 법규가 실시되었다. 중앙정부는 2004년부터 2007년까지 다시 4년 동안 계속 '1호 문건'의 형식으로 '삼농' 문제의 정책에 관한 의견을 공포했다. 2005년 이래로 중앙정부는 국민수입의 분배방식을 조정하기 위해 보다 노력했으며, 새로운 사회주의 농촌의 건설을 착실하게 추진했다. 또한 농지 수리 시설 건설과 농촌 기초시설 건설의 중요한 내용을 근거로 한 표준 농지를 건설했다. 가장 엄격한 농지 보호제도를 확고하게 했고, 기본 농지를 착실하게 보호하였다. 게다가 농민의 토지도급경영권을 보호했으며 토지 기획과 관리를 강화했고 촌장 건설용지를 대대적으로 줄였다(馮子標, 1980; 鐘漢山·曾昭汰·趙碧雲, 1981). 토지관리제도는 전례가 없이 엄격한 관리 감독 하에 진행되었다. 2006년에 공포했던 〈물권법〉은 토지도급경영권을 사용권으로 정확히 명하고 토지도급경영권의 등기, 변경, 시효 등의 사항을 규정하여 징수 징용시 토지도급경영 채권자가 획득한 보상권을 규정했다. 2004년부터 2013년까지 10년간 연속적으로 중국농촌 개혁 역사에서 제2차 '중앙일호' 문건이 나와 토지 징용제도와 농촌건설용지제도의 개혁을 심화시켰다.

4) 1978년 이후 농지제도의 변화

1978년 이후, 중국 농지제도의 변화는 우선 농가 가족경영이 주도적 지위를 확립했다는 것이다. 다음으로 토지소유권과 사용권 사이의 분리를 실현했으며, 끝으로 가정도급제를 기본제도로 한 농촌 자산제도의 변혁을 일으켰다(張紅宇·劉玫·王暉, 2002(b):20). 토지균등도급을 특징으로 한 가정도급제는 괄목할 만한 성과를 이룩했지만 여전히 미흡한 점으로 두 가지를 꼽을 수 있다. 첫째, 농가가 토지도급의 기한에 대해 예상을 못해 수입달성여부를 알 수 없어서 효과적인 농업투입과 축적이 안 되어 토지수익에 영향을 끼쳤다. 둘째, 농가가 가진 토지사용권의 귀속이 불완전해서 보다 큰 범위에서 토지 순환을 이루지 못하였고 자원배분의 효율성에 영향을 미쳤다. 농지소유권과 경영권의 분리는 현대 경제 발전의 역사에서 실증되었다. 효과적인 소유권제도는 모든 권리 제약이 같은 주체에만 집중되는 것을 의미하지 않고 반대로 권리의 적당 분리를 해 제도배치가 성공하게 된 요인 되었다(張紅宇·劉玫·王暉, 2002(a):12-13). 토지소유권제도 배치는 효율적 토지사용권 제도에 더욱 집중해야 한다(張紅宇·劉玫·王暉, 2002(b):20).

이 시기 중국 농지제도변화의 핵심은 토지사용권 귀속과 한계 문제였다. 이때 사용권문제의 핵심은 토지사용권제도와 사용권 회전 양식을 완비시키는 것이었다(張紅宇·劉玫·王暉, 2002(a):2-13). 30여 년간 농지제도가 계속 변하였지만 각 지방에서 농지사용권 양식을 많이 창출하여 토지자원배분과 능률을 향상시켰다. 그러나 중국은 사람이 많고, 땅은 비좁기 때문에 토지이용제도를 혁신하는 것은 토지가 또 다시 부락 안에서 조정되고 회전된 것을 완전히 제거할 수는 없어서, 토지 사용권이 회전되는 문제는 중국 농지제도의 변화과정에서 흔한 일이 될 수밖에 없다. 토지사용권 회전이 농지를 빈번하게 조정하는 것을 극복할 수 있는 근본적인 방법은 농지사용권이 회전될 수 있는 시장을 개척하는 일이었다. 이른바 농지사용권의 회전이란 엄격한 의미에서 농지 도급 경영권의 회전이다. 동시에 농지 도급 경영권을 가진 농가는 토지경영권(사용권)을 다른 농가나 경제조직에 양도한다. 즉 도급권을 유보하고 사용권을 양도하는 것이다.

토지사용권의 회전 양식은 다양하다. 농가와 농가, 농가와 기업이나 부락 등과 같은 경제조직 간에 시장에서의 교환을 원칙으로 토지사용권 회전의 가격을 통해 반영된 특정행위가 발생하는 것을 일컫는다. 그 중에서 주요한 양식은 하도급, 양도, 주식 매입, 교환 등이 있는데 이 중에서 하도급을 중심에 둔다. 하도급은 토지사용권이 자발적으로 회전되는 주요 양식이다. 하도급 후 본래의 토지 도급관계는 그대로 유지되고 원래 도맡았던 쪽은 여전히 토지도급계약서에 규정한 권리와 의무를 이행한다. 한편 양도는 도급 맡은 농가가 부락의 허락을 받고 도급기한 안에 토지의 전부나 일부분을 제삼자에게 양도하면서 제삼자는 토지도급계약서에 규정한 권리와 의무를 이행하는 것이다. 양도한 후 본래의 도급관계는 중지된다. 다음으로 교환은 도급을 맡은 농가 사이와 부락 사이에 경작 등을 편리하게 하고자 토지를 서로 교환하고 주로 토지의 세분화와 분산경영 문제를 해결하는 것이다. 끝으로 임대는 원래 도급을 맡은 농가 양쪽이 약속한 권리와 의무를 유지하고 현재 도급을 맡은 쪽은 임대료를 그 농가나 부락에 내는 것만 허락된다.

토지사용권의 회전을 질서 있게 추진하는 방법을 살펴보면, 우선 토지사용권의 회전추세에 대해 정확하게 파악하고 냉철한 의식을 가져야 한다. 그 다음농민들의 뜻을 존중하고 농민들의 이익을 보호해야 한다. 또 토지사용권의 회전을 분류해서 지도해야 한다. 조건이 구비된 농가들이 자발적으로 토지 회전을 하려면 정보 제공과 거래비용 감소를 통해 지지하고 보호해야 한다. 마지막에는 농가들 사이에 하도급, 양도 및 교환 등 토지 회전을 격려하고 지지해야 한다(張紅宇·劉玫·王暉, 2002(b):17-20). 30여 년간 농지제도의 변화를 조정한 정책의 시점에서 보면 정부는 농가 토지 도급의 장기적인 안정을 강조하면서도, 한편으로는 토지이용제도를 끊임없이 혁신하는 것을 권장하고 있다. 그리고 이는 농지사용제도가 다양한 형식으로 나타나도록 했다. 제도를 끊임없이 완비하고 조정하는 과정에서 각 지방은 집단소유권 하에서 일련의 제도를 혁신했다. 예를 들면 양전제(兩田制), 규모경영, "사황(四荒: 황폐한 산, 도랑, 언덕, 모래사장 등 포함)"사용권 경매, 그리고 토지 주주합작제 등이 그것이다(何秀榮, 2010:40).

(1) 양전제(兩田制)

양전제(兩田制)는 20세기 80년대 중반에 나타나서 한동안 가장 광범하게 사용된 토지이용제도다. 이른바 양전제는 농가가 도급을 맡은 경작지를 "구량전(口粮田)"과 "책임전(責任田)"으로 나누는 토지도급제다. 이런 제도에서 인구에 따라 분배하고 자가용 식량을 생산해서 농가 생활보장을 위한 것을 구량전이라 이른다. 책임전은 인구와 노동에 따르거나 경쟁입찰을 통해 수입과 취직 문제 등을 해결한다.

양전제가 농가들에게는 평등한 생존권리를 보장하며, 동시에 자기 뜻대로 경영의 권리와 의무도 가질 수 있게 해준다. 그리고 정부에는 공평과 능률이라는 원칙을 가진 양전제로 가정도급제를 안정시킬 뿐만 아니라 농업 "잉여"를 상대적으로 쉽게 얻을 수 있게 해준다. 본질적으로 보면 양전제 중 구량전은 농민들이 토지를 안정감 있게 가지려는 심리를 만족시킬 수 있고, 책임전은 정부와 부락의 이익을 챙길 수 있어서 토지균등도급의 확실성과 여분의 거래비용을 감소할 수 있다(張紅宇·劉玫·王暉, 2002(a):14-16).

토지균등도급 이후에 중국에서 가장 광범하게 사용된 양전제를 보편적 의미에서 보면 예상된 순수익을 추구하는 것이다. 이는 부락 성원들의 자연적 권리인 토지이용 균등을 고려하고 성원들의 동등한 기회를 확보하는 한편 부락 자원이 더 효과적으로 배치되도록 고려되어야 하는 것이다. 어떻게 하면 공평과 능률을 동시에 만족할 수 있는가가 양전제에 내포된 규칙의 결정적 제도다(張紅宇·劉玫·王暉, 2002(b):21).

(2) 규모경영

규모경영은 집단이 가지고 있는 토지를 가족경영이나 대가족경영, 집단경영의 방식 등을 통해 상대적으로 큰 규모로 경영하는 것이다.

토지사용권 회전에서 필요한 시장이 부족한 경우, 어떻게 토지를 모아 체계적으로 경영하여 비교적 높은 토지산출율과 노동생산성을 얻을 수 있는가를 모색할 때 규모경영이야말로 상대적으로 이성적인 선택이라 할 수 있다.

구체적인 운행방식은 세 가지다. 첫 번째는 마을이 운영하는 집단농장으로, 집단에서 공동적으로 경영하는 것이다. 1993년의 통계에 따르면 집단농장 경영 중에 규모경영은 총 면적의 62.8%를 차지했고 노동력의 일인당 평균 경영 면적은 9.73헥타르였다. 두 번째는 전문적 노동력도급제를 기초로 사회화된 봉사와 함께 이중 운영을 하는 것이다. 이러한 방식으로 운영했던 토지 면적은 28.8%를 차지했고, 노동력의 일인당 평균 경영 면적은 2.447헥타르였다. 세 번째는 가족경영으로, 도맡은 토지 면적이 8.4%를 차지했고 평균 경영 면적은 0.593헥타르였다(〈농민일보〉, 1994년 1월 19일).

규모경영제도는 농가가 토지도급권을 얻은 후에 토지경영에 대한 기대를 만족시키고 단기적 경영을 방지시켜서, 경지가 세분화될 가능성도 피하며, 동시에 토지자원을 효율적으로 배분해서 토지 산출율을 제고하는 것이다. 이 제도를 선택하는 일은 일반적으로 피동적 성격을 지닌다(張紅宇・劉玫・王暉, 2002(b):21).

(3) '사황(四荒)'사용권 경매

'사황(사황)'사용권 경매를 추진하는 것은 수요가 제도의 변화를 유발한 전형적 사례 중 하나였다. 사황 경영의 특징은 농지경영의 방식과 같지만 농가가 도급 맡은 운영권만 가지는 것이며, 둘의 유일한 차이점은 사황 경영의 도급기한이 농지경영의 도급기한보다 더 긴 것이다. 이른바 사황 경영권 경매의 내용은 다음과 같다. 사황 소유권은 그대로 유지하고 사용권을 경매하는 것이다. 사황을 구입한 자가 사황을 정비해서 수혜를 받으며 사용하는 기간은 통상적으로 50-100년 정도다. 아울러 사용권을 양도하거나 주식을 살 수 있고 임대하거나 저당할 수 있다. 본질적으로 보면 사황 사용권 경매는 가정도급제의 후속 발전이다. 사황 소유권이 변하지 않는다는 전제하에 사용권을 농민들에게 경매하고 그것을 장기적으로 사용할 수 있게 한다(張紅宇·劉玫·王暉, 2002, (a):17-18).

사황사용권 경매를 활용할 때에는 비경지자원의 기본적 특징을 고려해야 한다. 첫째, 충분한 기한을 제공해야 한다. 둘째, 경지경영보다 더 완전한 소유권 범위를 제공하면서, 동시에 제도 혁신과정에서 예상하는 순수익이 가장 커야 한다. 따라서 사황사용권을 전부 구매해서 장기적으로 개발하는 것이 더 유익하다(張紅宇·劉玫·王暉, 2002(b):21).

(4) 주주합작제

토지 주주합작제는 전형적인 유발적 제도변화다. 주주합작제는 20세기 1980년대 중후반 광동성(廣東省) 주장(珠江) 삼각주에서 나타났고 산둥성(山東省), 장쑤성(江蘇省), 저장성(浙江省) 등 연해 발달한 지역에서 확장된 것이었다. 비교적 전형적인 주주합작제는 토지를 주식으로 환산하고 농민개인에게 배분하면서 부락에서 토지를 통일되게 기획하고 개발하며 이용하는 제도다. 토지 주주합작제 기본적인 방식은 다음과 같다.

가. 토지를 주식으로 환산하는 것으로 두 가지 방식이 있다. 첫째는 토지가격을 추산하고 주식으로 환산하는 것이다. 즉 토지를 징발한 가격으로 혹은 형태가 다른 토지의 연간 순소득으로 삼고, 각종 종합적 요인으로 환산해서 토지를 화폐 가치화한다. 둘째는 토지의 값을 정하

지 않는 방식이다. 즉 토지의 실물형태로 주식을 환산하는 것이다.

나. 주주권을 설치하는 것. 기본적인 주주권은 단체주식과 개인주식으로 나뉜다. 단체주식은 원래 부락 단체의 자산을 환산해 주식을 사는 것이고, 개인주식은 사회 성원 개인이 주식을 가지는 것이다.

다. 소유권을 확정하는 것. 토지사용권을 모두 부락 단체 경제조직에 회수하고 가족이나 전문팀이 농지에 입찰하고 적정규모경영을 한다.

라. 분배방식. 주주합작제는 노동에 따라 분배하고 주식에 따라 분배하는 방식을 결합시킨다. 노동에 따라 분배하는 것은 청부업자가 얻은 도급 운영의 수입과 단체경제조직이 성원에게 준 임금이다. 주식에 따라 분배하는 것은 일반적으로 주식수에 따라 분배한다.

마. 조직관리. 토지주주합작제는 주주 총회, 이사회, 감사 위원회 등 세 기관이 공동적으로 관리하는 제도를 실행한다. 주주는 농가나 마을 주민 중에서 나온다. 주주 총회는 주주합작제의 최고기관이며, 여기에서 일인일표제를 실시한다(張紅宇·劉玫·王暉, 2002(a):19).

주주합작제는 주주제와 합작제의 장점을 겸비해 제도의 변화의 수요에 맞을 뿐만 아니라 변화 과정에서 상대적으로 엄격한 조건에 부합되는 새로운 제도다. 주주합작제에서 농민들은 토지주주권을 가지고 있지만 실제로 이러한 주주권은 불완전한 구조를 지닌다. 첫째, 농민은 집단토지의 도급자로서 주식을 살 때 완전한 선택의 자유가 없다. 둘째, 주식권을 양도하거나 상속할 수 없다. 셋째, 의사결정규칙은 일인일표제이고 일주일표제가 아니다. 넷째, 주식권을 거래하면 안 된다. 그러므로 이처럼 토지주주합작제에서는 수익권 이외 다른 권리가 모호하다.

양전제(兩田制)는 전국적으로 실행되었는데 규모경영과 농지주주합작제는 대개 동부 연해에 발달된 지역과 대중도시 교외에 집중되었다.

그리고 사황(四荒) 사용권경매는 서북과 서남등 산지, 구릉이 많은 미개발지역에 집중되었다. 제도변화의 양식을 보면 농지사용제도변화의 주요 방식은 수요에 따라 발생한 것이다. 규모경영은 주로 지방정부가 배치하는 제도지만 더 큰 범위에서 보면 제한된 지역에서 발생하는 제도다. 다른 지역에 따라 규제조건이 다르고 제도변화의 방식과 내용 및 규칙도 달라진다.

　30년간 농지제도변화의 내용을 보면 농업환경의 변화에 따라 가정도급제의 기능도 조절되었다. 이때 토지 해결하기 위해 빈번한 조정이 있었는데 비농업 고용계획과 토지의 자유적 하도급은 가장 근본적인 것이었다. 토지사용권이 실제로 시장에 유통될 수 있는지 그리고 얼마나 시장에 유통되는지는 근본적으로 중국 시장경제의 발전수준에 달려 있다. 법제화는 분명히 중국 농지제도변화의 근본적인 방향이다. 사실상 30여 년간 정책의 조정은 농지제도변화의 기본 경로를 규제했지만, 관련된 법률, 법규를 통한 농지제도 제정, 구속하는 것이야말로 정부가 주력한 기본적 방향이다(張紅宇·劉玫·王暉, 2002(b):22-23).

제4장
중국 농촌토지정책 변화 분석

제1절 1949-1953년 농촌토지정책 변화의 원인 분석

1949년 10월 1일 중화인민공화국이 수립된 후에 공산주의 체제의 국가를 이끌어야 할 새로운 혁명적 공산당지도자들은 장차 이들이 해결해야 할 난제들과 이에 대응할 능력을 검증할 필요가 있었다.

중국에서는 여전히 격렬한 내전이 계속되었다. 하지만 중국공산당은 도시지역의 행정과 지도 경험이 거의 없었으며, 정부에서의 통치 경험도 전무했다. 더불어 100년 동안의 제국주의 침탈과 40년 동안의 내전으로 인해 경제문제, 실업문제, 인플레, 빈곤 등의 어려운 국가문제와 질병, 매춘, 마약중독, 문맹, 부패 등의 사회문제도 해소해야 했다. 이런 위기는 1917년 10월 혁명의 소련이 경제 및 사회적 와해에 직면했던 상황과 비슷하였다. 그러나 중국공산당의 태도는 이와 달랐다. 소련 정권에서 볼세비키(布爾什維克)들의 국유화, 중앙의 엄격한 경제 통제, 강제적인 양식 조달 등을 포함하는 급진적인 전환 정책을 도입했던 것과 달리, 중국공산당은 광범위한 계급연합과 온건한 계급투쟁을 택했고 경제 권력의 중앙 집중화를 점진적인 방식으로 진행하였다. 이처럼 중국 공산당은 전 소련 공산국가와 전혀 다른 국가건설

모델을 택했고 다른 발전 궤도를 모색하여 역사의 첫 걸음을 내딛었다. 이 중 가장 중요한 농촌토지정책을 아래 몇 가지를 통하여 설명을 하고자 한다.

1. 환경 요인

1) 공산당의 통치 이념의 변화

중국공산당은 국가사회주의 나라의 공산당과 달리 가장 비범한 당 중 하나였다. 중국공산당은 소련이나 동유럽의 국가사회주의와 달리 농민과 농촌의 발전, 농촌의 공업화, 그리고 마오쩌둥의 집권 마지막 시기까지(1949-1978) 지방의 경제적인 자립과 국제적인 자립을 강조했다. 이런 정치는 계급투쟁을 기반으로 한 인민 대중운동의 특징을 지니고 있었다. 대중을 복종시키고 안정적인 행정과 정치생활에 대한 엄격한 통제를 추진했던 동유럽 사회주의 체제들과 달리, 마오쩌둥 지도부는 자신이 통치하는 국가에 대해서조차 '혁명'을 추진하였다. 따라서 중국공산당은 적대계급 타도, 인민공사의 건설 및 운용, 정치사상 학습 등을 위한 운동에 대중을 동원하였다.

마오쩌둥은 2천여 년 간 존재해 온 중화제국의 문화적 본질을 바꾸어서 전혀 다른 새로운 모습의 중화제국의 건설을 꿈꾸었으며, 동시에 선진적인 경제와 문화를 창조하려고 했을지도 모른다. 마오쩌둥은 자신의 이데올로기가 되는 마오쩌둥 사상을 스스로 만들었으며, 혁명 후에는 이를 전 중국 국민에게 각인시켜 자신의 정치 목적을 점차적으로 실현하였다. 이처럼 초반 중국 공산당정치체제에 영향을 미친 마오쩌둥의 사상들은 한 사람의 신념을 통해 중화인민공화국의 모든 정치를 좌지우지했다고 할 수 있다. 이것의 긍정적인 점은 마오쩌둥 사상은

정치, 사회, 그리고 경제 구조의 모든 면에서 중국 발전의 패턴에 안정
된 발전 및 점진적인 인민 생활수준 향상을 보여주어 단순히 일반적인
정치 체제가 아니었다는 점이다. 다시 말해 이것은 놀랍고도 상상을
초월할 만한 엄청난 힘을 가진 정치 체제였다. 마오쩌둥과 지지자들은
고속의 공업 발전을 실현할 목적으로 근본적인 사회 변혁을 일으키고
자 끊임없이 노력했다. 그들은 중국 공산당 국가가 국제사회에서 인정
을 받고, 또 안전을 보장 받기 위해서는 농업을 기초로 한 공업혁명을
달성할 필요가 있다고 믿었다. 마오쩌둥 지도부는 강력한 정부 기관을
조직해 중국을 관리하는 게 가장 중요하다고 파악했다. 이것은 건국
초기 시 네 가지 당면과제를 해결하는 방식에서 볼 수 있다. 첫째는
공산주의 국가 소련과의 관계를 강화하는 것, 둘째는 도시를 관리하고
국가를 통일할 수 있는 관리기관을 세우는 것, 셋째는 파괴된 도시경
제를 회복하는 것, 넷째는 농촌에 대한 통치를 강화하고, 전국 범위
안에서 토지개혁을 실행해 그 동안에 있었던 농민들의 채무를 상환하
고 평균분배를 실현하는 것이다. 이 네 가지 과제는 중국의 건전한 국
가 발전에 영향을 줄 수 있는 문제였고, 이 중 하나도 빠짐없이 추진되
어야만 했다.

마오쩌둥 지도부는 중국도 국제사회에서 명망과 안전을 얻는 경제
발전을 이룩하려면 반드시 획기적인 공업혁명을 해야 한다고 믿었다.
이것은 마오쩌둥 지도부가 동유럽의 사회주의 국가 모델로 강대한 국
가 통제기관 필요성과 이 국가기관을 이용한 중국에서의 정책 진행의
중요성을 인식하고 있는 것이다. 1949년 공산당 정권 수립 후, 마오쩌
둥은 중국공산당의 중요한 정책을 결정할 수 있는 세 가지 권한을 부
여받았다. 이러한 마오쩌둥의 결정은 앞으로 국가정책방면에서 지속
적이고 결정적인 영향을 주었다. 세 가지 권한은 바로 미국 및 소련과

의 국가관계 초점, 중국혁명을 촉진하는 정책, 그리고 토지농업정책이
었다.

신 중국의 초기의 토지개혁이 바로 이와 같은 마오쩌둥과 그 공산당
지지자들의 통치이론 지도하에서 진행되었던 역사상으로 최초의 전국
적 이데올로기 개혁 운동이었다. 토지개혁과 함께 수천 년간 지속되었
던 신사(紳士) 지주(地主)지배계층의 몰락은, 중국에서 시작되었다. 토
지개혁 시작 초기에 정확히 얼마나 많은 지주들이 죽었는가에 대하여
아직도 정확하게 밝혀지지 않았지만, 많은 지주들이 죽었다는 점은 사
실에 가깝다. 1949년 공산당은 대중운동을 통하여 지주들을 공격하였
지만, 마오쩌둥은 당이 지주들을 개조하여, 이들을 국가를 위한 노동
력으로 이용할 수 있도록 해야 한다고 주장하였다. 아마도 그는 내심
으로 과거 착취적 계급을 전복하고 살아 있는 상징으로 이들의 역할을
기대했었던 것으로 보인다. 어쨌든 마오쩌둥은 "우리의 임무는 봉건
체제를 근절하는 것으로 개인이 아닌 계급의 지주를 없애버리는 것이
다."라고 결론지었다(毛澤東, 1991b). 이러한 마오쩌둥의 생각은 구 지
배계급의 집요한 계급 권력을 없애기 위한 방법으로 토지제도를 개혁
한 것이라는 점을 알 수 있다. 따라서 지주들의 땅을 몰수하고 빈농에
게 토지를 분배하였다. 이는 공산당의 지지를 확보하기 위하여 소유권
을 조심스럽게 허용한 것이라고 할 수 있다. 도시지역의 계급투쟁은
민족자본가와 소자본가 세력이 포함된 농민과 노동자계급을 가진 '신
민주주의'로 규정하여, 사회 문제를 극단적이거나 좌경적이기보다는
사적 재산인 소유의식이라는 '인간의 행위'로 바꾸는 정책을 실시해 도
시생활과 정부 업무의 질이 크게 개선되었다.

이러한 정책의 실시 덕분에 주요 사회문제들이 기본적으로 근절되
는데 채 2년도 걸리지 않았다. 이 과정에서 마오쩌둥 지도부는 공산당

에 대해 정치적으로 대적하는 핵심 계층을 제거하였고 공산당의 효율
성과 덕행을 폭넓게 선전하였다.

2) 정치적 환경

(1) 국제 정치 환경

① 냉전국제환경의 중국정치

국제냉전 환경은 오랫동안 중국을 고정된 계획경제체제에서 벗어나
지 못하게 하였다. 건국 초기의 중국공산당은 경제 발전을 위한 국제
환경 조성을 위하여 서양의 강대국들과 관계를 개선하고자 노력했다.
하지만 1949년에 중국은 냉전에 의한 양극 체제에 속하게 되었다. 일
본이 투항한 후, 시대의 흐름은 미국을 대표로 하는 자본주의와 소련
을 대표로 하는 사회주의라는 두 개의 진영으로 나뉘게 되었다. 그 결
과 미국과 소련은 더 이상 서로 협력을 하지 않았다.

미국정부는 공산국 국가인 중화인민공화국을 적대시하였고, 중화인
민공화국이 창립된 지 얼마 지나지 않았던 1949년 12월에 중국 공산당
정부에 경제원조와 개인투자를 하지 않겠다고 선언했다(上海市國際關係
學會, 1983:75, 100, 114). 이를 통해 양국이 서로에게 이로운 경제적 합
작의 길을 포기했다는 점, 그리고 미국을 위시한 국가들이 중국을 공
산권 적대국가로 판정하고 있었던 국제적 분위기를 엿볼 수 있다. 이
듬해 미국은 중국을 수출통제리스트 국가로 분류했고 경제적인 봉쇄
를 하였다(董志凱, 1993). 한편 미국은 타이완의 국민당 정부를 중국의
유일한 합법 정부로 정식 인정하였다. 동시에 공산당 국가인 중화인민
공화국을 유엔과 세계은행을 포함한 비공산당 국제 조직에서 인정하
거나 가입을 하지 못 하도록 강압하였다. 1950년 6월 25일에 한국전쟁

을 계기로, 미국 워싱턴 정부와 중국 공산당 베이징 정부는 더 이상 서로 협력하고 공존할 수 없는 적이 되었다. 1950년 말부터 1953년 중반까지 한국전쟁은 한국을 경계선으로 하는 민주주의와 공산권 국가의 전쟁이나 다름없었다. 이에 베이징 공산당 정부는 공산권 국가로서 한국전쟁에 참여하였고 그 결과 민주주의 국가인 미국과 뿌리 깊은 적대 관계를 형성했다.

공산당 국가인 중국은 건국 후부터 미국을 위주로 하는 제국주의의 군사협박, 경제봉쇄, 정치고립 및 '평화적 정권정복'의 압력을 끊임없이 받았고, 서방과의 무역은 일절 차단되었다. 반면 동유럽 사회주의 국가를 비롯한 소련은 중국과 우호관계를 맺었다. 그래서 이들 국가들에서 중화인민공화국은 국가인증을 받았을 뿐만 아니라 경제발전에 대한 자금제공과 기술 원조를 약속 받았다. 이러한 공산권 국가의 지원은 신중국의 신속한 계획경제노선의 동력이 되었다. 하지만 이런 국제 환경 때문에 신중국은 주요 자본주의 국제시장과의 경제왕래가 차단되어 신중국은 소련의 계획경제체제에 의존하게 되었다.

이러한 상황에서 중국은 외교적으로 일반화된 정책, 즉 소련을 중심으로 했던 세계 사회주의 진영에 들어가는 것을 선택하였다. 사회주의 진영의 선택은 중국으로 하여금 국제무대에서의 공산권 동맹자들로부터 경제발전의 원조 및 여러 경험 등을 제공받는 길로 이끌었다. 소련은 이미 계획경제체제를 통하여 짧은 시간에 독일을 넘어서 미국과 겨루는 초강대국으로 성장하였다. 또한 국가의 안정된 물질적 확보 덕분에 전쟁 후에도 신속하게 경제를 회복했고, 국제적으로 가장 영향이 큰 국가로 성장했다. 중국은 소련을 모델로 삼아, 빠른 경제화 이륙과 국제적 지위 획득을 위해, 평화롭고 안정된 국내외의 환경에서 낙후된 경제와 문화를 발전시켜 나가고자 하였다. 다만 공산당 정권은 소련과 달리 서방 자본주의 국가와의 경제적 왕래는 쉽게 포기 못하였다.

1949년 신정부와 자본주의 국가의 대외무역 업무는 주로 두 가지가 있었다. 첫째로 베이징 정부는 중국에 등록되어 있는 외국 기업에 세금을 거두고 중국 내에서 보호와 영업을 허락한 것이다. 통계에 의하면 전국 개방 초기에 외자기업 1000여 개가 있었고, 직원은 12만이었으며 재산은 약 5억여 달러에 달했다고 한다. 그 중 중국에서의 영국자금은 50%이상을 차지했고 20%의 미국자금은 주로 대외무역기업이었다(吳承明·董志凱, 2001:269). 다른 하나는 "관제"와 "보호"를 함께 실행하는 대외무역 정책을 관철했고 "수출장려 수입제한(獎出限入)" 정책을 실시했다. 이런 정책은 한편으로는 국경대외무역기업의 지도지위를 적극적으로 확립하는 것이었고, 다른 한편으로는 중국 민간상업으로 하여금 자본주의국가와의 무역하도록 장려하고 조직 성장하게 하는 것이다. 미국이 경제봉쇄와 운송금지 조치를 취하기 전까지만 해도 개인영업의 수출입 상업은 매우 활기를 띠어서 경영 총액은 전국 수출입 총액의 3분의 1, 수출액은 전국의 수출총액의 50%를 차지했다. 특히 자본주의국가로의 수출 비중은 아주 컸다(武力, 1999:151). 이 당시 홍콩은 내륙의 수출입 무역에서 아주 중요한 지위에 있었다. 통계에 의하면 1950년 상반년에 홍콩의 수출액은 4,162여만 달러였고, 수입액은 3,956만 달러가 넘었다(中國社會科學院·中央檔案館, 1990:276).

미국을 비롯한 서양 국가들은 신중국에 대한 억제와 고립정책으로 세계시장에서 중국경제의 영향력을 약하게 만들었다. 한국전쟁이 후, 신중국과 서양 국가들과의 대립은 빠르게 고착되었다. 이 영향으로 중국 내의 외국기업도 적자를 면치 못해 폐업하거나 중국 정부에 흡수되었다. 중국정부는 미·영의 정부기업과 개인기업의 자금의 동결을 선포했던 1952년까지 주중(駐中)외국기업의 자금이 1949년의 3분의 1밖에 되지 않았다. 이때 자본주의국가와 무역을 하는 개인 수출입도 아주 심각하게 감소되었다. 또한 무역액은 전국 수출입 총액의 7.2%밖에 되지 않았다(吳承明·董志凱, 2001:270; 武力, 1999:152).

이런 상황에서 중국의 대외경제 무역 대상은 거의 소련과 동유럽의 국가뿐이었다. 외국 원조를 얻어서 국민경제를 회복하고, 한국 전쟁 후 중공업과 국방공업발전을 가속화시키는 것은 중국이 계획경제체제를 실시함에 있어서 아주 중요한 일이었다. 이때 소련의 원조를 얻으려면 소련의 계획경제 체제와 통합해야 했다. 사회주의 건설과 현대화 실행에 경험이 없는 마오쩌둥 지도부는 소련의 지나왔던 길을 따르는 것 외에 별다른 대안을 찾지 못했다. 따라서 마오쩌둥은 "소련 공산당은 우리의 가장 좋은 선생이라서 반드시 따라 배워야 한다."라고 말하기까지 했다(毛澤東, 1991b:1481).

국제냉전의 영향이 장기간 지속되는 바람에 신중국은 초기 선택을 하는데 제한을 받았을 뿐 아니라 고정된 계획경제체제를 벗어나지 못하게 되었던 것이다.

② 중국 토지개혁은 세계토지제도변혁의 일환이다

중국의 토지개혁은 전 세계 토지개혁 변혁의 한 부분이라고 볼 수 있다. 국가와 지역에서 일어나는 토지개혁은 같은 시대에 실시되더라도 필경 내외부적인 요소들과 어느 정도 연관성을 갖고 있다. 따라서 한 나라의 토지개혁을 살펴보려면 국가의 내부 사회변혁뿐만 아니라 세계 경제 발전과 각 나라 현대화 추이의 영향도 고려해야 한다.

최근 몇 세기 이래로 세계의 많은 국가들은 토지제도의 변혁을 겪었다. 일례로 미국은 남북전쟁시기에 노예제농원경제를 취소하고 나서 사람들을 격려해서 '서진' 토지를 구매하여 자경농이나 소농장주가 되게 하였다. 또한 프랑스는 대혁명 시기에 봉건귀족의 토지를 몰수한 뒤에 많은 농민들에게 토지구매에 참여해 소토지소유자가 많이 나타도록 했다. 일본에서는 제 2차 세계전쟁 후에 미국을 비롯한 점령군이 직접 지도해서 농지개혁을 실시하였다. 이에 국가는 80.1%의 경지를 구매했고 농민에게 팔았다. 그 결과 지주제가 해체되고 자경농을 비롯한 분산된 농업경영체제가 형성되었다. 소련은 1929년 봄에 농업 단체화를 실시했고, 1939년 초〈집단화의 속도와 국가가 집단농장건설을 도울 방법에 관하여〉를 법으로 통과시켰다. 1934년 소련은 부농계급을 없애서 농업 집단화를 완성했다. 소련의 농업 집단화 모델은 모든 사회주의국가, 특히 중국에 아주 큰 영향을 미쳤다(張樂天, 2002:49).

1928년 11월, 소련공산당 중앙위원회는 농업에 대한 강제집단화의 도입을 결정했다. 소련의 농업 집단화 정책은 농민들이 시장에서 자신의 생산품을 거래할 자유가 있지만 곡물 징발은 증가하였으며, 농민들이 반드시 땅과 재산의 사적 소유를 포기하고 집단 농장에서 일하게 하였다. 또한 시장이 아니라 국가가 정한 저렴한 가격에 생산품을 팔아야 했다. 소련 정부는 갖가지 살해, 추방, 테러 등을 동원한 끝에 1952년에 집단화를 완료했지만 소련 전 지역에서는 엄청난 농업 생산량 하락이 뒤따랐다. 초반기의 중국 토지개혁운동은 토지제도의 측면에서의 지주계급의 봉건착취를 폐지하는 계급투쟁으로 농민토지의 소유를 실현하는 평균분배는 대중투쟁을 통하여 농촌생산력을 증진하고, 농업생산을 발전시키고, 공업화 도로를 개척하는 것으로 이해할 수 있다. 하지만 맹목적으로 소련을 모델로 삼는 공산당 지도부의 우파 사상은 다른 동유럽 사회주의 국가들처럼 중국의 토지혁명을 점차 소련의 농업집단화로 바꾼 계기가 되었다.

(2) 국내 정치 환경

중국공산당이 전국에서 철저히 토지개혁의 했던 이유는 특이한 계급배경 때문이었다. 토지개혁은 건국 후부터 1952년 말까지 진행했는데 중국공산당은 토지개혁을 통하여 적대계급을 무너뜨렸고 공산당의 위엄을 과시하여 농촌정치, 경제와 사회생활에 대한 기본적 구조를 구축했다. 실제 토지문제는 계급투쟁을 위한 근대 중국혁명의 핵심문제 중 하나였다. 농민운동개시, 몰수, 매상, 지주헌전(地主獻田), 대중청산, 소작료와 이자 삭감 등의 방법을 통하여 중국농민들은 지난 몇 천년 동안 토지소유권에 대해서 갖고 있었던 갈망을 해소하게 되었다. 또 미국을 비롯한 국제 적대 세력이 여전히 새 인민정권을 심각하게 위협하는 상황에서 토지를 분배하여, 많은 농민들이 공산당을 인정하고 인민공화국을 지지하게 만들었다. 셋째, 토지사유제도는 짧은 기간에 억만 명이 넘는 농민들의 생산적극성을 충분히 동원할 수 있었다. 또한 중국 농업과 국민경제의 발전을 촉진했으며 빈곤하고 낙후된 국면을 신속히 바꾸어 새 인민정권을 공고하는데 기반을 마련하였다(吳繼軒·李忠偉·王天送, 2009:156-159).

공산당의 토지개혁은 농민계층을 각성시켜 중국혁명을 추진하는 주요 원동력인 계급 속성을 부여하였고 수천 년간 토지를 지배했던 지주계층을 비판하게 만들었다. 황슈민(黃樹民)이 지적했던 것처럼 '해방은 사람들에게 이전의 사회 지위를 완전히 뒤바꾸게 해 주었다. 지주들은 그들의 토지와 지위를 박탈당했지만 이전의 소작농과 빈농은 신중국의 영광스러운 공민으로 선포되었다(Huang, 1989:42). 확정된 계급성분은 성씨처럼 부계가 대를 잇는 원칙에 따라서 아버지로부터 이어졌다. 이런 계급성분의 세습성은 1979년까지 계속되었다. 이 해에 정부

는 드디어 '지주부농의 모자(낙인)를 벗겨주겠다'는 결정하고 지주, 부
농성분을 가진 사람에 대한 차별대우를 중단하였다. 1979년 이전에 지
주들은 자주 비판받았을 뿐만 아니라 지주와 지주의 자녀도 많은 차별
대우를 받았고 여러 활동에서도 제한을 받았다(韓敏, 2007:94). 토지개
혁은 혁명초기의 정치 약속과 정치노선을 이행했다. 농업생산력을 증
진시킨 덕분에 농산품 생산량이 역사적 수준을 넘어서게 되었다. 더불
어 농민의 생활도 뚜렷하게 개선되었고 농민의 정치 신념도 크게 향상
되었다(鄭來春·吳淑嫻, 2009:98-102).

3) 사회적 환경

(1) 인구

1949년에 중화인민공화국의 건립에 따라 장기간의 내전이 끝났고,
이에 국가는 평화와 재건설의 시기에 들어섰다. 생산력의 발전, 국민
의 생활수준의 개선, 의료위생수준의 대폭 개선, 각종 급성전염병의
대응 강화, 인구사망률이 낮아지면서 인구출생률이 대폭 높아져 전국
의 총인구증가 속도가 매우 빨라졌다. 인구의 폭발적인 증가로 경작지
부족화와 한계가 점차 드러나면서 빈곤의 문제는 더 나아지지 않았고
국가에서 해결해야 할 핵심적인 문제로 부상하였다.

〈표 4-1〉 1949-1952년 전국 인구 증가 상황

연도	인구 수량 (만명)	년 증가 인구 수량 (만명)	연 증가 비율 (%)	인구와 1949년 대비 증가 비율 (%)
1949	54,167	–	–	–
1950	55,196	1,029	1.90	1.90
1951	56,300	1,104	2.00	3.94
1952	57,482	1,182	2.10	6.12

* 자료출처: 〈중국통계연감〉. (1986).

　인구 성장률로 보면 미국의 이민인구가 많이 성장한 이외에 각 주요 공업 국가의 인구 성장률은 1.5%를 초과하지 않았지만, 중국은 1950년대 초기에 인구성장률이 2.0%를 초과했다. 특히 농촌에 인구가 과잉되었다. 불완전한 통계에 따르면 1947년에 많은 대도시에서 실업자와 반실업자는 노동자 총수의 25-30%를 차지했다. 건국 초기에는 400만 명의 도시 실업자가 있었다. 1950-1952년의 전국 총 출산율은 신속하게 증가했다. 다른 방면으로 전국 인구가 크게 증가한 추세를 반영했다(총 출산율은 일 년 동안 각 연령별 부녀 출산율의 합계이다). 하지만 가장 중요한 의료 지표인 출생 인구당 평균수명의 경우 1952년에는 도시지역이 60세에도 미치지 못했고 국가의 모든 복지정책은 거의 실시되지 못했다. 문맹률이 아주 높고 교육시설의 보급률도 거의 미미한 수준에 머물렀고, 전문 인력이 거의 없었다. 이에 공산당은 농촌의 부족한 경작지 문제, 생산력의 향상, 농촌 문맹을 퇴치하기 위하여 젊은 지식인을 중심으로 일정한 교육을 받게 한 후 농촌으로 보내 농민들을 지도하여 생산력을 높이게 하는 정책을 진행하였다. 이런 과정을 통하여 공산당의 지도부는 농촌에서 점차적으로 뿌리를 내리도록 하였다. 또한 경작지 부족 문제를 해결하는 과정에서 도시에 있는 젊은 노동자들이 자발적으로 농촌으로 가 황무지를 개발하면서 자신의 청춘을 국가의 기반건설에 바치는 일도 있었다. 이런 정책은 전반적인 토지정책에서 아주 중요한 역할을 했으며 인구 증가 에 대비한 농촌의 생산력 향상에 큰 도움이 되었다.

〈표 4-2〉 1950-1952년 전국 총 출산 비율

년도	출산 비율
1950년	5.813
1951년	5.699
1952년	6.472

* 자료출처: 〈전국인구 1‰ 출산율 조사〉, 1983.

〈표 4-3〉 1949-1952년 인구 발전 상황(단위: ‰, 만명)

항목　시기	1949-52년
연평균출생률	36.95
연평균사망률	18.20
연평균자연증가률	18.75
연평균 순수 인구증가수	1105

* 자료출처: 劉岳、沈益民、奚國金 :
〈중국 인구분석 및 구역특징〉, 해양출판사, 1991:40.

〈표 4-4〉 1949-1952년 전국 인구 증가 상황

연도	인구수 (만명)	연간 인구 증가 수 (만명)	연 증가 비율 (%)	인구와 1949년 대비 증가율 (%)
1949년	54,167	–	–	–
1950년	55,196	1,029	1.90	1.90
1951년	56,300	1,104	2.00	3.94
1952년	57,482	1,182	2.10	6.12

* 자료출처: 〈중국통계연감〉(1986).

(2) 식량

1949년 10월 1일에 중화인민공화국이 건국되었다. 그러나 중화인민공화국에서 처음 마주했던 일은 심각한 식량문제였다. 당시 전국 식량생산량은 급격하게 감소한 반면 식량수요량은 계속 늘어났다. 심각한 상황에 대해 중국정부는 식량생산을 회복하고 발전하는 것을 도모하는

한편, 신속히 혼란한 시장 국면을 안정시켜 식량가격을 안정시키기로
했다. 시장과 물가를 안정시켜 빈곤에서 벗어나는 것은 중국 정부가
정한 중요 정책의 방향이었다. 시장 현물세를 국가적으로 규정하고 통
일하는 것은 초기 국가재정수입에서 아주 주요한 부분으로 자리 잡았
다. 1949년 12월에 중앙인민정부무역부에서 열린 도시공급업무회의에
서 물자배정, 통화회수, 물자파악, 거래통일 등의 문제에 중점을 두고
토론하였는데, 이는 당시 이 문제들이 얼마나 시급한 것이었는지를 증
명한다. 국가가 대도시와 중요 공업과 광산 지대에 우선적으로 식량을
배급하는 것은 그 지역들이 공업생산의 중심 지대이면서 물가안정의
중심지이기 때문이다. 천윈(陳云)은 이 회의에서 "우리의 정책은 집중
적이고 획일적이어야 하고 힘이 약할수록 집중적으로 이용해야 한다.
집중하면서 통일하는 것이 어렵지만 불일치가 초래한 물가파동이 가져
올 손실이 더 많다."라고 하였다. 그 달에 중앙인민재정부에서 열린
제 1기 전국식량대회에서 1950년 공량 분배계획을 세웠고, 현물세는
전체 재정수입의 41.4%로 규정하였다. 이 중 군량과 다른 필요한 소비
를 제외하고 51.2억 근의 공량을 무역부문에 맡겨 시장경제의 균형을
조절하는 데 사용하였다. 물가상승을 유발한 원인을 근본적 제거하는
목적은 재정수지균형이었고, 인플레이션 방지였으며, 기본적으로는
물가안정이었다. 이에 전국의 재정과 경제 사업을 통일하여 수행하였
고 재력, 물력을 집중하고 투입해서 분산과 낭비를 피하도록 하는 방법
을 사용하였다. 이런 정책으로 전국재정과 경제 사업을 통일하여 수행
함으로써 중국에 존재하는 장기적인 물가 파동을 종식시켰다. 더불어
국민경제회복시기에 국가재정과 경제상황이 대체로 호전되었다. 이러
한 방침은 1949년에 이미 확정되었고, 충분한 준비를 통해 1950년 3월
에 〈통일한 국가에서의 재정과 경제 사업에 대한 결정〉(이하 〈결정〉)의

공포로 이어졌다. 〈결정〉의 기본 내용은 국가의 재정 수입과 지출을 통일하여 관리하고, 전국의 물자 분배를 통일하며, 또한 현금관리도 통일하는 것이었다. 공량의 통일 관리와 통일 분배를 강화하는 것은 재정과 경제의 통일이라는 중요한 정책을 순조롭게 실행할 수 있는 중요한 조치였으며 국가의 재정 수지, 물자분배를 통일 관리한다는 점에서 중요한 의미를 가지고 있었다. 국가는 국가 재정과 경제사업을 통일 관리한다는 원칙을 실현하고자 중앙무역부 관할기관인 중국양식회사 및 중앙 정부 관할기관인 양식관리총국을 설립하였고 전국의 양식 경영기관과 관리기관을 집중 관리하였다. 그 결과 1950년 3월에 중국정부가 국가재정과 경제사업의 통일관리란 중대한 정책을 통해 반 년 만에 심각한 식량문제를 거의 해결하였다. 1950년에 전국의 식량 총생산량은 2,662.5억 근에 달했고, 1951년에 2,873.7억 근으로 증가했다. 더욱이 1952년에는 3,278.3억 근으로 늘어나서 1949년보다 44.8% 증가하게 되었다. 1952년에 전국 1인당 식량 보유량은 570근이었고 이는 1949년 수준보다 36%를 증가한 결과였다. 식량생산량의 증가로 식량 사태를 안정시켰던 것이다. 이와 같은 결과는 여러 해 동안의 지속적인 식량 증산, 1950년 이후 전국에서 계획적으로 토지개혁을 진행했던 정책, 그리고 농업상호 조합운동을 전개했던 일의 결실이었다. 동시에 이것은 농민들의 현물세 부담을 줄여주고 양식 매입가격을 올리는 일에도 도움이 되었다. 이때 1949년에 징수한 현물세는 농업총수입의 17%를 차지하였다. 또 1950년에 징수한 현물세는 농업식량수입의 13%-15%정도였다. 그 해 농업세율도 줄어들어서 각 계층의 부담이 경감되었고 부담 비율도 합리화되었다. 1952년에 들어서 농업세는 중앙정부만 징수할 수 있고 지방 농업부가세를 모두 취소하였다. 국민경제 회복시기에 국가가 징수한 현물세와 시장에서 구입한 식량은 해마

다 증가했다. 예를 들면 1949년에 국가에서 징수했던 식량 총량을 100
으로 가정하면 1950년에 121.6으로, 1951년에 171.8으로, 1952년에 또
197로 증가했다. 이는 거의 배로 증가한 것이었다. 재정과 경제를 통일
관리하고 물가를 안정시키는 경험을 통해 도시의 정상적인 식량공급을
위해서 국가는 우선 재고량을 늘렸다. 매상한 수량을 늘려 각 방면의
공급을 배분하는 동시에 양식 비축량도 중시하였다. 1951년부터 많은
공량3)은 국가의 예비 식량으로 보고 국가 식량재고량을 해마다 늘려
1952년 말은 1951년보다 32.7%가 증가하였다. 1950년부터 1952년까
지 국영 식량의 상업적 구입·판매·경영 비중은 점점 상승되었다. 국
가가 1950년 매수했던 식량은 사회전체 (공적이나 사적 구입 총량)의 23%
를 차지했으며, 1952년에는 73%로 향상되었다. 또 국영 식량 상업적
판매량이 사회 전체의 공적이나 사적 판매총량에서 차지한 비중을 보
면 1952년 20%에서 1952년 51%로 늘어났다.

전국의 식량생산량은 해마다 늘어났고 국가가 징수한 공량의 비중
도 크게 상승되었다. 식량을 징수한 가격은 올랐지만 식량 판매가격은
계속 떨어졌다. 1950년 3월에 전국 식량의 도매가격을 100으로 가정
하면 1950년 12월의 수준은 76.61, 1952년 12월의 수준은 88.24가 된
다. 식량을 되파는 가격이 구입 가격보다 낮은 정책은 국민경제 회복
과 발전에서 중요한 역할을 했지만 국가재정을 더욱 어렵게 만들었다.
한편으로는 사회주의의 발전에 따라 농민들은 생활수준을 높이려는
열망이 강했고 식량 수요량도 늘고 있었다.

갈수록 심각해지는 식량 부담과 도시와 농촌 인구 비례 부담은 국가
재정을 어렵게 만들었다. 또한 농촌 생산력의 발전이 일정 수준에 도

---

3) 공량은 공공식량이다.

달하지 못하게 가로막았다. 이에 중국 정부는 생산량 증가의 필요성을 느끼게 되었고, 이를 위해 토지 소유권과 사용권(경영권)을 포함한 토지 사유제를 법적으로 제정하였다.

4) 경제적 환경

1949년 10월에 마오쩌둥은 중국 수도 베이징의 천안문 광장의 상단에 올라 인민들을 향해 중화인민공화국을 건국을 선포했다. 중화인민공화국의 건립은 중국 대륙 100여년 동안 지속된 사회동란을 끝내고 강대하고 효과적인 정부를 구축하기 위한 것이었다. 그들은 반드시 정치제도를 세우고 경제의 회복과 증가를 실현하며 혁명적 사회변혁을 하고 국제의 무대에서 기반을 잡아야 했다. 국가적으로 경제발전의 보장은 제공했지만 "가난하여 아무것도 없는" 낙후한 상황을 개선하려면 공산당은 국민경제를 회복시켜야 했으며, 재력과 물력을 집중시켜 대규모 경제건설을 해야 했다.

당시 중국경제상황은 크게 두 가지로 나누어 볼 수 있다. 첫째, 1950년 봄과 여름이 바뀌는 때에 중국 도시에서 시장불경기, 개인공장도산, 노동자실업증가 등 새로운 경제문제가 나타났다. 이 같은 문제가 발생했던 원인은 물가 불안정, 재정경제통일의 업무에서 자금 공급 긴장, 물가하강, 세금편중 때문이었다. 다른 원인은 도시에서의 시장경제가 국경상점과 합작사에 점용되어 원료구매, 분배, 자금대출 등의 방면에서 많은 제약을 받아서, 공업이윤이 아주 낮아졌고 노동자의 월급만 높아져 많은 개인 상공업은 경영에 어려움에 빠졌기 때문이었다.

따라서 경제회복은 당시 정부의 제일 중요한 임무였다. 인플레이션은 주요 물품부족, 고실업율, 재정수입불균형 등 문제를 일컫는데 물가의 안정, 재정의 통일은 경제영역에서 아주 중요한 임무가 되었다. 그 중의 경제 회복은 제일 중요한 과제였다. 또한 중국공산당이 사람들의 지지를 보다 빨리 받으려면 인플레이션을 억제해서 경제를 다시 살려야 했다. 근본적으로 물가를 안정시키려면 재정수입의 균형을 실현해야 한다. 1950년 3월에 정무원은 〈국가 재정 경제업무 통일에 관한 결정〉을 발표하여 이후 전국 재정수입, 전국의 물자조절과 현금 관리의 통일이 순조롭게 실현되는 데 기여하였다. 집중 통일을 기초로 한 재정 경제 관리체제의 형식은 또 한 번 기초를 다졌다(薄一波, 2008: 60-69). 당시 제정한 총 방침은 '공사겸고(公私兼顧), 노자양리(勞資兩利), 도농호조(城鄉互助), 내외교류'였다.

둘째, 중국경제상황에 악영향을 미친 원인은 1950년 6월에 한국 전쟁의 발발이다. 국가의 안전을 지키고 특히 중국 동북의 공업기지가 협박받지 않기 위하여 중국정부는 지원군을 파견 이 전쟁에 참여한 것이다. 1953년 7월에 판문점에서 정전협의를 맺을 때까지 전쟁이 지속되었던 3년 동안 중국은 생산력을 회복해야 할뿐만 아니라 전쟁 물자 공급도 보장하여야 했다. 때문에 중국은 어둡고 긴 여정에 나서게 되었다. 중국공산당을 중심으로 한 중국인들은 이러한 시련을 견뎌내었고 자신을 희생하기도 했다. 예상되는 전쟁비용은 100억 달러에 이르렀던 것으로 보인다(MacFarquhar & Fairbank, 1992:294). 전쟁 후 생성된 서방 자본주의 국가와의 냉전구조는 한동안 중국의 경제발전 전략에 큰 영향을 미쳤다.

이런 상황에서 중국공산당에서는 지도자에게 이처럼 많은 문제들에 대응할 방침을 마련해주었으며, 실제로 당에서는 이들 문제에 신속하게 대처하고 행동했다. 관료자본의 몰수, 재정경제의 통일은 이 시기에 완성되었고 농촌에 대한 토지개혁에 마침표가 찍혔다. 때문에 마오쩌둥 지도부는 아주 강하고 굳은 의지로 여러 가지 문제점을 해결해 나아가면서 국민의 신뢰를 얻었다.

한국전쟁 이후, 중국공산당은 도시에서 신속하게 인플레이션을 해결하고 도시경제를 발전시켰다. 게다가 중국에 있는 제국주의 특권을 취소했고, 관료자본을 몰수했으며 국경경제를 건설했다. '이용, 제한, 개조'라는 기본정책을 통하여 개체와 개별영업 경제를 조정 통치 관리하였고, 이것을 신민주주의 경제체계에 들어가게 했다. 신중국 건국 당시 많은 소유제가 동시에 존재하였다. 다시 말해 국영경제 이외의 합작사경제, 개인경제, 사유자본주의경제, 국가자본주의경제들이 있었고(中共中央文獻研究室, 1992:7-8) 사유경영과 개인경제는 사회경제 생활 중에서 아주 중요한 지위를 차지했다. 1949년에 중화인민공화국 창립 후 당과 정부는 구중국 반식민지 반봉건의 경제제도에 대하여 근본적 개선과 변혁을 단행했다. 체제변화의 관점으로 볼 때 이 과정의 핵심 내용은 두 가지다. 하나는 소유제의 성분과 각 성분 사의의 비율 구조를 개선하는 것이었고, 둘째는 계획경제체제 중의 시장의 지위를 개선하는 것이었다.

국가는 경제핵심을 장악하기 위하여 관료자본을 몰수했다. 그들은 엄격한 수단으로 개인사업자에게 대량의 상품을 내놓게 했고 물가를 조정할 때 이런 상품들을 시장에 투입하였다. 그들은 중국공산당에 대한 이해와 지지를 확보하도록 상업계의 중요한 인물들과 면담했으며 전국인민 소유제의 국영경제 지도지위를 확립했다. 재정경제의 통일은 주요한 상품의 통치, 시장과 물가, 금융관리에 대한 강화, 그리고 재정수입, 물자조절, 화폐발행에 대한 통일을 포함했다. 공산당은 실제로 아무런 가치가 없는 국민당 화폐를 새 '인민폐'로 바꿔주었고 1950년에 예산과 세금을 긴축 조치하여 유통되는 현금을 많이 회수했다(Barnnet, 1964; Lieberthal, 1980).

　3년의 회복기간에 공업 총생산액은 매년 평균적으로 34.8%로 성장 했으며 1952년까지 343억 원으로 성장하였다. 신중국 경제는 전쟁 이전의 수준으로 회복했다. 1952년에 중국 내륙 국내의 총생산액은 679억 원이었고 1952년 말 1인당 국민수입은 119원이었다. 이는 당시의 환율로 계산하면 약 30달러 정도였다(國家統計局國民經濟核算局, 1997: 25; 國家統計局, 1982:5). 1949년을 기준으로 3년간 국민수입이 매년 19.3%로 성장했다(王萌, 2009:85). 초기 신중국 경제발전을 참조하여 당시 채택한 경제정책과 조치를 총체적으로 평가하면 다음과 같은 두 가지 결론을 내릴 수 있다. 첫째, 정권장악과 경제회복의 각도에서 보면 이 정책과 조치는 아주 성공적이었고 사람들에게 환영받았다. 농업에서 1952년은 1949년과 비교하면 농업 총생산액이 48.4%나 성장했고 공업에서 1952년의 공업생산이 항일전쟁 이전의 수준을 초과해서 1936년보다 23%가 성장했다. 1950년 3월 이후 시장물가가 기본적 안정을 유지했고, 인민생활 수준은 개선되어 1952년까지 220만 사람은 다시 취직하였다(董輔礽, 2001:97, 98, 112). 둘째, 시장의 작용을 활용하는 각도에서 보면 이 정책과 조치는 목적을 달성하지 못했을 뿐만 아니라 시장의 작용을 무의식중에 약화시켰다. 이 시기에 개별영업, 개체경제가 공업 총생산액에서 차지하는 비중이 1949년의 71.7%부터 1952년의 51.2%로 줄어들었다(吳承明·董志凱, 2001:283). 상해 개별영업 공업 총생산액에서 가공주문과 생산자직판이 차지하는 비율의 변화가 뚜렷했다. 1949년에는 10%와 90%였고 1952년까지 58.8%와 41.2%였다(中國社會科學院·中央檔案館, 1993:673). 신중국이 창립된 후 3년 동안 중국공산당은 일련의 정책과 조치를 채택해서 경제국면을 효율적으로 뒤바꿨다. 또한 취업기회를 증가시켜 사회 안정을 유지했다.

1952년까지 재정상황은 완전히 호전되었다. 이것은 새 경제체제를 형성하고 계획적으로 경제건설하기 좋은 조건을 형성했다(張立根, 2009:16). 이후에 새롭게 나타난 요소가 기존의 요소와 함께 결합하면서 형성된 강한 추진력은 전진의 발걸음을 가속화시켰다(章百家, 朱丹, 2009:12). 그러나 이때 중국의 공업은 아직 규모와 체계가 형성되지 못해서 유한한 자원은 국가에 집중되었다. 중국은 계획적으로 공업화를 추진하기 위하여 유한한 자본과 자원을 이용하여 중공업과 완전공업체계를 단시간에 건설하는 발전전략을 채택했다(林民書, 2009:12). 정부는 일련의 효율적 경제정책을 통해 화폐와 재정수입을 통일하여 13년이나 된 악성 인플레이션을 없앴으며, 정부가 자원을 배치하는 권리도 증가시켰고, 중앙정부와 지방정부의 관계도 조화를 꾀하였다. 전국의 물가도 거의 안정되었으며, 국가는 한층 더 물가의 통치와 관리를 강화했다.

1952년에 중국은 3년간의 전쟁 후 국민경제 회복의 임무를 완성했다. 전국의 공·농업의 주요한 제품과 생산량은 대부분 건국 전의 역사 최고 수준을 넘어섰으며 인민생활수준도 1840년 이래로 처음으로 눈에 띠게 올라갔다.

2. 행위자 간의 관계

서양 근·현대 문화의 심층의식은 권리공간에서 사람과 사람 관계의 확정을 강조했다. 따라서 서양사회의 법학, 논리학, 정치학과 경제학 이론은 사실상 '권리'를 둘러싸고 전개된 것이다. '권리'는 사람이 자신의 이익에 대한 갈구 과정에서 탄생한 것이다. 서양사회는 권리를 주선으로 한 문화전통의 배경과 언어 환경을 지니고 있었다. 그리하여 서양의 사회과학에서는 권리(산권)를 중심으로 한 이론을 자연스럽게 전개할 수 있었다. 권리에 관한 일반적 정의는 여러 가지 의견이 있다. 이 중 John Locke(1964)는 한 물건의 자유사용을 가지는 것을 권리라고 지칭했으며, 평등권리는 사람마다 천연 자원에 대하여 다른 사람의 의식이나 권위에 구애 받지 않고 가지는 권리라고 제기했다(Locke, 1964:34). Jean-Jacques Rousseau는 강력한 힘과 권리의 관계만 고려했다. 이때 권리라는 단어는 강력한 힘에 새로운 것을 첨가해주지 않고, 강력한 힘이 권리를 구성할 수 없고, 사람들은 합법적인 권리에 대해서만 복종할 의무가 있다고 강조했다(Rousseau, 2003:9-10).

전통 중국 문화 배경에서 개인적 권리의식은 없었다. 다시 말해 전통 중국 문화의 주류정신은 억압이었지 개인 권리를 인정하는 것이 아니었다. 중국 사회는 장유유서와 가정을 중시하고, 예의를 지키는 유교사상을 추앙했다. 이 문화의 영향을 받아서 중국의 관료제도도 장유유서를 엄격하게 지켰고, 중앙집권 및 국가는 사회에 정확한 도덕 구조의 기본이념을 전파했다. 몇 백 년 동안 중앙집권의 관료통치 전통은 이미 중국정치의 가장 중요한 핵심으로 지금까지 중국의 정치사회에 강한 영향을 미치고 있다(李侃如, 2010:13). 예로부터 중국은 소농을 기본단위로 하는 농업경제로 대부분 사람들은 토지를 기본으로 하여 생존하였다. 따라서 토지소유자는 사회계층의 기초단위였다. 그래서 국가는 이런 유교사상을 바탕으로 한 농업사회를 모든 경제사회발전의 기본 노선으로 삼았다.

토지소유권과 사용권을 기본으로 하는 국가, 집단과 농민 간의 관계, 집단재산권의 변화에서 국가, 집단과 농민의 상호관계를 추구한다면 집단의 재산권 권리(Collective property right)는 자본주의의 주류경제학의 재산권 개념이 아니라, 중국특색을 가지는 재산권 권리의 분배방식이었다.

신중국 창립 후의 농업집단화 운동은 재산을 가진 집단재산권을 구축했다. 이는 집단소유제는 국가경제기초의 형식으로 나타난 것이었다. 집단재산권은 일반 재산권 상의 권리주체, 권리객체 및 공정의 표현과 국가안전 보장의 제공을 제외하여 집단이라는 특별한 중간층을 인정한 것이었다. 집단이라는 중간층을 인정함으로써 토지 재산권의 권리주체가 국가, 집단, 농민이라는 세 분류로 나뉘게 된 것이었다.

재산권 측면에서 보면 지금까지 중국 농촌사회경제형태를 이끌어가고 있는 집단재산권은 신중국 창립 초기에 형성되었다. 집단재산권의 형성과 발전 및 변화는 농촌토지정책의 변화의 핵심이라고 할 수 있다. 따라서 중국농촌토지정책을 이해하기 위해서는 중국 농촌사회의 경제주체의 핵심 기본단위인 집단에 대한 이해가 필수적이었다.

집단재산의 운영과 수익 분배는 국가, 집단과 농민의 이익분배 및 상호관계에 결정적 역할을 했다. 집단은 직접 국가에게 세수와 재정원천을 제공하여 국가의 정권건설, 공고에 영향을 미쳤다. 그리고 집단은 직접 농민에게 생산과 생활필수품을 제공하였다. 또한, 집단에 대하여 중앙정부는 직접 집단의 대표자에게 이중 압력을 행사했고, 세수 등의 조건을 변화시킬 수 있었다(劉金海, 2006:서론1-2).

1949년 중국공산당이 지도한 전국 농민은 혁명적 승리를 얻어서 중국 공산당은 집정자로서 신중국의 전면적 건설을 시작했다. 이 시기 중국 공산당과 농민 간의 특별한 관계는 토지사유제를 실시하게 되는 매우 중요한 요인으로 작용했다. 중국의 불균형적인 정치체계의 특징은 도시와 농촌의 특수한 지역사회 가운데 존재하고 있었다(徐勇, 1992:3). 중국공산당이 성립된 후, 두 가지 중요한 국가건설에 관한 개혁이 존재했다. 첫째는 도시로부터 실시되는 관료행정체계의 제도화

였으며, 둘째는 농촌에 적극적인 사회적 지원으로 농민계층의 지지를
얻어서 국가의 정치기반을 확고히 하는 것이었다.

중국공산당은 혁명적 승리의 결과를 지키기 위하여 우선적으로 농민
계층의 지지와 신임을 얻어야 전국을 통일하는 정권의 자리를 지킬 수
있음을 잘 알고 있었다. 이런 실질적 문제는 무엇보다 제대로 된 토지개
혁을 진행하게 해주었으며, 토지 소유에 대한 갈망이 높은 농민의 요구
를 만족시켜서 토지에 대한 재산권리를 국가적으로 보장해주어야 했다.
이 시기의 중국 공산당의 토지개혁의 숨은 뜻은 중국공산당 정권을 지
지하는 국민들의 신임을 확보하는 것이었다(Rozman, 1995:370).

공산당 정치체계의 지지를 더 확대하기 위하여 공산당은 두 가지 정
책을 실시했다. 첫째는 중국에 권력을 통한 정권조직, 제도화적인 국
가권력기관, 행정계통을 설립하는 것이었다. 둘째는 농촌 지역에 대한
공산당 조직 체계의 적극적인 선전을 통하여 많은 중국 농민들이 공산
당 조직에 참여하도록 만들어, 농촌지역에서의 보다 많은 공산당의 조
직체계를 자발적으로 설립하는 것이었다. 이러한 이유로 초기의 농촌
지역사회에는 대량의 공산당 노동력 투입, 공산당 농민 조직 성립, 지
주와 빈민 계층 간의 분리, 토지혁명, 농촌 권력조직기관 성립 등의
공산당 초기 사업은 한 걸음씩 체계적으로 실시되었다.

체계화적인 과정은 다음과 같다. 첫째, 토지개혁과정에서 보여주었
던 분산화(分散化)다. 우선 지주토지소유제를 역전시켜서 "경작자에게
밭을"이라는 평균주의를 기초로 하는 토지제도를 구축하는 것이었다.
중국공산당은 농민계층의 신임을 얻은 당 대표를 농촌에 파견하여 빈
곤한 농민계층들이 자발적으로 토지 수익에 따른 분배방식과 지주계층
을 비판하게 함으로써 평균분배를 기초로 하는 이익을 취득하게 하였
다. Madsen은 중국공산당의 관점에서 보면 중국 농촌의 전통권리구조

를 분쇄하는 정치적 임무는 토지개혁의 주요한 목표이지만, 농민의 관점으로 보면 토지개혁의 주요목표는 경제성이라고 여겼다 (Madsen, 1998:656). 토지개혁은 정치와 경제 두 가지 방면에서 국가 정권 건설의 이중적 기능을 드러내었다.

경제적으로 농민 토지사유제도를 구축하는 것은 예로부터 농민들의 "경작자에게 밭을"이라는 희망을 만족시키는 것이었다. 때문에 국가 정권은 많은 농민의 지지와 옹호를 받았을 뿐만 아니라 국가는 농촌의 경제통치를 통해 계급을 뛰어넘는 직접 농업세로 국가 정권 기초 건설, 특히 공업건설의 자금을 얻을 수 있었다. 정치적으로 중국공산당이 중국사회를 통치하기 전에는 국가권력 체계가 현까지밖에 미치지 않았다. 현 이하는 향신과 지주 등 권위자가 주도한 혈연, 지연 또는 친연화의 조화로운 소농사회였다. 1952년에 신중국은 이미 성마다 외진 곳까지 행정 통치를 공고했을 뿐만 아니라 기층의 현과 촌까지 권력 체계를 갖추었다. 그리고 정치적으로 농민 대중을 동원하여 위부터 아래까지 촌마다 혁명을 한 일은 중앙집권의 국가정권이 향과 촌에서 확고한 기초를 마련하는데 큰 역할을 했다. 젊은 농민 운동가들이 구성한 새 향촌지도자집단은 향신계급을 대체했다. 또한 운동가는 빈농이어서 전국적 정치기관과 긴밀하게 연결되었다. 비록 국가 행정 체계의 정식적 기관 기층은 향이지만 중국 공산당은 농민 기층 정치 조직에 중앙 집단의 국가 권위를 부여해 정부의 권력이 자연촌까지 이르게 했다(Meisner, 1992:68, 126).

둘째 중국공산당은 농촌에서의 공산당의 조직 리더십을 전보다 더 강화하여 분기별로 농민집단과 농민집단의 이익관계를 완화하기 위해 노력했다. 농촌에서의 농민집단과 농민집단 간의 수익관계 차이는 토지 자원 차이에 따른 불가피한 결과였다. 또한 공산당의 지역 완화 정

책의 목적은 결국 농민계층 간의 단합이었다. 농민계층의 단합을 성공
시킨 후 공산당은 계층 간의 확고한 분리에 관한 정책을 실시하여 토
지개혁운동을 진행하였다.

토지개혁운동은 중국의 농촌에서 빈곤 농민계층들은 조직하고 중산
계층들과 단합하여 부농계층은 고립시키고 지주계층은 투쟁하게 하는
것이었다. 따라서 당시에는 지주계층과 빈농계층을 어떻게 나눌 것인
지에 관한 문제가 발생했다. 중화인민공화국토지개혁법의 의하면 계
층을 구분하는 기준은 소유하는 토지와 노동 착취로 얻은 수익의 많고
적음이다. 제 31조에는 "계층 성분을 나눌 때, 반드시 중화인민정부의
규정에 따르고, 농촌(향)농민민중대회, 농민대표대회, 촌(향)인민정부
의 관할 하에 자진하여 평가 받는 형식으로 해야 한다."라고 규정되어
있다.

1950년 8월 4일 정무원(政務院)의 제 44차 회의에서 〈중국 인민 정
무원 농촌 계층성분에 관한 결정〉이 발표되었다. 이 결정에서 계층성
분은 5개 계급, 다시 말해 지주, 부농, 중농(상, 중, 하), 빈농과 고농으
로 나뉘었고 계층이 분리된 후 계층 성분이 다른 농민에게 토지분배정
책을 실시했다(劉金海, 2006:2-38). 이 정책 때문에 부유한 계층의 토
지, 가옥, 농기구가 모두 국가소유가 되었다. 후에 빈곤한 농민들은
이것들을 나누어받았다. 때문에 이는 역사상 최대의 농촌균등분배운
동으로 평가받는다. 이 당시 지주의 재산은 많지 않았다. 그래서 그들
의 재산을 토지분배정책에 따라 빈곤한 농민에게 분배하여도 농민들
이 분배받은 것은 적었다. 따라서 많은 농민들은 평균분배를 통해 토
지를 많이 얻지는 못하였으며 빈곤을 벗어나지 못하였다. 그러나 이
정책은 농민들이 공산당 정부를 따르게 하는 계기가 되었다. 이러한
정책 실시는 농촌에서 중국공산당에 대한 농민계층의 지지를 더 단단

하게 하였다(張樂天, 2002:34).

토지개혁은 〈중국토지법대강〉과 〈토지개혁법〉을 통하여 구체화되었다. "농작하는 농민들이 자신의 경작지를 소유할 수 있는 토지 정책(實行耕者有其田的土地制度)"이 실시되었던 것이다. 이러한 토지개혁은 농민들을 농업생산의 주체로 각인시켜 농가를 중심으로 하는 소농경제 기초에서 농업생산이 이루어지게 하였다. 또한 이것은 토지에 대한 농민의 소유제를 실시한 것이었다. 이런 토지개혁을 농업 생산관계의 관점에서 볼 때, 중국의 새로운 민주주의의 특징을 엿볼 수 있다. 동시에 생산력 측면에서 보면 전통적인 고유의 중국 소작농경제를 들여다볼 수 있다.

하지만 토지개혁을 통한 농민 토지에 대한 토지소유제는 아직 미숙한 수준에 머물러 있었다. 토지개혁 후 농지제도와 농민의 소유가 된 토지는 실제로 달랐다. 공산당 정부는 많은 정책을 제정하고 발표하면서 농민 소유의 토지 사용권에 직접적인 영향을 주었다. 토지개혁에서 정부는 필요로 하는 토지정책을 채택하고 발표하여, 농민 소유토지에 대한 공산당정권의 간섭적인 정책의 힘을 발휘하고는 하였다. 또 다른 한 면은 농민은 실제 토지 경영권을 받은 것이 아니고 정부로부터 토지사용권만 받은 것이기 때문에 토지소유에 대한 정부의 법적 효력은 농민보다 더 강하였다. 따라서 토지소유권에서 농민의 지위는 정부보다 낮을 수밖에 없다. 이런 현상은 중국의 실제 토지에 관한 국가정황과 역사적 변화로 결정된 것이었다. 하지만 〈중국토지법대강〉 제6조에 따르면, 토지개혁은 "전국농민들은 균등하게 토지를 받고, 개인소유로 함", 제11조에서는 "인민에게 토지를 분배하고 정부의 토지사용증(土地使用證)으로 경영권을 인정하고 판매 혹은 세를 주는 권리도 인정함"이라고 규정되었다.

〈토지개혁법〉의 제 30조에서도 "토지개혁 후 인민정부에서 토지사용권을 주어 모든 토지에 대한 사용권, 매매 혹은 임대를 할 수 있는 권리가 있다"라고 규정 하였다. "토지사용권(土地使用權)"의 특징은 토지개혁 완성, 그리고 농민 토지 사용권의 법적 확립이었다. 더불어 농민은 토지의 사용권, 수익권, 매매권(賣買權)을 하나로 하는 "단일산업권리구조"를 가질 수 있게 하였다.

산업권리분석측면에서 제 1단계 토지개혁은 두 가지 특징을 가지고 있다. 첫째, 사회적으로 강제성을 띤 재산제도변화였다. 이러한 변화는 국가가 강제적이고 물리적인 수법으로 특정 지역에 대하여 권력을 행사하는 것인데, 그 목적은 고유의 산업보호를 위한 것이 아니라 산업권리에 대한 조절과 재분배 및 재산권리에 대한 주체와 재산권의 재조절에 있었다. 둘째, 토지개혁은 혁명의 결과 측면에서 경제학적 의미보다는 정치학적 의미가 강하다. 왜냐하면 평균분배를 통하여 인민의 대폭지지를 얻었고 사회적 국가정권의 합법적 지위를 확보하기 위하여 토지개혁을 실시하였기 때문이었다. 평균분배주의는 농촌토지정책에서 매우 주도적인 역할을 담당하고 있는 방식 중 하나였다. 그 이유는 빈곤한 농민의 기본적인 생존과 생활의 수요에 따른 아주 기본적인 요구를 충족시켰기 때문이다. 또한 국가 정권의 생존에 큰 의미가 있었으며, 실행함에 있어서 국가정권의 확립에 법적 효력 있는 합리성도 가지고 있었기 때문이었다(劉金海, 2006:7-11).

중국공산당은 토지개혁을 통하여 소유물을 균등하게 재분배했다. 아울러 계층을 나누고, 인민운동 등 정치적 운동을 실시하여 농촌에 대한 사회정치문화와 사회가치를 재건설하였다. 농촌사회생활에서 중국공산당은 농촌호구제도를 도입하면서 농촌생활소비품의 분배방식, 인구유동제한을 실시하여 국가에 대한 농민생활영역을 장악하였다. 사회성원들의 자주성이 상대적으로 약화되고, 국가에 대한 의존성이 강렬해짐에 따라 국가와 사회가 단일 관리하는 모델이 형성되었다. 이런 관리모델의 특징은 전능주의, 계획관리와 중앙집권으로 개괄할 수 있다. 국가가 모든 사회를 통제하는 이점에 바탕을 두그리고 국가에 대하여 공산당 정치를 실현하였다. 다른 하나는 농민합작운동에서 비롯된 일체화(一体化)를 통한 토지개혁이다. 앞에서 논의한 것과 같이 토지개혁 제도의 변화는 농민이 법적으로 소유권을 소유함으로 토지의 경영권과 수익권(收益权), 토지에 대한 처리권(处置权)을 획득하게 하였다.

다만 토지의 처리권은 두 가지 결과를 초래하였다. 하나는 농민이 토지를 잃고 가난하게 만들었고, 다른 하나는 새로운 지주계층이 될 수 있게 하였다(胡美靈, 2008:101). 실제 중국에서의 토지개혁은 빈곤한 농민의 생산방식의 변화에 토지제도조건을 제공하지 않았다. 때문에 중국 농가들은 계속적으로 전통적인 소농경작방식을 취했다. 이러한 토지개혁은 경제생산능력이 아주 빈약한 소농경작 농민에 있어서 대형농업생산을 하기에는 역부족이었고, 현대적인 농업생산방식에도 적합하지 않았다.

초기의 빈약한 중국 국가경제는 현대중공업의 기초가 매우 빈약하였기 때문에 농업에 대한 집단적 계획 생산을 진행해야만 공업화 건설에 필요한 자금 확보가 가능하였다(劉金海, 2006:12-13). 이런 이유로 초기의 국가 정치무대에서의 공산당의 최선은 하나의 단일한 전국 공산당 집권정치제도로 조심스럽게 인민운동을 진행하여 인민들을 단합하고 조직하는 것이었다(John King, 1998:70). 이에 1915년부터 1954년의 농업생산합작조직을 창립했고, 촌(향) 정부에서 주관했으며, 단기와 장기의 호조조 성립하여 농가의 일이 끝나면 조직들이 바로 해체하는 방식을 취하도록 하였다.

시작 초기의 호조조는 농가들은 상호간에 일하여 주는 방식으로, 서로 노동보상을 해주는 것이 기본이었다. 이때 만일 일로 보상을 해주지 못하면 노동 대신 돈을 지불하는 보상방식을 택하였다. 특히 빈곤한 농가에 대하여 정책적으로 배려해주었다. 호조조부에서 초급사(初級社)로 변화했던 과정은 토지에 대한 사용권과 소유권이 분리되기 시작하는 분기점이었다. 이때부터 토지의 사용권은 농가에 있었지만 소유권은 사(社)로 넘겨줘야만 했다. 초급사는 똑같이 농작물을 심어야 했고, 똑같이 노동력과 생산도구를 분배하여야 했다. 또한 똑같이 생산관리 및 경영을 진행했고, 똑같이 수익을 분배하여야 했다.

정리하면 국가정권은 건국초기부터 초급사의 모든 사회적 변화과정에 아주 중요한 역할을 담당하였다. 하지만 실제 국가정권 건설의 한 부분으로 책임을 다했던 중국 공산당은 이런 사회적 변화에 직접 참여했으며, 동시에 이것을 이끌었다.

3. 소결

1920년 중국 공산당이 창립된 이래, 당은 농촌에서부터 시작하는 〈농촌이 도시를 포위하다〉라는 전략을 채용하였다. 그리고 농민에 의지하여 30년 동안 노력한 끝에 집정권(執政權)을 취득했다. 토지를 농민에 분배하는 이상을 실현시키기 위하여 비록 사회주의 체제와 어긋나는 부분이 있었지만 여전히 1949년부터 1952년 사이의 3년 동안 소위 말하는 〈토지 혁명〉을 진행하였다. 토지는 지주의 수중으로부터 농민의 수중으로 전이되었다. 또한 토지에 대한 농민의 완전한 사적 소유제를 실현하였다. 물론 이 과정 중에서 중국 공산당의 집정 권리도 부단히 농촌 기층 조직으로 파고들게 되었다. 이것은 미래의 집정을

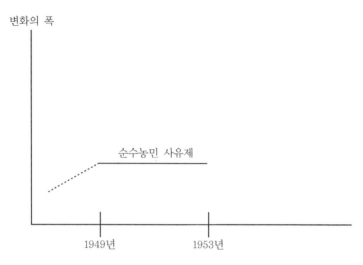

변화의 폭

순수농민 사유제

1949년   1953년

[그림 4-1] 제1단계 농촌 토지 정책 변화의 특징: 경로의존적 변화

위한 거대한 능력을 집중시켰다. 앞에서도 언급했듯이 1949년 신중국 출범 이후 1953년까지 신민주주의론과 경자유전을 기치로 내걸었고, 지주와 부농의 토지를 몰수하여 빈농과 고농에게 우선으로 배분하는 사유제 토지개혁을 추진했다. 제 1단계 시기에서는 다른 요인들도 농촌토지정책변화에 영향을 주었지만, 무엇보다 크게 영향을 미친 것은 행위자 관계요인이었다. 이 시기 중국공산당이 사유제를 유지하면서 토지를 개인에게 분배하기로 결정한 이유는 건국초기의 혼란을 수습하고 정권의 기초를 다지기 위하여 여전히 광대한 농민 군중의 지지를 확보하는 것이 관건이었기 때문이었다(박인성·조성찬, 2011:71-72). 이는 역사적 제도주의에서 정책변화의 요인으로 행위자의 역할 및 권력관계가 제도를 변화시키는 요인이라고 설명하는 맥락과 일치한다.

이러한 제 1단계 정책변동의 특징은 경로의존적 변화라는 점이었다. 공산당의 집권이라는 역사적 사건이 있었음에도 불구하고, 이 시기 농

촌토지정책은 공산당 집권 이전부터 농촌지역에서 실시해왔던 토지사
유제를 유지하였다. 토지정책을 소유권과 경영권 관계에 초점을 두고
보았을 때 공산당 집권 이전 중국의 토지정책은 개인에게 소유권과 경
영권이 모두 있었으므로 사유제라고 할 수 있었고, 신중국 출범 이후
1953년까지는 이러한 사유제 틀을 유지하였기 때문이었다.

제2절 1953-1978년 농촌토지정책 변화의 원인 분석

1. 환경 요인

1) 공산당의 통치 이념의 변화

1950년대 중기에 들어와 중국 공산당은 일련의 대중성 운동을 진행
했고, 국내에 존재하는 적대계급을 공격하였다. 이러한 대중적 성격을
띤 운동들은 짧은 기간 내에 중국 농민과 도시인의 사회, 경제, 그리고
정치 변화를 대폭 야기하였다. 1950년에 시작되었던 토지 개혁, 1951
년 봄에 발생했던 반혁명 진압 운동, 1951년과 1952년의 겨울에 일어
났던 삼반운동(반횡령, 반낭비, 반관료주의)과 오반운동(반뇌물, 반탈세누
세, 반국가 재산 도용, 반원자재 사취, 반국가 경제 기밀 절취), 1951년과
1952년 사이의 겨울과 봄에 발생했던 지식인 사상 개조 운동, 1955년
말부터 1956년까지의 농업 합작화, 그리고 1955년 말부터 1956년까지
의 공상업의 사회주의 개조 등을 통하여 농촌에 존재했던 지주계층 및
도시에 있었던 대자본가 계층을 공격할 수 있었다. 운동의 서막은 농
촌에서 시작되어 지주계급을 공격하였고, 농민들에게 자신이 경작할
땅을 얻게 하였고, 공산당은 농촌에서 정권 기구를 건립할 수 있었다.

그 다음 3차례의 운동은 도시를 무대로 진행함으로써 노동자 계층의 대폭적인 지지를 얻게 하였으며 결국은 도시와 농촌 경제에 대한 공산 당 정권 통치기구를 확립시켰다(李侃如, 2010:100).

　중국의 실정에서 볼 때 농업 개혁은 아주 까다로운 문제였다. 중국 의 농업 생산량이 줄곧 높지 않았고, 토지 개혁 또한 생산율의 장기적 인 성장을 위한 기초가 다져져 있지 않았다. 그리고 지주계층은 다양 한 방식으로 농민들을 통제하고 있었다. 이러한 상황에서 국가가 농업 잉여를 얻어 공업 발전 건설에 투자하는 것은 불가능했다(Shue, 1980). 소련의 경험에 따른 해결책은 농업 집단화에 달려 있었다. 중국은 농 업집단화를 추진하기 위한 단계를 몇 가지로 나누었다. 1953년부터 농 민들은 공산당의 격려를 받아 농업 생산 호조조를 건립하기 시작하였 다. 농업 생산 호조조는 노동력을 연합시켜 경지, 재배, 파종, 잡초 제 거, 그리고 수확 등 농업 활동에 참가하도록 하는 조직이었다. 이것은 이미 형성된 많은 농촌 조직을 법제화하고 공식화한 것이었다. 1954년 부터 공산당은 농민들을 격려하여 초급 농업생산협동조합에 참여시켰 다. 농민들에게 가축, 농기구, 그리고 토지를 농업생산협동조합에 내 놓게 함으로써 농민들이 농업생산협동조합의 이익에서 보수를 얻게 하였다. 보수의 일부는 노동에 의하여 지불되었지만, 일부는 협동조합 에 내놓은 토지, 농기구, 그리고 가축을 기초로 하여 지불되는 것이었 다. 중국도 소련의 정부 체제를 따라서 주요한 생산 도구를 국유화했 으며 국가가 관리한 농업 생산에 대하여 집단 소유제를 실시하였다. 또한 자발적인 사회와 경제 조직을 억제하는 레닌주의 방식의 정치 구 조를 받아들였다. 1955년 초에 중국 공산당은 농업 생산 협동조합에서 탈퇴하고 싶어 하는 사람들을 허락하였다. 다만 공산당 지도자들은 농 업 생산 협동조합에서 탈퇴하는 사람들이 통계보다 많았기 때문에 놀라움을 금하지 못했다. 이 때문에 당내의 지도부들은 현재 진행되고 있는 농업집단화의 합리성을 주제로 많은 논쟁을 벌이게 되었다. 아직도 베이징 지도부에서는 소련의 경험을 통해 볼 때 농업 집단화가 대규모의 농업 단위를 건립하는 최고의 방법이라고 생각하고 있었다. 동시에 이 방법이야말로 국가에 농업 잉여를 얻게 할 수 있는 가장 효과적인 방법이라고 생각하고 있었다. 사실 중국 일인당 평균 농업 생산량은 아주 낮았기 때문에 공산당 정부는 전보다 더 많은 농업 잉여를 농촌에서 만들어 내야 하는 강압감을 가지고 도시 경제의 발전을 추진해야만 했다.

마오쩌둥은 농업합작조직이 토지 면적과 규모를 더 확충하고 농민들이 기계화란 경작 방식을 도입해야 한다고 주장하였다. 그는 농업기계화를 통하여 농업생산량이 증가될 것이라고 믿었다. 마오쩌둥은 경제 발전수준을 빠르게 향상시키는 일은 정치운동을 통해 실현될 수 있다고 생각했다. 반면에 류사오치는 정치적인 방식은 현존하는 경제생산방식과 수준에 따라서 진행해야 한다고 주장하였다. 지도부의 엇갈린 정책에서 결국 마오쩌둥이 이겼다. 1955년 7월 5일~30일에 열렸던 제 1기 전국인민 대표 대회 제 2차 회의에서 국가계획위원회 주임인 리푸춘(李富春)이 제출했던 제 1차 5년 계획에 관한 보고가 통과되었다. 이 보고에 의하면 마오쩌둥은 농업집단화를 점진적으로 실현하기로 했으며, 7월 31일에 마오쩌둥은 직접 각 성과 시, 그리고 그 하급의 공산당 지도자들을 모아서 회의를 했는데, 회의에서 그는 빠른 시일 내로 실현하도록 강요하였다. 이 회의를 계기로 하여 이른바 농업 집단화는 '절정'을 이루게 되었고, 그 다음해의 봄에 이르러 92%의 농가들이 합작사에 포함되었다. 이듬해에 마오쩌둥은 초급농업생산합작사를 고급농업생산합작사로 바꾸었다. 이 두 가지 합작사는 중요한 차이점을 가지고 있었다. 고급 농업 생산 합작사에서 사원들의 수입은 투입했던 자금에 관계없이 노동력의 지출에 따라 정해져서 상대적으로 부유계층은 혜택을 받지 못하였다(李侃如, 2010:104-131).

1956년 중기에 중국공산당은 한국전쟁의 정전협정에 조인했고, 도시와 농촌의 경제를 회복하고 발전시키는 중점적인 정책 실시를 시작하였으며, 제1차 5년 계획을 실시한 동시에 도시와 농촌에 있는 국민들을 위해 사회주의조직을 만들어주었다. 이때 도시경제와 농촌경제에서 사적 소유는 실제로 없어지게 되었다. 중국 전역에는 농민과 노동자들이 모두 함께 공산당이 이끄는 사회주의를 향해 돌진하고 있었다.

〈표 4-5〉 농업생산합작사와 공사(입사농호 백분율)

연도	초급사	고급사	공사
1952년	0.1		
1953년	0.2		
1954년	2		
1955년 6월	14	0.03	
1955년 12월	59	4	
1956년 2월	36	51	
1956년 6월	29	63	
1956년 12월	9	88	
1958년 4월		100	
1958년 8월		70	30
1958년 9월			98

* 자료출처: Mark Selden, The Political Economy of Chinese Socialism (Armonk, N. Y.; M. E. Sharp, 1988), p.1.

(1) 성공에서 위기로(1956-1957년)

마오쩌둥은 자신의 정치적 권력을 통해 공업을 빠르게 발전시킬 방법을 찾으면서 많은 시행착오를 범하여 비극을 초래했고 수입도 감소하게 만들었다. 초기에 그는 소련의 경험에 따라 소련을 모델로 한 중국체제를 확립하였다. 왜냐하면 스탈린도 가난한 농업국가인 소련에서 중공업 성장을 실현시켰기 때문이었다. 마오쩌둥은 강압적인 중앙집권정권을 받아들였지만 소련과는 다른 대중운동화 운동을 일으켰다. 1958년 마오쩌둥은 "대약진운동"을 추진한 후에 1966년에 또 한 차례 "문화대혁명"을 일으켰다(李侃如, 2010:94-107). 1949-1956년 초에 자연재해와 공산당 정권의 정책상의 시행착오로 중국 국민들은 극도로 빈곤한 상태에 처해 있었다. 예를 들면 1956년까지는 전국적으로 각 현 정부에는 전화기 한 대마저도 없었다(Oksenberg, 1974). 그러나 마오쩌둥 지도부는 해방 전 중국의 봉건잔재들과 그들이 신봉하는 봉건문화를 깨뜨려야 새로운 사회주의의 확립을 실현할 수 있다고 믿었다.

1958년 중기에 마오쩌둥 지도부는 불행한 "대약진운동"을 일으켰다. 사실상 마오쩌둥사상은 아무런 법칙의 제약도 받지 않았으며, 동시에 법과 같았다. 마오쩌둥사상은 국가의 이데올로기와 정치, 대국 간의 관계, 농업, 그리고 사회개혁 등 문제 처리에도 중요한 역할을 하였다. 농업집단화와 사회주의개혁을 마친 후에 정부 작업의 핵심은 도시경제계획과 관리의 세부 실행이 되었는데, 마오쩌둥 사상에 대한 학습은 국가적으로 진행되었던 세뇌였다고 볼 수 있었다. 1949-1955년에 마오쩌둥은 공산당의 지도자 역할에서 모든 것을 내려놓고 그의 말대로 2선으로 물러난다고 하였지만 앞으로 공산당과 국가를 이끌고 나갈 수 있는 또 다른 방법을 찾지는 못했다. 또 다른 하나는 스탈린식의 경제 발전방식이 가져왔던 사회와 정치 부작용은 마오쩌둥에게 무척 큰 고민거리였다. 새로운 가치관, 선호, 그리고 작업 방식은 옌안(延安)에 있는 시기와 비할 때 정반대였다는 것 또한 마오쩌둥을 우울

하게 하였다. 셋째, 소련의 원조사업은 중국의 경제 발전에 매우 중요한 역할을 했다. 그러나 이런 지원은 직접적인 증여가 아닌 저리융자의 방식을 택했기 때문에 나중에 갚아야 했다. 1956년부터 중국 상환 대출금은 소련이 새로 제공했던 자금 총액을 초과하기 시작하였다. 이전에 중국은 소련이 제공한 대부분의 순한 투자에 의지할 수 있었다. 하지만 1956년 이후 중국은 불가피하게 스스로 자금을 모아야 했다. 따라서 국내 자금을 형성하는 새로운 방법을 찾아야만 했다. 마오쩌둥은 눈앞에 닥친 위기를 해결하고자 격렬하고 새로운 방식으로 대처해야 한다고 판단했다. 네 번째 압력은 농민 출신인 간부들과 도시 지식인 사이에 갈등된 관계에서 비롯되었다. 거듭 정치교육을 받았지만 지식인들은 아직 농촌 출신의 간부들을 촌사람으로만 보았다. 그러나 농민 간부들은 지식인을 스스로 인품이 고결하다고 여기는 자, 그리고 '자산계급'으로 보았다(이런 갈등 관계에 대한 분석은 Lee(1991)를 참고하기를 바란다). 농업합작화와 도시의 사회주의적 개조 작업이 고조되는 것에 따라 마오쩌둥은 자산계층인 지식인과 공산당 간부들 간의 긴장관계를 해소하고자 하였다. 1955-1956년에 완화되었던 소련 문학, 그리고 1956년 2월에 열렸던 제 20차 소련공산당대회에서 흐루시초프가 극적으로 죽은 스탈린을 비난했다는 것이 중국에서 연쇄반응을 일으켰다. 전자는 그저 중국 사람들이 지식인계층에 대한 압력을 완화하는데는 큰 도움이 되었지만 후자는 공산권 국제 사회에서 후폭풍을 가져왔다. 흐루시초프의 발언은 동유럽 사회주의 국가들을 혼란에 빠지게 했을 뿐만 아니라 1956년 하반기의 중국 국내 형세를 격화시켰다. 마오쩌둥은 흐루시초프의 지혜와 지도자 재능을 의심하기 시작하였고 소련을 모델을 한 중국 정책에 대하여 다시 생각해 볼 수밖에 없었다. 1956년 9월에 열렸던 중국공산당 제 8기 중앙위원회 1차 전체회의는

1945년 개최한 마오쩌둥 사상을 공산당의 지도사상으로 정한 중국공
산당 제 7기 중앙위원회 회의 이후 처음 열린 공산당 대표대회였다.
2차 전체회의는 1958년 5월에 열렸는데 소련이 스탈린의 영향을 배제
하려는 것에 대한 응답이라는 점이 거의 확실했다. 새 당헌은 중국공
산당은 마르크스·레닌주의만으로 지도사상으로 삼았고 마오쩌둥 사
상은 평소처럼 언급하지 않았다. 1957년의 봄에 마오쩌둥은 지식인들
을 격려하여 자신들의 생각을 피력하게 하였다. 또한 공산당원들과 간
부들의 잘못을 지적하라고 격려했고 "백화제방·백가쟁명(百花齐放、百
家爭鸣)"을 실현하였다. 결국 1957년 5월에 지식인들은 오만하고 무식
한 관원들에 대한 불만을 걷잡을 수 없이 쏟아냈다. 동시에 그들은 중
국과 소련이 밀접한 관계를 계속 유지해야 하는지, 그리고 공산당이
정치권력을 계속 독점해야 하는지 등 근본적인 문제들을 제출하였다.
1957년 6월 8일에 주된 정당 기관지인 "인민일보"에는 논평 하나가 발
표되었는데 이는 백화제방 운동을 마치게 하였다. 논평에 의하면 "우
파분자"가 신자유를 이용하여 공산당을 공격하고 혁명을 파괴한다고
하였다. 또한 논평에서는 이번 싸움은 적과 인민 간의 투쟁이며, 동시
에 독재 정치를 통해만 해결할 수 있는 투쟁이라고 했다. 우파를 반대
하는 운동은 빠르게 전국에 확산되어 중국에 불편한 영향을 끼쳤다
(MacFarquhar, 1974).

　1957년 하반기부터 점점 급진적으로 발전되고 있었던 정치 분위기
가 고조되면 혁명적 변화를 가능하게 했다. 농촌에 투자를 하지 않는
경우 어떻게 관개 시설을 확충할 수 있는지에 대해 격렬하게 논쟁하고
있었다. 이때 해결 방법으로 농촌의 인력을 대량적으로 동원하는 것이
언급되었다. 반대로 이는 농업생산합작사를 확대하고 강화하는 데도
압박을 주었다. 1957년 11월-12월에 아직 형세를 걷잡을 수 없었다.

그러나 중국공산당 고위 임원들 중에 급진적인 부흥 정서가 있었다. 이런 정서는 예전의 소련식 지도 방식 아래 여러 사람을 각성시키는 문제로부터 나왔다. 그리고 점차 늘어지고 있는 중국국민의 잠재력을 발휘하면 기적을 만들 수 있다는 폭발적 반응도 나왔다. 이는 마오쩌둥과 공산당이 1958년에 "대약진운동"이란 경제와 사회를 발전시킬 수 있는 새 방법을 추진하게 하는 원동력이 되었다. 결국 이번 운동은 현실과 동떨어지고 통제할 수 없는 행동으로 변해 수백만 명의 중국인이 죽음으로 내몰리는 비극을 가져왔다.

(2) '대약진(大躍進)'과 대후퇴(1958-1961년)

1958-1962년에 실행한 제2차 5개년계획의 목표와 방법에 대해 논쟁할 때 마오쩌둥과 동료들은 계속해서 국가 공업의 기초를 빠르게 확장해야 하고 강철의 생산량을 늘이는데 중점을 둬야 한다고 결정했다. 그러나 자금원을 새로 찾아야 하고 소련이 제공한 기술 지원을 재고해야 한다는 점도 고려해야 했다.

1958년 봄과 여름에 실행하고 있었던 일련의 정책도 '대약진'을 초래하였다. 이런 추세는 다음과 같은 배경 하에 나온 것이었다. 지식인들에 대한 정리, 문화 수준이 높지 않은 급진파의 지위 상승, 국내 자금을 축적할 수 있는 새 방법 모색, 군중들을 동원하여 가능한 효과를 높이는 것 , 소련식 발전방식이 가져온 사회와 정치상의 나쁜 결과에 대한 반응 등이었다. "대약진"은 어느 특정시기에도 완숙된 전략이 아니었다. 정확히 말하면 "대약진"은 일체화의 전략이 아니고 총체적 정신이자 일련의 기본 정책들의 중점이었다. 전체 사회가 몇 년 동안 집중된 시간 내에 엄청난 노력으로 중국을 정상적 경제 발전 단계로 넘어갈 수 있도록 하는 것을 대약진의 기본 이념으로 삼았다. 이런 이념은 다음과 같은 생각에 근거한 것이었다. 그것은 군중들에게는 거대한 생산 잠재력이 있으며, 군중들을 조직하고 노력하면 그들의 노동력을 자본으로 전환할 수 있다는 생각이었다.

대약진 전략은 농민들을 동원해서 도시경제에서 자원을 받지 않고 자급자족을 실현하는 것으로 나타난 것이다. 이밖에 도시의 경제발전을 위해 식량, 공업원재료 심지어는 강철도 증산해야 했다. 따라서 농민들이 의견을 받아서 관개 시설을 확대해 주었고 농업기계도 만들고 교육을 발전시키며 군사 활동도 참가하였다. 하지만 국가 재정의 새로운 투자가 없이 스스로 살아야 했다. 원래 마오쩌둥과 동료들은 모스크바 쪽에서 대량 지원을 받아 전부 도시의 공업 발전에 사용하고자 하였다. 1958년에 소련의 지원은 확실히 늘어났지만 날로 격화된 중국과 소련 간의 모순으로 인해 중국 사람들은 더 이상 소련의 많은 지원을 기대하지 말아야 함을 깨닫게 되었다. 그 원인 중 일부는 바로 중국 사람들이 소련패턴에서 벗어나게 된 것이었다. 따라서 이것은 중국의 농민들이 공업발전을 위해 받을 부담을 가중시켰다. 군중을 광범위하게 동원해야 하는 전략은 본질적으로 보면 정부기관보다 공산당기관에서 맡아서 실행하는 것이 더 적절했다. 그러므로 '대약진'은 공산당의 영향력을 크게 발휘하였으나 정부의 역할을 약화시키는 동시에 이런 과정에 정책의 실행효과를 분산시켰다(Schurmann, 1971). 제1차 5개년계획을 실행하는 동안 중국 지도자가 국무원을 지정하여 주로 경제 발전을 맡긴다고 하였는데 '대약진'의 방식을 취할 때 도리어 공산당 자신을 더 의지하게 되었다. 대약진 전략으로 전환함에 따라 마오쩌둥은 전문화된 국무원체제에서 벗어났고 다시 직접 모든 중대사를 처리하게 되었다. '대약진'의 많은 부분이 옌안(延安) 정신의 복제판에 지나지 않았다. '대약진'은 절대 평등주의, 실행 방법, 열정적 정신, 군중 동원, 그리고 조직과 의지력을 구사를 통해 기술상의 '불가능'을 이루는 것 등을 강조하였다. '대약진'의 정신은 중요한 구호에서 분명하게 드러났다. 그것은 바로 '열의를 북돋우고 앞장서는데 힘써서 더 많이, 더 빨리, 더 좋게, 더 적은 비용으로 사회주의 건설하자'라는 것이었다.

1958년부터 전국 범위의 열광적인 운동이 시작되었다. 예전의 작업 습관 내지 이미 확립된 사회조직의 기초도 적어도 한 번 이상은 급격하게 전화된 적이 있었다. 1958년 8월에 마오쩌둥은 모든 농민들이 '인민공사'에 참여해야 한다고 피력하였다. '인민공사'는 방대하고 집중된 농촌 조직이었다. 따라서 이 조직의 목적은 농촌 지역의 행정관리와 경제 생산을 밀접하게 연결시키는 것이었다. 마오쩌둥은 하나의 농촌 조직 단위를 만들어서 직접 그 범위 안의 모든 일을 관리하려고 하였다. 그런 중요한 일에 농업과 소공업의 생산과 판매 작업, 기초 구축을 위해 필요한 노동력 제공, 의료 서비스 제공, 교육과 안전문제 등이 포함되었다. 따라서 인민공사는 처음에 이런 임무들을 완성시키는 핵심이 되었다. 1958년 마지막 몇 달 동안 농촌 전체가 모두 공사화를 이루었다. 상황이 각각 달랐지만 1959년에 와서 각 공사마다 사원수의 평균치가 약 2만 명에 달했다. 인민공사는 농촌 지역에서 가장 하부 행정 조직이 되었다. 1958년에 얻은 성공 덕분에 중국 지도자들은 환호하였다. 예를 들면 그들이 1959년에 전국 범위에 약 1/3의 경작지를 휴경토록 결정했다. 만약 그렇지 않으면 생산해낸 식량을 처리하기가 힘들게 될 것이라고 하였다. 고위 지도자들도 중국이 이미 소련보다 훨씬 나은 사회주의 경제발전의 법도를 창출해냈다고 자신 있게 말하기 시작하였다.

1958년 말기까지 중국 지도자들은 '대약진'이 야기했던 혼란과 문제들을 인정하였지만 어려움의 심각성을 인식하지는 못했다. 경제와 사회 발전의 규칙을 무시하였기 때문에 '대약진운동'은 결국 거대한 비극을 가져왔다. 하나의 주된 문제는 바로 인민공사와 관련된 것이었다. 인민공사는 계획대로 방대한 노동력을 배치할 수 있는 우위를 차지하고 있었는데 규모가 너무나 커서 일한 만큼 보수를 받을 수 없었고, 농민의 특징을 형성하는 자연적 기초에 적합하지 않았다. 1958년 가을과 겨울에 혼란이 가져온 대가가 점차 드러났다. 많은 농민들이 농사를 짓지 않았기 때문에 그 해 가을에 농작물이 대폭 감산되었다. 재래식 방법으로 만든 용광로로 만든 강철은 질이 낮아서 거의 사용할 수 없었다. 1959년 봄에 마오쩌둥은 이런 문제들을 인식하기 시작하였는데 '대약진운동' 중에서 지나친 것을 제거하려고 했지만 '대약진'이란 기본 전략을 포기하지 않았다. 그는 공사에서 너무 집중적으로 관리하는 방식에 대해 이의를 제기하여 이런 방식이 불합리한 작업 배정을 초래하고 농민들의 근로의욕을 꺾었다고 생각하였다. 그래서 각 공사 내부에서 3급(생산대, 생산대대, 인민공사)관리 제도를 건립하라는 요구가 나왔다. 또한 개인 수입과 작업은 공사가 아닌 생산대나 생산대대에 의해 배정되었다. 그는 각 성, 시, 현, 그리고 공사(公社) 등 각급 지도자들을 설득했고, 이들이 자기의 권력재분배라는 제의를 받아들이기 어렵다는 점을 알게 되었다. 왜냐하면 대약진운동이 일어나는 동안에 권력을 하급자에게 넘겨주어서 이들이 얻은 권력과 자원이 이미 크게 늘어났기 때문이었다.

비극의 핵심은 농업생산량이 정책실수와 부적절한 관리, 그리고 혼란과 자연재해 때문에 격감함에도 불구하고 지도자들이 도시에 충분한 식량을 제고해야 한다고 요구하는 데 있었다. 지방 관리가 식량 징수하는 것은 자기의 지위를 지키기 위해서였는데, 이는 관할한 백성보다 상급자의 환심을 사기위한 것이었다. 결국 중국 농촌에서 엄청난 기근을 겪게 되었다. 더구나 중국의 전체 경제도 깊이 침체되어 주로 농업부문의 투자에 의해 발전되는 것이 부분적으로 보고될 뿐이었다. 1961년에 와서 이런 투자는 이미 고갈되었다. 이 밖에 모스크바에서는 마오쩌둥의 정책과 그가 제기한 사회주의 발전의 새 방향에 대해 대단히 불만을 가진 소련은 1960년 7월에 갑자기 중국에 있는 모든 전문가들을 철수시켰으며, 결국 원조사업도 중단시켰다. 이는 중국의 많은 중공업공장에 심한 타격을 주었다. 붕괴된 농업생산과 소련의 지원 중단 등 이중의 타격 때문에 중국 국민생산량이 크게 떨어졌으며, 심지어 미국이 1932년에 겪은 대공황 때의 최저점보다 더 낮아졌다. '대약진'은 날로 성장하고 있는 위기감과 이데올로기, 조직, 민중 등 기본 이념에 대한 맹목적인 추구로부터 탄생하였는데 이는 하나의 극단적이고 급진적인, 그리고 현실과 광범하게 동떨어진 것으로 경제를 발전시키고 사회 가치관을 전환하는 방법이었다. 이는 마오쩌둥의 유토피아식의 이념을 반영한 것이지만, 마오쩌둥은 실제로 정치권력의 제약을 받지 않았다. 따라서 대약진운동이 실패한 이유는 근본적 정책의 실수에 있었을 뿐만 아니라 중국 정치체제의 고유한 운영 문제에도 있었다. 이런 문제는 말단부서는 문책이 두려워 사실을 숨기고 알리지 않는 체제적 문제도 포함되었다.

(3) 회복기에 시달린 '압력'(1962-1965년)

베이징의 지도자들은 '대약진'의 심각성을 의식하기 시작해 긴급 대책을 취하였다. 도시에서 식량이 날로 부족하자 1961년 6월에 대부분의 부담을 농민에게 이전하기로 결정하였다. 1961년부터 1962년까지 2000여 만 명에 달한 '대약진운동'기간에 도시로 간 농민들을 농촌으로 다시 보냈다. 그리고 거의 모든 도시에서 식량과 소비품의 배급제를 실시했다. 도시 거주민들은 특정한 시간에, 그리고 특정한 공간에서만 특정 상품을 살 수 있는 수표를 받았다. 그러나 농민들은 같은 배급 수표를 받지 못해 도시에서 살기가 힘들었다(李侃如, 2010: 109-120). 이렇게 방대한 인구를 다시 배치한 후에 중국공산당은 일련의 조치를 취해 사람들을 현 부서에 고정시켰다(Walder, 1986). 도시에서의 부서제도와 농촌에서의 엄격한 호적 등록 제도를 결합시켰고, 더 나아가 20세기 60년대 초기 이후에 농촌 인구가 도시로 이동하는 추세를 억제시켰다. 결국 중국은 정식으로 이중체제가 되었다. 즉 국가가 대량의 보조금을 받고 특권을 누릴 수 있는 도시, 그리고 도시 경제에서 살림을 차릴 수 없고 심하게 박탈당한 농촌 두 가지로 나뉘어졌다. 이때 농촌에서 실행했던 개선 조치는 공사를 예전의 보통 시장과 비슷한 작은 단위로 나누어 마오쩌둥이 1959년 3월에 처음 선도했던 3급체제(생산대, 생산대대, 인민공사)를 건립하는 것이었다.

1962년에 와서 많은 간부들은 농업집단화를 더욱 느슨하게 해야 하는 것이 적당한 조치라고 생각하였다. 어쨌든 이런 조치들은 이미 기근이 아주 심각한 각 지역에서 실행되었다. 마오쩌둥의 공인된 후임자 류사오치(劉少奇)와 국가 경제를 주관했던 천원(陳云)은 중국에서 더 이상 군중운동을 통해 국가의 목표를 실현할 수 없고 사회 전체가 매우 복잡해졌기 때문에 '대약진운동'은 정책의 심각한 혼란을 보여주었다고 생각하였다. 대량의 경제 발전 정책은 물질로 자극하고 조화롭게 발전하며 권한과 책임을 명확히 하는 것, 그리고 현실대로 기술인재를 배치하고 사용하는 것을 강조하였다. 1962년부터 1965년까지 경제 정책의 조정으로 국가의 경제에 뚜렷한 회복 징조가 나타났는데 1965년에 이르러 경제가 이미 1957년의 평균 수준으로 다시 올라갔다.

물론 이런 정책을 만들고 실행할 때에 마오쩌둥은 이미 막후로 물러
났다. 그러나 위기의 절정이 지나가고 경제가 회복되기 시작했을 때는
그가 또 다시 모습을 드러내었다. 이때 마오쩌둥의 신념은 흐루시초프
의 통치하에서 소련이 발전한 것이 분명하다고 생각했다. 1960년에 흐
루시초프가 중국을 지원사업 중지를 결정한 것은 마오쩌둥의 눈으로
볼 때 이제 더 이상 소련이 사회주의국가가 아닌 것을 증명하였다고
생각하였다. 따라서 마오쩌둥은 1962-1965년에 그런 '소련의 수정주
의'의 위험을 중국 사람들에게 교육하기 시작하였다.

(4) '홍위병(紅衛兵)'과 '문화대혁명'(1966-1978년)

마오쩌둥은 '문화대혁명'의 발전에 관점을 두고 있었다. 왜냐하면
그의 주도가 없었으면 '문화대혁명'이 애초에 발생하지 않았을 것이기
때문이었다. 다시 말해 이것은 마오쩌둥이 중국을 다스리는 체제를
'문화대혁명'으로 이끌지 않았으면 원래의 체제에서 '문화대혁명'을 야
기할 수 있는 내적 요소가 없었다는 뜻이다. 마오쩌둥이 '문화대혁명'
을 개시한 목표는 네 가지로 추측된다. 첫째, 후계자의 분포를 바꾸려
고 하는 것이었다. 1965년까지 마오쩌둥의 유력한 후계자는 류사오치
이지만 그는 류사오치와 그의 혁명 신념에 대해 의심을 품게 되었고,
다른 사람으로 류사오치(劉少奇)를 대체하려고 하였다. 그렇지만 굳건
한 지위를 차지한데다 1945년에 열린 중국공산당 제 7차 대회부터 이
미 마오쩌둥의 후임자로 공인받은 류사오치를 바꾸려면 많은 노력을
기울여야 했다. 둘째, 마오쩌둥은 중국의 방대한 관료기구를 징계하고
정비하려고 하였다. 셋째, 마오쩌둥은 '새로운 혁명의 후계자를 키우
려고 한다'고 하였다. 마지막으로 그는 각 영역의 정책을 실질적으로
변혁하였다. 요컨대 마오쩌둥은 각종의 개인적 활동범위를 축소하여

중국 사람들이 완전히 집단화된 소박한 생활을 하게 하려고 하였다.

앞서 언급했던 목표들은 그가 취했던 구체적 행동을 예의주시하게 하였는데 그는 1965-1966년에 이것을 행동으로 옮겼다. 그는 공산당 안의 고위층이 '문화대혁명'에 대한 반대 의견을 손쉽게 배제하였고 정치 체제에서 최고위 사이에 문화혁명 연맹을 성립시켰다. 1966년 8월에 마오쩌둥 주재 하에 열렸던 제 8기 중국공산당 중앙위원회 제 11차 전체회의에서 당당히 '문화대혁명'을 발동시키는 '16조'를 통과시켰고 이때부터 홍위병이 공산당을 대담하게 공격하라고 하였다.

전국범위에서 마오쩌둥이 발동했던 '문화대혁명'이라는 호소를 받든 것은 이미 커다란 고난을 일으킨 지도자를 위한 아첨일 뿐이었다. 이런 체제는 마오쩌둥에 대한 보편적인 개인숭배, 그리고 어떤 독특한 행동이든 정부가 억제하는 것을 특징으로 하는 것이었다. 이전의 15년 동안 여러 번의 정치 운동은 많은 개인적 고통을 남겼다. 따라서 이런 요인들이 공통적으로 작용하여 민중들은 마오쩌둥의 호소에 대해 적극적으로 호응하게 되었다.

확실한 수치로 증명되지는 못했지만 1968년 봄이 아마도 가장 폭력적인 시기였을 것이다. 이 몇 달 동안 홍위병의 각 파벌은 권력을 빼앗기 위해 서로 무력으로 투쟁하여 중국은 실제로 내전에 빠지게 되었다. 한편 배외주의가 중국에서 나타나서 과학기술개혁도 중단되었다. 중국 인민해방군은 경제, 정부, 경찰, 그리고 사회 부서를 관리하게 되었는데 이는 도리어 군대 각급의 갈등관계를 격화시키고 정치적 충돌을 증가시켰다. 20세기 전체에 걸쳐 마오쩌둥 전에 나타났던 선택적 현대화론자들과 같이 마오쩌둥도 만년에 선택적 현대화란 방식의 고유한 모순에 대해 실망하게 되어 배외주의로 전환하였다. 그 동안 중국이 외부 세계에 차단당한 것이 놀라울 정도였다. 1968년에 중국은 한때 단 하나의 대사관만 외국에 주재하고 있었으며, 그것은 이집트에 있었다. 사실상 베이징 쪽에서 베트남을 제외하고 모든 주변 국가들과의 관계가 악화되었고 소련과의 관계도 소원해졌다(李侃如, 2010:120-130).

그리하여 마오쩌둥은 군대에 도시 질서를 재건하는 명령을 내려 홍위병을 외진 농촌으로 보내 개조시켰는데 약 1800만 명의 홍위병들이 농촌으로 가게 되었다. 외진 농촌은 일반적으로 변방이나 내륙에 위치한 가장 편벽하고 황량한 지역을 가리킨다(Bernstein, 1977). 그 후에 중국 인민해방군은 실제로 중국의 행정부서를 인수하여 관리하였는데 군대대표들은 주요한 학교, 공장, 기관, 병원, 극장 등 도시에 있는 직장으로 파견되었다(李侃如, 2010:126). 마오쩌둥이 홍위병을 제압한 원인의 하나는 1968년 8월에 소련을 중심으로 한 바르샤바조약기구가 슬로바키아를 침입한 것과 같았다. 소련의 지도자인 브레즈네프가 슬로바키아를 침입하자 자기와 동맹국이 사회주의 도로를 벗어난 국가를 정상적인 궤도로 되돌아가게 할 책임이 있다고 선언하였다. 그리하여 베이징 쪽에서 이런 브레즈네프로부터 새 위협을 느끼게 되었다. 그리고 그렇게 느끼게 된 이유가 충분히 있었다. 왜냐하면 소련이 중국 북방국경에 접근한 곳에서 빠르게 공격적 군사력을 배치하였기 때문이었다. 이처럼 정돈되지 않았던 상황이 '문화대혁명' 초기부터 시작되었다. 마오쩌둥은 질서를 회복해야 국가 간에 일어날 전쟁을 대비할 수 있다고 생각했다(Gottlieb, 1977; Lieberthal, 1978).

2) 정치적 환경

(1) 국제 정치 환경

1918년 초 소련은 많은 농업협동체조직을 건립하였다. 이후 소련과 동유럽의 농민들은 조직적으로 농업집단생산에 종사하였다. 1920년에 레닌은 "현재 15살인 사람들이 10-20년 후에는 공산주의 사회에서 생활할 수 있을 것이다"라고 하였다(列寧, 1986:11). 스탈린도 1955년을 시작으로 5년 내 사회주의 건설과 공산주의 과도기에 진출해야 한다고 선포하였다. 1952년 또한 "소련사회주의건설 업무는 이미 완성되었고 사회주의는 공산주의 과도시기에 초보적으로 접근된 단계이다"라고 하였다. 1957년 11월에 후르시초프 제출한 바에 따르면 "향후 15년은 소련이 미국을 능가해야 한다." 동시에 내부적으로 1959년부터 계산하여 몇 년 내에 공산주의를 달성하겠다고 선언했다.

중국 합작화운동은 당시 국제정치형식의 촉진과 밀접한 관계가 있었다. 농업합동체를 당시 국제공운의 대환경 속에 대입시켜 생각해보면 더욱 더 이해가 잘 될 것이다. 공산주의는 마르크스주의의 최고 이상이다. 그런데 정작 국제적으로 운행될 때는 종종 급성병 환자가 나타나듯이 공산주의가 중국에 빨리 정착되길 바란 것이다.

중국 인민공사는 한차례 광범위한 국제적 농업집단화운동의 한 모습이다. 당시 사회주의 내부는 대폭 가속적으로 경제건설과 경제발전에 추진한 동시에 동유럽 각국 나라들은 여러 차례 민주개혁과 사회주의 개조를 진행하여 경제를 신속히 발전시켜 인민생활을 개선시킨 것이다. 소련은 심지어 인공위성을 성공적으로 발사하여 마치 사회주의의 생동감 넘치는 모습을 보여주려는 것 같았다. 이는 전부 중국공산당에 최대치의 정치적 압력을 주게 된 것이다. 그래서 중국은 긴박한 속도로 공산주의 진행을 서두르게 된 것이다(康瓊, 2001:63). 예로 1958년 1월 1일 〈인민일보〉 사론에서 〈바람을 타고 파도를 헤쳐〉는 "각국 민족 독립운동이 산기슭을 등산했듯이… 사회주의 사업은 거대한 아름다운 전망을 보여주고 있다." 이는 중국인민들에게 경제발전의 속도를 촉구할 뿐더러 경제발전의 규모도 함께 확대하고자 하는 의도를 보여

주는 것이었다. 소련이 미국을 능가하겠다고 하는 구호에 걸맞춰 중국
은 영국을 뛰어넘고 시간상으로도 몇 십 년을 단 2, 3년으로 단축하겠
다고 했다. 중국은 반드시 초(超)상식적인 속도로 경제건설을 추진하
겠다고 하였고 그 결과 대약진운동 중 인민공사의 비상식적인 산물을
초래하게 된 것이었다.

중국과 소련의 관계에 비춰볼 때 중국의 농업협동화운동의 가속 진
행과 대규모 추구는 사회주의 진영 내부의 모순과 연관이 있다.(吳毅·
吳帆, 2010:49-72). 1957년 중국과 소련 간의 분쟁이 확대됨에 따라 중
국은 사회주의 진영 속에 자리를 확보하기 위해 새로운 시도가 필요했
다. 인민공사(人民公社)는 바로 이런 배경에서 탄생되었다. 국제정치의
미묘한 변화도 국내정치와 각 생산에 심각한 영향을 줄 수 있는데 중
국과 소련 간의 관계 파열과 세계 사회주의 진영 내부의 권위구조가
바뀌는 변혁이야말로 더욱 심각한 영향을 주었다. 이 시기에 고급생산
합작사나 인민공사의 추구는 국내 정당의 정치적 성격을 보여줄 뿐만
아니라 대국으로의 방향과 개혁모형에 대한 국제정치의 영향 때문이
라는 사실도 보여준다. 따라서 제도개혁에 대한 동력은 일개 주권 국
가 수준을 초월하였다. 바로 이러한 현실 환경 속에서 중국공산당은
농업협동화의 추진력과 속도를 대폭 높였다(邢成舉, 2012:32). 사회주
의 농업발전 중 중국과 소련은 같은 이론을 추구했다. 즉, 공유제는
사유제보다 우월하고 대규모생산은 소규모생산보다 우월하다는 이념
은 사회주의국가에서 보편적으로 받아들인 것이다. 특히, "일대이공"
의 인민공사는 당연히 규모와 공유제도에 비해 일부 작은 소련집합체
농장보다는 우월한 것이다. 이것은 당시 일부 동유럽사회주의국가의
지도자들에게 중국의 인민공사가 사회주의를 진일보 실현하였다고 여
겨졌고 일부 국가에서는 소련 집단체제 농업 방식을 포기하고 중국을

배우기 시작하는 대공사 시범도 진행되었다(沈志華, 2007:29-42). 60년
대에 이르러 제3세계에서도 중국의 인민공사 모델의 전통개조 농업을
표방하였다. 농업 집단화는 인류 역사상 최대 규모의 이상적 설계에
따라 계획적으로 농업사회를 개조하는 시범이었다. 이에 연관된 지역
과 참여한 인구수는 전례 없을 정도이고 세계 적으로 현대화 진행의
과정에도 상당히 영향력을 주는 일이었다(張樂天, 2002:51).

한편 인민공사의 흥행과 공산주의 과도기 출현은 국제적인 역사배
경도 함께 한 것이다. 1950년대 말 서방자본주의국가는 중국에 한하여
전면적인 경제봉쇄를 취하였고 이와 동시에 전 세계적으로 반공산주
의 풍조가 고조되어 사상적으로 두 갈래의 대립이 격화되었다.

1957년 마오쩌둥은 〈모스크바공산당과 공인당대표회의의 강연〉 중
에서 "중국의 속담처럼 서풍이 동풍을 억누르듯, 동풍도 서풍을 역시
억누른다. 이는 현 형세하의 특징으로 동풍이 서풍을 억누르는 것은
사회주의 힘이 자본주의 힘에 대항하여 압도적인 추세임을 보여주는
것이다."고 말했다(黃力平, 2003). 이후 미국과 소련, 두 개의 초급대국
(超級大國)간의 수차례 걸친 군사 대결 때문에 사회주의 진영 내에 중국
과 소련도 협력 관계에서 논쟁과 대항의 관계로 전환되어 중국의 국제
환경은 더욱 심각하게 된 것이다. 마오쩌둥은 1970년 5월에 "새로운
세계대전의 위험은 여전히 존재하기에 각국 인민들은 반드시 이에 준
비를 해야 한다. 현 세계를 주도하는 추세는 혁명일 것이다."고 말했다
(唐路元·閣慶民, 2001). 이런 시대적 배경으로 마오쩌둥은 제국주의 전
쟁과 자본주의 형식 전환에 깊은 경계심을 갖게 된 것이었다.

따라서 마오쩌둥은 국제형세 판단을 잘못하여 전쟁과 혁명을 시대
적 주제로 정했다. 1960년대에 진입하여 국제적인 형세는 중국주변 환
경에 지대한 영향을 미쳤고, 린바오(林彪), 장칭(江靑) 등 반혁명그룹이

부상하여 비난에 직면하였고, 또한 "좌파" 사상의 오류 발전으로 마오쩌둥은 시대적 주제를 인식하는데 엄중한 실수를 하게 되었다. 우선 전쟁문제를 살펴보면, 1960년대와 1970년대 초 마오쩌둥은 전쟁위험 예측을 과도하게 심각화하여 세계대전은 불가피하고 급박한 것으로 예측했다. 사실 이것은 당시 국제형세의 악화 정도와 세계대전의 가능성을 과대평가하고 모든 초점을 전쟁에 맞추었다. 또한 혁명에서 마오쩌둥은 세계혁명의 추세를 극대화하여 당시 세계의 추세에 따라 혁명을 기본으로 한 사회주의의 승리를 쟁취할 것을 중국의 기본방침으로 정했다. 1966년 8월 중국공산당 제8기11중전회의에서 현재 처한 세계혁명은 새로운 시대고 국제정세 발전의 총 추세는 제국주의가 전면 붕괴되고 사회주의가 전 세계적으로 승리하는 시기이라고 밝혔다. 1970년대 초기에 중공 중앙은 현재 세계 발전의 주요 추세는 혁명이라고 추가적으로 제시하였다. 이는 마오쩌둥이 당시 세계혁명추세에 대해 과대평가하였고 객관 현실과 유리된 판단을 한 것임을 알 수 있다.

마오쩌둥이 시대의 주제, 즉, 전쟁과 혁명 문제에 대한 판단은 국가 안전 유지를 위한 좋은 뜻에서 비롯된 것이었으나 실천에서 지나치게 과격하게 하여 중국의 사회주의 건설 사업에 심각한 영향을 초래했다. 마오쩌둥의 시대 주제에 대한 오판은 국가의 안전문제를 우선시하였고 국가의 색깔을 유지하기 위해 어떻게 해야 할지, 당이 수정주의로 변화되지 않도록 어떻게 해야 할 건지, 외국의 화평 연변(和平演變)을 방지하여 중국이 강대되기 위해 어떻게 할 것인지에 몰두하게 했다. 따라서 "계급투쟁을 중심으로 삼다"는 집정이념이 강화되었고, 평화와 발전의 시대에 들어온 후에도 마오쩌둥은 시대특징에 따라 개혁을 도모하지 않았을 뿐 오히려 잘못된 길을 선택하게 되었다. 이러한 상황은 1970년에야 개선되어 당의 제11기 3중전회를 기점으로 근본적인 변화의 계기를 갖게 된 것이다.

(2) 국내 정치 환경

① 1953-1978년의 합작화와 인민공사화 운동 시기

토지 개혁 후, 농민은 비록 농촌사회의 주권 소유자는 아니지만 경제 면에서는 사적 소유자였다. 토지개혁은 빈곤 문제를 끝내지 못했고 토지 사적소유를 기초로 하는 전통적인 가족 간의 경쟁도 제거하지 못했다. 다만 이 경쟁을 위하여 새로운 출발선을 그렸을 뿐이다. 토지개혁은 소량의 토지를 소유하고 있는 수많은 소농을 만들었다. 만약 소농의 자유 발전을 방임한다면 몇 년도 안 되는 사이에 빈부 격차와 토지 겸병이 나타날 것이고 토지 개혁의 성과는 바로 헛수고가 되어 버릴 것이다. 토지 개혁이 막 끝나고 농호 사이에서 토지를 소작주는 현상이 잇달아 나타났다(張樂天, 2002:34). 소농의 개체 사적 소유 속성을 분산시킨 것은 이미 이로 하여금 개체 이익 최대화를 추구하는 논리로 행동하게 하였다. 하지만 이것은 갓 태어난 국가 정권 및 그 이익이 허용할 수 없는 것이었다. 소농경제가 생산력 발전을 저해하는 작용은 중국공산당이 농촌 토지 제도 변혁을 추진하게하는 주요 원인이 아니었다. 이에 비해 소농 경제 즉 농민 토지 소유제가 농민 계층 혹은 계급의 분화의 신속한 출현과 발전을 초래할 수 있다는 것에 대한 우려가 이번 정부가 주도한 제도변화를 구성한 직접 원인이 되었다(邢成舉, 2012:31).

신중국 농업 집단화에 대한 것은 오래 전부터 모델이 있었다. 마르크스 레닌의 기존의 이론이 기초였고, 소련이 모델이 본보기가 되었다. 이 이론과 모델은 당시에 있어서 사람들로 하여금 의심할 여지가 없었던 것이고 이미 미래 사회에 대한 가장 기본적인 신념으로 중국공산당의 이론 강령 속에 깊이 뿌리를 박혀 있었다. 그리하여 중국 농업 발전의 미래는 시작할 때부터 이미 설계되고 기획된 이상적 목표를 향하게 되었다. 다시 말하자면 이는 언제가 반드시 실행해야 할 혁명적 약속이라고 할 수도 있었다(吳毅·吳帆, 2010:49-72). 그리하여 공업화를 우선적으로 발전시키는 발전전략이 정해진 상황에 농민을 조직하고 집단화를 실행하는 것은 현실의 선택이었다. 집단화는 사회재산의 기초인 토지자원을 집중하여 토지 지배권을 집단에게 귀속하는 것을 의미한다. 따라서 토지 제도의 변혁은 필연적인 것이었다. 하지만 이는 집단화의 최적화 설계에서 토지 제도의 변혁은 반드시 짧고 안정된 기간 내에 완성해야 한다는 것을 의미하지 않는다. 농업발전이 낙후한 국가가 공업화 건설의 길을 개척하는 것은 오직 소련의 방식에 따라 진행할 수밖에 없다. 즉 국가가 농업 생산의 조직자와 지도자가 되는 것이다. 농업 합작화 운동은 바로 이러한 점을 고려해서 발전의 발걸음을 재촉하게 된 것이었다.

중국 공산당은 중국 농민으로 하여금 합작화의 길을 걷게 하였다. 대규모 농업 생산 합작사를 발전시킨 것은 1952년이다. 먼저 시작한 것은 초급생산합작사다. 즉 농민의 토지 사유권을 인정한다는 전제하에서 농민이 토지, 농기구 등 생산자료에 의해 투자하고 집단적으로 노동하고 민주적으로 관리하고 노동에 의한 분배와 주식에 의해 이윤을 얻는 방법을 결합하는 것이었다. 초급합작사가 채용한 방법은 점진적인 방법과 자원의 방법이다. 즉 자원과 호혜의 원칙에 의해 개별 시범을 통해 농촌에 노동과 생산의 호조를 실행하고 생산자료와 토지를 합작시킨 것이었다. 이러한 조직화된 방법은 통일적 경영의 우월성을 이끌어내기 위해서이고 동시에 집단 노동과 분산 경영의 모순을 극복하며 소유제의 갑작스러운 가치가 지나치게 두드러지지 않게 하기 위한 것이었다. 이번의 토지제도의 변화는 국가가 추진한 결과가 분명했다. 국가의 설계가 20세기 제도변화를 일으키는 중요한 요인이 된 것은 중국 집권 문화의 전통과 제도 변혁의 특수성과 밀접한 연관이 있다(邢成擧, 2012:29-33).

1953년 6월, 중국공산당은 '일화삼개조(一化三改造)'[4]의 과도 시기 총노선을 제정하였다. 이는 과도기에 있어서 당이 정한 근본 방침이었다. 과도기 총 노선에 의해 중앙 인민 정부는 사회주의 건설에 있어 5개년 계획을 제정 및 실시하고 대 규모의 공업 건설을 진행하여 사회주의 공업화에 초보적 기초를 다졌다. 과도기 총 노선이 제출된 후 중공 중앙은 1954년에 발표한 〈농업 합작사를 발전시키는 결의에 관하여〉에서 사회주의 맹아 성질을 갖고 있는 임시 호조조와 다년 호조조로부터 토지에 의한 투자, 통일화 경영으로 보다 많은 공공 재산과 사회주의 요소가 구비된 농업 생산 합작사를 실시하는 것으로, 완전한 사휘주의의 집단 농민 공유제인 더 고급적인 농업 생산 합작사를 실시하는 것이 바로 중국 공산당의 농업에 대한 사회주의 개조의 길이라고 지적했다(任建樹, 1991). 1995년 당내에서 집단화의 창도자가 농업 발전의 길에 대한 논쟁에서 승리함에 따라 농업 합작화의 규모는 신속히 추진되었다. 1957년 겨울까지 약 1190만 농가가 고급 합작사에 가입했다(孔如, 2012:21). 고급 합작사는 농촌 토지 집단 소유와 농민이 사적 소유한 토지와 가축, 대형 농기구 및 토지 부속물 예를 들면 땅, 우물 등 수리 시설을 합작사 집단 소유로 전환하고 토지 보상을 취소하고 초급 합작사의 토지와 대형 농기구에 의한 투자에 따라 이익을 얻는 제도를 취소하고 생산과 교환을 통일적으로 조직하고 노동에 의한 분배를 실시했다(張樂天, 2005:54). 농업 합작화 운동 중 고급생산합작사

---

4) 一化: 사회주의 공업화; 三改造 : 농업의 사회주의 구조, 개체 수공업경제의 사회주의 구조, 자본주의 공상업의 사회주의 구조.

는 토지와 주요 생산 자료의 집단 소유제를 실현했다. 고급생산합작사의 규모는 비교적 크고 그 구획은 행정 촌과 거의 일치했다. 사 관리위원회는 촌에 직권을 실시하고 촌 행정 조직도 동시에 합작사를 관리하는 정사합일을 실시한다. 고급생산합작사는 정부가 통제하는 계획경제를 실시했다. 재배 면적과 수익 배분은 정부의 통제를 받는다. 정치적으로 볼 때 이 제도는 사회주의 핵심 가치를 진일보로 발전시켰다(邢成擧, 2012:29). 1952년의 기준 가격으로 계산하면 1957년 공업 총생산액은 783.9억 원에 달했고 농업 총생산액은 604억 원에 이르렀고 모두 계획을 초과하여 강국부민의 물질적 기초를 다졌다. 3대 개조 후 사회주의 전민 소유와 집단 소유의 구조를 형성하고 사회주의 공유제의 경제적 기초를 구축하였다. 이러한 모델에서 농민은 자주성을 완전히 잃었고 국가와 강한 의지적 관계를 맺게 되었다. 이것은 농민이 국가가 주도한 인민 공사화 운동에 기울어지게 된 중요한 원인이기도 했다. 행정 권력의 고도 집중은 인민 공사화 운동이 순리적으로 진행된 중요한 요인 중의 하나이다(周錫峰, 2010:32).

그때 당시 인민 공사는 중국 특성에 맞는 제도 모델로 인정받았다. 공사는 새로운 현대화의 길을 제시해 준 것 같았다. 자본주의 폐단을 피하고 전통적 소농을 개조하고 전체 농촌 인민이 부유해지게 하는 중국식의 현대화 길이었다. 공사의 청사진은 아주 아름답게 그려졌다(張樂天, 2002:38). 인민 공사의 특징은 일대이공 심화이다. 즉 큰 조직 규모, 재산 공유, 노동 조직의 군사화, 행동전투화, 생활 집단화는 사실상 생산력 수준이 저하되고 물질이 결핍한 상황에서 군사 공산주의를 실현하려고 하는 것이었다(康瓊, 2001:62).

1958년 중국공산당 중앙정부는 또 한 번의 인민공사화 운동을 일으켰다. 대약진 운동이 한창 진행되던 중 정부는 강제적 색채를 띤 채

인민공사화 제도를 추진하였고 '공산주의로의 약진'을 시도했던 것이다. 1958년 8월, 마오쩌둥은 전국 농민에게 '역시 인민 공사를 하는 것이 제일이다.'라고 호소하였다. 두 달 후 2400개의 공사가 나타났는데, 이것은 12000만 호의 농호로 이루어진 것이며 농호 총수의 99%를 점했다. 전국 대다수 농촌은 인민 공사화에 들어섰다. 이와 같이 소련 집단화 운동을 반복하는 엄중한 결과는 결국 소련의 집단화 비극을 재연하는 것을 초래했다. 심지어 그보다 더 비참했다. 농업 합작사와 인민공사제도는 농업 생산량을 대폭 감소시켰고 농작하기 좋은 시기였지만 사람들이 대량으로 굶어 죽는 이상한 현상까지 나타났다. 1959-1961년의 농업 위기와 대기근에서 3000만 이상의 인구가 사망하고 2300만 되는 예측 인구 출생이 출생되지 못하거나 연기 출생된 결과를 초래하였다. 이것은 인류 역사상 가장 비참한 재난임에 틀림없었다 (林毅夫, 2005:2). 농업 위기는 중앙 지도자들로 하여금 인민공사제도에 대하여 필연적으로 재사고와 재조정을 하게 하였다. 합작화의 업그레이드 및 맹목적인 발전의 원인은 복잡했다.

1961년 3월 채택한 〈농촌인민공사공작조례(초안)〉와 1961년 6월에 이 조례의 수정초안에서 또 다시 인민공사, 생산대대와 생산대 삼자 사이의 관계를 조절하기 시작했다. 생산 대대(고급생산합작사에 해당)는 3급 소유의 기초와 계산 단위로 되었다. 1962년 1월 11일 베이징 '7천인 대회' 후 류사오치, 덩샤오핑은 단지 농민 자류지의 조치(즉 농민이 자류지에 대한 사용권과 수익권을 부여하는 것이다. 하지만 자류지가 점하는 부분은 아주 적다)만 회복시켜 기근을 억제하였다. 그 후 심지어 10년 문화대혁명과 같은 내란을 겪어도 중국에 더는 1959-1961년의 3년 자연 재해시기같은 광범위한 대기근은 출현하지 않았다(羅紅雲, 2012:서론2). 1962년 중앙에서는 〈농촌인민공사공작조례(수정초안)〉를 반포하고 인민공사의 재산권을 사회주의 노동 군중 집단 소유제로 정의내리고 공사, 생산대대와 생산대 3급 소유, 생산대를 기본 계산 단위로 하였다. 〈일대이공〉과 〈3급 소유, 생산대를 기초로〉를 주요 특징으로 하는 농촌인민공사화는 사적 생산권의 가치를 철저히 부정하고 전례 없이 농민의 사적소유재산권을 박탈했으며 선택 자유를 취소했고 공유제의 실험을 강제적으로 하는 역사적 절정을 추진하였다.

② 합작화 운동은 혁명과 개혁의 압력에 대한 회답이다.

신중국 성립 초기 국가가 직면하고 있는 주변 정치 환경은 매우 나빴다. 유럽 선진 공업 국가는 중국에 대해 고립, 봉쇄와 제재를 했고 국가의 생존은 극도로 위협 받고 있었다. 국가 안전과 민족 독립의 압력을 완화시키려면 반드시 자주독립의 민족 공업체계를 건립해야 했다. 또 이 모든 것은 오직 중공업을 우선적으로 발전시켜야만 실현할 수 있는 것이었다. 중공업을 우선적으로 발전시키려면 거액의 자금을 투입해야 하고 대량의 자본 축적이 필요하다. 이러한 자본들은 어디에서 오는가? 냉전시기, 서방 진영은 미국의 조종 하에 새 중국에 대해 경제적 봉쇄를 진행했고, 중국과 서방 국가 사이에는 자금 왕래를 포함한 경제 무역의 관계가 단절되었다. 소련을 중심으로 하는 사회주의 국가는 제2차 세계대전의 큰 재앙을 겪은 후 재건설에 역량을 집중해서 중국에 더 많은 자금을 제공할 수 없었다. 중국 공업화에 필요한 자금은 국제사회가 제공하는 외부 원조에 의존하여 해결할 수 없었다. 구중국은 공업기초가 약하고 대부분 공업이 수공업위주였고 1952년의 810억 원의 공, 농업 총생산액 중 현대 공업의 생산액이 점하는 비율이 26.6%에 불과했다(胡繩, 1991:285). 이는 제한된 현대 기업 내부를 축적하기에는 매우 부족하다는 것을 설명했다. 하지만 농업은 중국에

서 가장 크고 가장 성숙된 산업으로 농업 수입이 국민 총 수입을 점하
는 비중이 1949년에는 68.4%이고 1952년은 57.7%이었다. 제1차 5개
년 계획의 마지막 해인 1957년에도 여전히 46.8%에 달했다(中國農業年
鑑編輯委員會, 1981:373). 농업은 자연적으로 중국 공업화 자금의 주요
출처가 되었다(李海玉, 2007:45-46).

중공업은 기타 공업 부문의 모체이고 전체 공업 부문 중에서도 기초적
지위에 있다. 오직 강철 등 기초 공업이 발전해야만 기계 제조업의 원재
료가 증가하고 경공업의 장비도 확보가 되는 것이었다. 오직 에너지와
교통 운수업이 발전해야만 전체 국민 경제가 정상적으로 운행될 수 있는
것이다. 강철, 유색 금속, 기계 제조, 에너지, 교통 등 중공업이 발전해야
만 대대적으로 경공업을 발전시킬 수 있고 농업에 더 큰 힘을 줄 수
있다. 또 강대한 군사공업을 건립하여 국방력을 증강해야만 외부적 위협
에 대응할 수 있는 것이다. 그래서 중공업을 우선적으로 발전시키고
공업화를 빨리 완성하고 빈곤하고 낙후한 체제에서 벗어나는 것은 혁명
후 새 정권이 시급히 해결해야 할 역사적 과제가 되었다. 이는 또한
새 정권에 합법성을 가져다 줄 가장 주요한 물질적 기초이기도 하였다.

〈표 4-6〉 1949년 중국과 선진국의 주요 제품 일인당 평균량 비교

제품 이름	단위	평균 인구당 생산량				중국 대비 각국의 배수		
		중국	전소련	미국	영국	전소련	미국	영국
전력	킬로와트	7.9	219.5	1,144.6	514.9	27	141	63
원탄	킬로그램	83.0	761.0	3,498.0	4,938.0	9	41	58
생철	킬로그램	1.7*	84.4	244.5	165.9	50	144	9
강	킬로그램	0.9	95.3	376.3	255.2	106	418	281
면직물	킬로그램	7.34*	20.28	61.42	70.38	2.8	8.4	9.6

* 주: 개체 수공업의 생산량도 포함
* 자료출처: 〈우리나라의 국민경제건설과 인민 생활〉, 베이징 : 통계출판사, 1958:6.

사회주의 개혁의 완성은 개혁 진행의 도래를 의미한다. 여기서 개혁이란 사회 발전의 핵심 주제와 핵심 임무의 변화를 의미한다. 이때부터 공업화는 더욱 특별하고 중요한 위치에 놓여진다. 합작화 운동의 업그레이드는 개혁의 진전과 협동이고 심지어 개혁의 임무를 실현하게 하는 초석이 된다(邢成舉, 2012:31-32). 정당의 역할 변화도 개혁의 시작을 의미했다. 즉 혁명형 국가가 발전형 국가로 전면적 변화를 실현하는 것이다. 소농경제와 소농장 국가들이 보편적으로 공업화와 도시화를 추구했다는 전제하에 국가는 공업화와 관련된 제도적 배치를 통해 국가의 생존과 발전 유지를 반드시 고려해야 하며 또한 이러한 제도적 환경은 국가가 토지제도에 대한 선택에 있어 중요한 영향을 미친다(李行·溫鐵軍, 2009:38-41). 국가의 공업화를 실현하는 것은 나라의 독립, 부강(富强)에 당연한 요구이며 필수 조건이고 또한 백년 이래 중국 인민의 숙원이기도 하였다.

구중국의 농업 잉여는 단지 아주 적은 일부분만이 근대 공업화의 축적에 사용되고 있었다. 혁명이 성공한 나라를 보면 사회 기본 질서를 재건한 후 새 정권이 더욱 많은 농업 잉여를 공업화로의 축적으로 전환할 수 있었다. 하지만 이 문제를 해결하려면 국가는 우선 더욱 큰 한도의 농업 잉여를 수중에 집중시켜야 한다. 즉, 혁명 후 국가는 원래의 지주를 대신하여 토지세를 통제하고 이용할 뿐만 아니라 반드시 농민에게 잉여권 즉 생산권을 박탈하지 않으면 안 되었다. 또 생산권을 박탈하는 데 있어서 가장 좋고 또 비용을 줄이는 좋은 방법이 바로 농민의 소유제를 개조하고 정사합일의 인민공사 제도를 건립하는 것이었다. 인민공사, 당이 정치하고 공사가 정치를 대신하는 것과 같이 당과 행정 조직의 직능으로 경제 조직을 대신하는 것은 인민공사가 더는 독립 자주의 경제 실체가 아니라 각급 행정 기구의 부속물이 되는 것을 의미한다. 이것은 국가가 불평등 교환의 형식으로 농업 영역에서 생산된 농산품을 저가로 구매하는 데에 유리하며 농업 잉여를 순조롭게 공업 영역으로 전의하는 데도 유리해진다. 행정 기구의 부속물로서 인민공사는 생산 과정에서 행정 기구의 각종 지시에 따르며 자신의 이익과 자신의 정황에 의해 농업 생산을 관리할 수 없었다. 특히 국가는 명령성 계획의 형식으로 인민공사에 생산계획을 내릴 수 있고 생산대의 조직사원은 집단노동의 형식으로 이를 통일적으로 실시해야 한다. 이는 행정수단에 이용되어 행정기구 관리가 편리하다. 행정 기구는 인민공사를 통해 농업 생산에 대한 직접 지도와 공제를 강화하고 불평등한 형식으로 농업에서 잉여물을 가져간 후 가격통제가 불리한 상황에서도 농민이 여전히 농산품의 생산에 투입되어 농업 잉여를 창조하고 농업의 정상적이고 간단한 재생산도 유지할 수 있다. 반면, 인민공사는 사실상 국가와 농민 사이에 이익 완충체를 형성한 것이다. 인민공사는 국가와 농민 사이에서 이익 충돌이 생겼을 때 완충 작용을 하며 또 정부가 자신의 의도를 관철하고 생산과 수거계획을 진행하는 데에도 편리하다. 인민공사의 미시적 경제 조직은 생산대, 생산대대를 기본계산단위로 하기 때문에 제품 수익이 생산 정책과 판매 정책에 대한 영향은 예전의 농호에 대한 영향보다 작아져 자신의 이익이 어느 정도로 손해를 봤더라도 생산 정책과 판매 정책에 비교적 큰 정도로 행정의 공제를 받는 것이 가능해졌다. 이렇게 되면 국가와 농민 사이의 갈등관계를 약화시켜 국가로 하여금 비교적 쉽게 농촌자원을 획득할 수 있게 하였다. 국가의 공업화 실현이라는 전략적 목표달성이 바로 인민공사가 출현하게 된 경제 근원이었다(李海玉, 2007:45-46).

농업합작화와 사회주의 공업화의 관계에 대하여 중국 공산당의 최고 지도자들은 명확한 인식을 갖고 있었다. 즉 중국의 상품 양식과 공업 원료의 생산 수준은 아직 미미하지만 국가의 물자에 대한 수요는 해마다 증가하고 있으며 이는 또한 첨예한 모순점이라는 것이다. 만약 우리가 3개 5년 계획 시기 내에 기본적으로 농업 합작화의 문제를 해결하지 않으면 우리의 사회주의 공업화 사업은 극도의 어려움에 직면하게 될 것이며 또한 사회주의 공업화를 실현하지 못할 것이다(毛澤東, 1977:257-258). 일찍이 1943년 마오쩌둥은 〈조직하자〉에서도 '농민 군중 측면으로 보면 수천 년 이래 계속 개체 경제이고 한 가구가 바로 하나의 생산 단위였다. 이러한 분산된 개체 생산이 바로 봉건 통치의 경제적 기초여서 농민들은 영원한 빈곤에 빠진 것이다. 이러한 상황을 극복하는 유일한 방법이 바로 점진적 집단화를 실시하는 것이다. 또 집단화를 달성시키는 유일한 방법이 바로 레닌이 말한 바와 같이 합작사를 거치는 것이다.'라고 말했다(毛澤東, 1991a). 그 당시 당과 국가의 지도자는 모두 농업 잉여를 얻는 것을 자본 축적의 주요 방법으로 생각했다. 마오쩌둥은 "국가의 공업화와 농업 기술의 개조에는 대량의 자금이 필요하며 그 중 아주 상당한 부분은 농업에서 축적되는 것이다. 이는 직접적인 농업세 이외에 농민이 필요로 하는 대량의 생활필수품을 제공하는 경공업의 생산을 발전시키는 것이다. 이런 재화를 가지고 농민의 상품 양식(商品糧食)과 경공업 원료와 교환하면 농민과 국가 쌍방의 물자 수요를 만족시킬 뿐만 아니라 국가를 위해 자금도 축적 할 수 있다."라고 했다(柳隨年, 1985:432). 천윈도 "중국은 농업국이고 공업화의 투자는 농업으로부터 착수하지 않으면 안 된다. 공업을 하려면 투자를 해야 하고 반드시 자금이 있어야 한다. 농업을 통하지 않으면 자금은 생기지 않는다."라고 했다(陳雲, 1995:97). 그래서 농업 잉여를 얻는 것은 중국 공업화 초기 자본을 축적하는 주요한 형식으로 되었다(李海玉, 2007:46). 일부 학자는 합작화 이래 토지 제도의 변화

방향을 토지 국유제의 부단한 강화라고 귀결하고 이것은 또한 일정한 이유가 있다는 것이다. 합작화 이래, 농촌 토지 집단 소유제를 건립하는 것은 표상일 뿐이고 국가 소유제를 부단히 강화하는 것이야말로 주요 목적이었다. 이를 통한 목적은 국가 자본주의 공업화를 완성하려는데 있다.

농촌이 합작 경제를 발전시키는 것은 주로 농업 소작료를 공업 자본으로 전환하는 동시에 공상업 자본에 대한 사회주의 개조를 실현하는 것이다(李昌平, 2007:41-47). 이와 같은 개조는 토지 원가 및 그 생산 원가가 공업 제품에 비해서 낮다는 것을 의미한다. 비록 중국은 근대 자본주의 공업 혁명의 길에 따라 공업화 건설을 진행하지 않았지만, 토지 사적 소유에 대하여 부정하는 제도를 취했다. 합작화 시기 토지 제도변화의 중간단계, 즉 초급합작화 단계의 토지제도를 고급합작화 토지제도 형성의 과도단계로 볼 수 있다. 초급합작화에서 고급합작화로 이르는 발전은 집단 소유제의 본질적 확립이다. 이것을 하는데 정부가 작용한 것은 명확했다(邢成擧, 2012:31). 중앙은 집단화를 향하는 길에는 선진과 낙후, 저급과 고급의 차이가 있다고 인정한다. 그러면 중국의 강압적 정치 체제하에서 지방 각급 관원은 자연스럽게 선진으로 되기 위해 노력할 것이다. 이러한 상황은 마오쩌둥이 형세에 대한 판단에도 영향을 미쳤다. 당시 지방 간부 심지어 국민들의 열정과 최고수령의 강렬한 정치적 기대는 사실상 서로 영향을 끼치고 서로 선동하여 공동으로 이상주의(공산주의)로 향하는 한 줄의 거대한 힘을 구성했다고도 볼 수 있다(吳毅·吳帆, 2010:49-72).

농업 합작화는 농민의 자원을 바탕으로 완성된 것이 아니다. 토지 개혁과 합작화, 인민 공사 토지 제도의 강제적 제도변화는 제도 공급 방식 등 모두 정치 지지의 최대화와 사회 산출의 최대화를 실현하기 위한 것이며 본질적 구별은 없다. 마오쩌둥의 관점에 의하면 합작화 운동은 자본주의와 사회주의의 투쟁이며 농촌은 양자 투쟁의 전장이고 따라서 혁명도 반드시 끊임없이 심화되어야 한다는 것이다. 농촌의 토지를 사회주의가 점령하지 않으면 자본주의가 반드시 점령할 것이다. 설마 자본주의의 길도 걷지 않고 사회주의의 길도 걷지 않는다고 할 수 있는가? 중국이 자본주의를 하지 않는다는 것은 이미 정해진 것이다. 만약 이제와서 사회주의도 하지 않는다면 양쪽을 모두 잃을 것이다(毛澤東, 1999). 마오쩌둥은 또 "정치사업은 모든 사업의 생명선이다. 사회 제도가 근본적 변혁이 발생할 때일수록 그렇다. 농업합작화 운동은 시작부터 일종의 엄중한 사상과 정치의 투쟁이다."라고 했다(毛澤東, 1977:182-183). 이러한 사상과 정치 투쟁은 당내뿐만 아니라 정부와 농민사이, 공업 건설과 농업 건설 사이의 것이기도 하다. 원인은 토지 개혁을 마무리한 후 중국 공산당이 농민의 두 가지 속성 즉 혁명성과 맹목성, 자발성의 전환과 교체에 대해 주목했기 때문이다. 혁명후기 농민의 자발성, 자사성과 맹목성의 특징은 농업 잉여를 얻어서 공업구조를 발전시키기 위한 것이 분명했다. 합작화 운동의 시작은 농업을 개조하는 것일 뿐만 아니라 농민에 대한 개조이기도 하다. 이러한 측면으로 볼 때 우리는 단순히 경제학의 시점으로부터 출발하여 합작화 운동의 경제적 산출과 원가수익만을 이해해서는 안 된다. 운동 자체로 보면 합작화는 본래 경제 목표 최대화를 추구하는 것이 아니라 정치의 목표 최대화하기 위한 것이었다. 합작화는 혁명 연대 계급주체들의 단련된 일종의 연속과 보존이라 할 수 있다(邢成擧, 2012:32).

3) 사회적 환경

(1) 인구

① 1953-1978년 인구변화 상황

가. 1953-1958년은 신중국 설립 후 경제건설과 각 방면 발전이 비교적 빠른 시기이다.

첫 5년계획은 1957년까지 순조롭게 완성되어 공업과 농업의 총생산 치의 연평균증가속도는 18%와 4.5%에 달했다. 이 계획은 도시 직원의 수입을 높이고 노동보험과 의보제도를 실시하는 것이었다. 농촌토지 개혁 후에 생산성은 급속히 발전되었다. 전체적으로 보면 도시와 농민 들의 물질문화 생활수준과 건강수준은 전반적으로 일정한 수준 이상 향상되었다. 따라서 이 시기의 인구 증가는 무척 빨라서 중국 인구발 전 역사에서 중요한 위치를 차지했다. 전국 인구는 1953년의 58,796 만 명에서 1958년의 65,994만 명으로 증가했다. 6년 동안 인구는 7,198만 명을 증가해서 매년 평균 1,200만 명이 증가했다. 이것은 신 중국 설립 후 출생과 인구증가율이 처음으로 최고치에 도달했다. 이 시기의 인구 출생의 특징은 인구출생률이 높고 인구의 사망률이 이전 보다 급속히 줄어들었다는 것이다. 앞선 5년의 출생률이 30%이상이고 사망률은 1958년까지 11%로 줄어들었고 인구의 자연증가율은 앞선 5 년에 20%를 초과했지만 1958년에만 비로소 17%로 줄어들었다.

나. 1959-1973년은 인구발전 변화가 가장 큰 시기다.

이 시기에 전국인구는 65,994만에서 89,211만으로 35.2%가 증가했 는데 매년 평균 2.2% 증가한 꼴이었다. 1958년에 중국 인구는 이미 고출생률, 중사망률에서 중출생률, 저사망률로 전환하기 시작했다.

〈표 4-7〉 1953-1958년 전국 인구 증가상황

연도	인구 수 (만명)	연간인구 증가량 (만명)	연간인구 증가율 (%)	인구와 1949년 대비 증가율(%)
1953	58,796	1,314	2.29	8.55
1954	60,266	1,470	2.50	11.13
1955	61,465	1,199	1.99	13.47
1956	62,828	1,363	2.22	15.99
1957	64,653	1,825	2.90	19.36
1958	65,994	1,341	2.07	21.83

* 자료출처: 〈중국통계연감〉(1986).

그러나 3년의 궁핍한 시기와 10년 간의 '문화대혁명' 대동란(大動亂) 때문에 중국인구발전은 이상상태를 나타냈다. 이 시기는 다시 3단계로 나눌 수 있다.

a. 1959-1961년: 1958년 이후 "대약진 운동"과 "반우경(反右傾)"의 잘못과 자연재해 등 여러 원인 때문에 국민경제는 1959-1961년에 심각한 빈곤 상태에 처했고 인구발전은 큰 변화를 나타냈다. 3년 동안 식량수확이 매우 좋지 않아서 국민의 발병률과 사망률은 몇 년 전보다 대폭 증가했다. 사망률은 신중국 설립 후 최고의 수준으로 상승해서 전국인구 사망률은 1960년이 25.43%이고 농촌지역은 28.58%이다. 통계에 의하면 전국에서 인구 사망률이 20%를 초과한 것은 675현(縣)에 달했고 그 가운데 40현의 인구 사망률은 100%였다. 생활궁핍과 영양부족 때문에 많은 여성은 부인병에 걸려서 출산율이 대폭 줄어들어 인구의 결손현상이 나타났다.

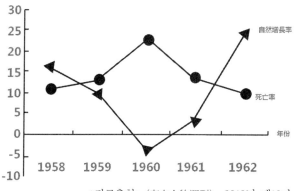

*자료출처: 〈南方人物週刊〉, 2012년 제16기.

[그림 4-2] 1958-1962년 인구 변화도

〈표 4-8〉 1959-1961년 총인구의 변화

연 도	총인구 (만명)	총인구 증가 수 (만명)	자연 증가 수 (만명)
1958년	65,994	–	–
1959년	67,207	+1,213	+677
1960년	66,207	-1,000	-304
1961년	64,508	-348	+249
합계	–	-135	+622

* 자료출처: 〈중국통계연감〉(1986).

　3년의 누계는 총인구가 감소한 135만 명과 자연변동이 증가한 622
만 명으로 계산하면 차이가 757만 명이다. 1964년의 인구조사의 결과
로 보면 3년의 궁핍시기에 이 두 수에 약간의 문제가 있다. 1964년 조
사 자료로 계산하면 1962-1964년의 3년 동안 총인구의 증가수와 자연
변동 수가 일치하지 않은 원인은 주요 1961년 이전의 통계가 정확하지
않았기 때문이다. 1964년의 조사자료로 다시 계산하면 1961년의 인구
는 64,508만인데 이는 원래 통계수량보다 1,486만이 감소한 것이다.

1959년부터 1961년까지 3년 동안 중국인구출생률은 대폭 저하되었고 사망률은 대폭 상승해서 자연인구 성장률이 심지어 마이너스 성장을 보였다. 1958년 전국의 출생률은 29.22%, 1959년은 24.78%, 1960년은 20.86%, 1961년은 18.02%로 몇 년 동안 계속 하락했다. 그러나 사망률은 반대로 1958년은 11.98%, 1959년은 14.59%, 1960년에 25.43%, 1961년 경제가 조정 후 조금 달라져서 14.24%, 1958년 중국 인구 자연성장률은 17.24%, 1959년은 10.19%, 1960년은 -4.57%로 하락했고, 1961년에 나아져 3.78%가 되었다. 3년 동안의 고난 때문에 비정상적 사망이 1,000여 만 명부터 4,000만 명까지 정확한 추산을 할 수 없을 정도다. 구체적 숫자는 아직 통일되지 않았지만 최근 몇 년 동안 비정상적 사망이 상당수 나타났다는 것은 공통적인 의견이다 (羅漢平, 2003: 103-104).

b. 1962-1967년: 1962년부터 경제상황의 호전으로 국민생활도 개선되고 인구발전도 상승하기 시작했다. 1962년 상반기에 전국에서 출생한 1,061만 인구는 1961년 상반기보다 458만이 많았다. 반년 동안의 출생률은 1961년 상반년의 9.16%에서 16.2%로 상승해서 1957년 상반기의 17.02%의 수준에 가까워졌다. 반년 동안의 자연증가 인구 수량은 657만이고 반년 동안의 증가율은 1.0%이어서 1957년 상반기 1.16%의 수준에 가까워졌다. 1962년 하반기 인구증가는 상반기보다 더 급격해서 1963년에는 전면적으로 증가되었다. 1963년 전국의 출생인구는 2,954만 명이어서 출생률은 43.4%에 이르고 자연증가인구는 2,270만 명으로 자연증가율은 33.3%이다. 출산인구수나 자연 증가인수, 또는 출산율이나 자연증가율로 보면 모두 다 신중국 설립 이후 에 가장 높은 수치이다. 1964년 전국 총인구는 7억 명을 돌파했고 1967년까지 총인구는 76,368만 명에 이르렀다.

1964-1967년 동안 인구증가율은 여전히 비교적 높았다. 1964년의 인구조사에 의하면 전국인구는 벌써 69,458만에 이르렀고 거의 7억 명에 가까워졌다. 1967년에 인구의 출산율은 비록 줄어들었지만 인구의 사망률은 빨리 줄어들어 자연증가율은 몇 년 전보다 내렸다. 그러나 여전히 비교적 높은 수준으로 유지하고 있었다.

1962-1967년 6년 동안 출산인구는 15,987만 명이고 연평균출생률은 37.8%으로 총인구는 10,509만 명 증가했다. 연평균 증가율은 2.5%로 신중국 설립 후에 인구증가 중에서 가장 빠른 시기였다.

〈표 4-9〉 1958-1961년 인구의 변화 상황

항목 시간	출생률(%)	사망률(%)	인구의 자연 증가 비율 (%)
1958년	29.22	11.98	17.24
1959년	24.78	14.59	10.19
1960년	20.86	25.43	-4.57
1961년	18.02	14.24	3.78

* 이 표는 위의 데이터에 의해 작성함.

〈표 4-10〉 1962-1967년 인구 자연 변동 상황(단위 : 만명)

연도	인구수	출 생		자연 증가 수		자연증가	
		인수	%	인수	%	인수	%
1962年	67,295	2,460	37.01	666	10.02	1,794	26.99
1963年	69,172	2,954	43.37	684	10.04	2,270	33.33
1964年	70,499	2,729	39.14	802	11.50	1,927	27.64
1965年	72,538	2,704	37.88	678	9.50	2,026	28.38
1966年	74,542	2,577	35.05	649	8.83	1,928	26.22
1967年	76,368	2,563	33.96	636	8.43	1,927	25.53

* 자료출처: 〈중국통계연감〉(1986).

c. 1968-1973년: 이 시기에 주요 문제는 많은 지역에서 가족계획기
구가 마비되어서 출산에 관해 무정부주의가 널리 유행했다. 이것은 보
상적 반발 심리에 근거한 것으로 당시 출생과 인구는 증가의 최고치에
도달했다.

1968-1973년의 6년 동안 매년 출산인수는 거의 2500만이상이고 자
연 증가인수도 2000만 이상이나 2000만에 가까워졌다. 6년 동안의 연
평균 출생률은 31.94%인데 1962-1967년 평균 출산율과 비슷하다. 6
년 동안 평균 자연증가율은 24.28%이고 비율은 비록 앞선 6년보다 낮
았지만 증가인수는 앞선 6년을 초과했다.

〈표 4-11〉 1968-1973년 인구 자연 변동 상황 (만명)

연도	인구수	출생		자연 증가 수		자연증가	
		인수	%	인수	%	인수	%
1968년	78,534	2,757	35.59	636	8.21	2,121	27.38
1969년	80,671	2,715	34.11	639	8.03	2,076	26.08
1970년	82,992	2,736	33.43	622	7.60	2,114	25.83
1971년	85,229	2,567	30.65	613	7.32	1,954	23.33
1972년	87,177	2,566	29.77	656	7.61	1,910	22.16
1973년	89,211	2,463	27.93	621	7.04	1,842	20.89

* 자료출처: 〈중국통계연감〉(1986).

1962년부터 12년 연속으로 인구가 계속 증가해서 출산인구 누계가
31,791만 명이 되었다. 인구는 23,352만 명(자연증가인수로 계산하면
23,889만 명이다)이 증가했다. 이 12년 동안 중국경제발전은 비정상적
으로 배회와 정지를 하던 시기다. 이렇게 인구가 신속히 증가하고 경
제가 지지 부진한 바람에 80년대까지 심각한 인구문제의 영향을 받게
되었다(許滌新, 1988:12).

다. 제3시기는 1974년 이후 인구발전 속도가 신속히 줄어든 시기다.

1970년부터 전국에 가족계획 작업을 대대적으로 실시했다. 1973년에 국무원은 〈가족계획의 효과적인 집행에 대한 보고〉를 발표하고 그해부터 인구발전을 국민경제계획에 넣기 시작했다. 1975년까지 총인구증가율은 1.7%이고 앞선 단계보다 많이 줄어들었다.

신중국 설립 후 인구발전의 역사를 종합하면 첫 5년 계획 시기에 제1차 인구출생과 증가가 최고기에 달해 중국 공산당 중앙 위원회가 즉시 산아제한정책을 제의했고 대도시에서 시험적으로 시작했지만 오래되지 않아서 다시 정체되었다. 3년 궁핍시기에 인구증가는 한동안 그쳐 인구 결손 현상이 생겼지만 1962년 하반기부터 인구는 다시 증가해 1963년에 인구출생률과 증가율의 최고점에 이르렀다. 몇 년간 인구의 출생률과 증가율은 모두 다 매우 높은 수준을 유지하고 있었다. 이것은 '보상적'인 출생률과 증가율이다. 10년의 대동란 후에 무정부주의가 널리 성행해서 인구발전의 역사에서 다시 한 번 출생과 증가의 최고기를 맞게 되었다. 12년 동안 인구는 계속 증가했지만 1958년부터 경제발전은 큰 변화와 어려움을 겪어 생활물자 공급부족, 노동력과잉, 취직곤란 등 일련의 인구문제를 일으켰다.

〈표 4-12〉 1974-1985년 인구 증가 상황

연도	총인구 (만명)	총인구 증가량 (만명)	연 증가 비율 (%)
1973년	89,211	−	−
1974년	90,859	1,648	1.85
1975년	92,420	1,561	1.72
1976년	93,717	1,297	1.40
1977년	94,974	1,257	1.34
1978년	96,259	1,285	1.35

* 자료출처: 〈중국통계연감〉(1986).

② 인구변화로 파생된 인구정책

가. 가족계획정책

생산 자료의 사회주의 공유제 덕분에 물질생산의 계획화를 이룰 수 있을 뿐만 아니라 인구생산의 계획화도 실시할 수 있었다(許滌新, 1988: 서론11, 3-14). 중국인구발전은 대략 두 단계로 나뉜다. 하나는 1950, 1960년대의 지속적인 증가단계로 인구연평균 증가속도가 2.21%와 2.22%이다. 다른 하나는 1970년대 초기 가족계획을 실시해서 인구증가속도가 둔화되기 시작했다(劉岳·沈益民·奚國金, 1991:43).

1953년에 실시한 첫 번째 인구조사 결과 큰 폭의 인구증가는 전국의 관심을 받게 되었다. 중공 중앙은 1954년부터 산아제한을 제의하고 조치를 세워서 먼저 대도시에서 시험적으로 실시했다(許滌新, 1988:8). 첫 5년 계획기간에 비록 산아제한 문제를 고려한 적이 있었는데 1958년의 '좌파' 사상의 영향으로 첫 5년 계획기간에 제의한 산아제한 주장은 전국에 널리 보급되지 못했다. 3년 궁핍시기 이후에 다시 인구증가의 절정기가 나타났다. 빠른 속도의 인구 증가는 다시 국가의 관심대상이었다. 1962년에 중공 중앙, 국무원은 〈가족계획 제창에 관한 지시〉를 발표했고 도시와 인구가 조밀한 농촌에서 산아제한을 제창하고 인구 자연증가율을 적절하게 규제해서 출생제한문제를 무계획 상태에서 점차 계획적인 상태로 전환한다고 더 한층 명확히 규정했다. 1964년에 국무원 및 일부분 성, 구, 직할시는 가족계획 사무실을 설치해서 인구규제 작업을 준비했지만, 1966년의 문화대혁명은 인구생산을 다시 무정부 상태로 밀어 넣어 여러 차례 반복된 가족계획 실시는 심각하게 타격을 받고 10년 동안 인구에 대한 통제력을 잃게 되었다. 1966-1972년 연평균출생률은 33.22%에 이르고 연평균사망률은 8.00%이고 연평균자연증가율은 25.22%에 달했다(劉岳·沈益民·奚國金, 1991:42).

1970년 이후 특히 중국 공산당 제11회 제3차 전국대표대회 이래로 인구와 국민경제의 문제를 매우 중시했기 때문에 인구증가가 사회경제발전과 반드시 서로 조화롭게 되어야 한다는 사상을 명확히 해서 인구수, 인구자질향상의 정책과 조치 규제 방침을 세우고 계속 관철하고 집행한다고 했고 가족계획을 기본국가정책으로 삼았다(許滌新, 1988: 서론10). 1973년에 중국정부는 60년대 이래 인구가 계속 맹목적으로 증가하고 이로 인해 너무 큰 압력을 받아 국무원은 〈가족계획의 효과적인 집행에 대한 보고〉를 발표하고 인구발전을 국민경제계획에 넣기 시작했다. 이것은 국가가 공식적으로 인구재생산에 대한 규제를 하는 것이었다. 1976년에 10년의 '문화대혁명'이 끝나자 가족계획, 인구증가를 규제하는 작업을 더욱 중시하고 강화했다(劉岳·沈益民·奚國金, 1991:42). 1978년에 중국 공산당 중앙정부는 〈국무원가족계획지도위원회의 제1차 회의에 관한 보고〉를 발표했다. 제5회 인민대표대회 2차 회의는 반드시 실행 가능한 방법을 해야 하고 아이 한 명만 낳은 부부를 표창한다고 제의했다(中國社會科學院人口研究所, 1986:25). 1980년대 들어 가족계획, 인구증가의 규제는 가정마다, 사람마다 다 알고 있는 기본 국가 정책이 되었다(劉岳·沈益民·奚國金, 1991:42).

가족계획정책의 시행에 따라 중국은 1970년대 초반부터 1980년대 중반까지 약 2억 명의 신생아 출산을 억제하였다(許滌新, 1988: 서론12). 1973년부터 1987년까지 연평균 출생률은 20.44%로 줄었고 연평균 사망률은 6.75%로 감소했으며 연평균 인구 자연성장률은 13.68%로 줄었다. 또 총인구는 1973년의 89,211만 명에서 1987년의 107,240만 명으로 증가해서 연평균 1,288만 명이 순증가하였다. 이 시기에 순증가한 인구수는 과거 각 시기(1959–1961년 마이너스 성장 시기 제외)보다 훨씬 적었다. 요컨대 1973년에서 1980년까지 인구 출생률, 사망률과 자연성장률이 해마다 모두 점점 줄어들었다(劉岳·沈益民·奚國金, 1991:43).

중국은 1970년대부터 인구 억제에 대해 상당한 효과를 거두었지만 지나친 인구수와 커다란 인구 관성 작용 때문에 인구수는 계속 증가할 것이다. 1981년 전국인구수가 10억 명을 초과하였고 세계 인구의 1/5을 차지하였다. 방대한 인구는 중국 사회에서 식량, 에너지, 교육, 주택, 취직 등 전면적 부족을 초래하였다. 수많은 인구 때문에 자원에 대한 거대한 수요를 가져오면서 환경을 파괴해서 인구, 자원, 환경사이의 관계를 취약하게 만들었다. 그러므로 인구증가의 억제는 중국의 장기적이고 힘든 임무가 되었다(〈中國土地資源生産能力及人口承載量硏究〉課題組, 1992:13-93).

나. 인구 이동정책

1949년에 중국 내전이 완전히 끝남에 따라 인구출생률은 크게 제고되었다. 인구 증가의 한 특징은 도시와 농촌 사이의 격차였다. 1949년에 중국 도시인구는 약 5,765만 명이었고 농촌인구수는 48,402만 명에 달해서 각각 총인구의 10.64%와 89.36%를 차지하였다. 건국 30년 동안 도시인구가 차지한 비율이 계속 늘어나서 1987년까지 총인구의 46.72%, 농촌인구는 53.28%를 차지하였다.

〈표 4-13〉 1949-1982년 도시와 농촌의 인구 대비

연도	도시인구 (만명)	총인구에서 차지한 비중(%)	농촌인구 (만명)	총인구에서 차지한 비중(%)
1949년	5,765	10.64	48,402	89.36
1953년	7,826	13.31	50,970	86.69
1964년	12,950	18.37	57,549	79.92
1982년	21,156	20.08	80,385	76.46

* 자료출처: 〈중국인구통계연감〉, 1989년, p.152.

신중국이 건립된 후 인구의 지나친 팽창이 사회와 경제발전에 대한
미치는 영향은 상당히 긴 시기 동안 충분하게 중시되지 못했고 제때에
적절한 조치를 취하지 못해서 일련의 인구문제를 초래하였다. 예를 들
면 소비자원 성장은 인구 총체의 수요를 만족시키지 못하고 생산자원
성장은 노동인구가 취직하려는 수요에 맞지 않았으며 주택, 교통, 공
공사업과 문화, 교육, 위생사업 등은 도시와 농촌사람들의 날로 성장
하고 있는 다양한 수요를 만족시키지 못했다(許滌新, 1988:수론3). 결국
은 1962년 이후 정부가 도시인구 취직문제를 해결하기 위해 기관의 간
부를 정선하여 도시 사람들과 젊은 지식청년들을 동원해서 농촌으로
보내는 "상산하향(上山下鄕)"운동을 전개하였다. 1962년부터 1979년까
지 농촌으로 보낸 도시인구는 2,000만 명을 초과했는데 그중에서 지
식청년은 85% 이상을 차지했다.

〈표 4-14〉 농촌으로 보낸 중국도시청년의 수(단위 : 만명)

시기	1962-1966	1967-1968	1969-1970	1971-1973	1974-1976	1977-1979	1962-1979
인구	129.28	199.68	373.78	231.83	597.37	244.54	1776.48

* 자료출처: 〈중국노동임금통계자료, 1949-1985년〉, 중국통계출판사, 1987판. p.110.

이번 인구이동은 대체로 다음과 같이 두 단계로 나눈다.

첫째, 인구대이동(1958-1962년)-대약진 운동과 3년간의 일시적 고난기

1949년부터 1957년까지 중국은 3년 동안 국민경제의 회복과 5년 동
안의 경제발전을 통해 국가의 경제실력은 크게 제고되었다. 냉전시기
에 "두 진영"을 배경으로 어떻게 빨리 경제를 발전시켜서 자본주의세

계와 경쟁하면서 중국만의 독특한 발전모형을 만드는가 하는 것은 지도자가 당면한 중대 현안이었다. 당시 중국 공산당은 경제는 법칙에 따라 발전되어야 한다는 것을 인식하지 못했기 때문에 1958년부터 객관적인 조건을 무시하고 서둘러 선진국을 따라잡겠다는 '좌파' 지도사상의 영향을 받아 농촌에서 인민공사제를 강력하게 추진하였고 도시와 농촌 곳곳에서 공업을 증대시키면서 강철을 대규모로 생산하며 대량의 농민들이 광공업 기업에 취업하도록 해 도시인구가 극도로 팽창되었다. 1958년 일 년 동안 전국민 소유제 기관의 직원수는 4,532만 명으로 급증해 1957년보다 2,000여 만 명이나 증가하였다. 도시인구는 1957년의 9,949만 명에서 1960년의 1.3억 여 명으로 급증해서 3년 동안 3124만 명 증가하였다. 같은 시기에 증가한 인구 중에서 약 90%가 다른 곳으로 옮겨 들어간 것이었고 2,000만 명은 농촌으로부터 나온 것이었는데 이런 인구이동은 1958년에 집중되었다.

이렇게 경제법칙을 위반한 실천은 실패만 가져올 뿐이었다. 그 후 3년의 자연재해 때문에 식량 생산량이 대폭 감소해서 농산물 공급이 부족하고 공업경제 수익도 줄어들었기 때문에 국가가 상품 식량을 소비하는 방대한 도시인구를 책임질 수 없게 되었다. 어려운 경제 하에 국가는 부득이하게 1960년 말부터 1958년 이후 새로 고용한 직원 중의 농촌인구를 대량으로 농촌으로 다시 보내기 시작했다. 1962년 전까지 나라에서 농촌으로 보낸 도시인구는 2,600여 만 명에 달했는데 그 중에서 직원들은 2,000여 만 명이고 간부들은 100여 만 명에 달했다. 그중에서도 성 사이 이동 인구도 있었다. 예를 들면 산시성(陝西省)에서 1961년부터 1962년까지 기구를 감소하고 간부들을 농촌으로 보내서 30만-40만 명의 도시인구 규모를 감소시켰고, 시안시(西安市)에서만 1961년에 전출한 인구수는 15만 명 정도였고 1962년에 다시 13.5만

명이나 옮겨가서 2년 동안 전출한 총인구수는 28.5만에 달했다. 톈진시(天津市)에서 1961년부터 1965년까지 고향으로 보낸 직원은 21.5만 명 정도였고 4/5가 농촌으로 전출되었다. 1962년은 간부와 직원들을 줄이고 지방으로 보낸 인구수가 가장 많은 해로 인구수는 10.2만 명이었다. 상하이시에서 1961년부터 1962년까지 농촌으로 내려간 간부와 직원들은 13.6만 명이었다. 당시의 말대로 "농업 전선의 노동력을 강화한다." 도시사람들을 동원해서 농촌으로 내려 보낸 인구수도 상당하였다. 베이징시에서 1958년부터 1960년까지 도시가 농촌을 지원하고 공업이 농업을 지원하기 위해 농촌으로 내려 보낸 인구수는 70.2만 명 정도였다. 이것은 중국 인구이동에서 첫 번째의 역전이었다.

둘째, 인구대이동(1968-1980년)-지식청년 상산하향(上山下鄉)운동

건국 후 공산당과 정부는 지식청년들을 동원해서 농촌으로 들어가게 하고 공업과 농업을 결합시키는 길을 선택하였는데 규모가 작고 진행방식이 점진적이어서 사회와 도시사람들에 대해 큰 영향을 주지 못하였다. 1960년대 중반에 들어 도시에서 새로 생긴 일자리에 대한 투자는 모두 중앙과 지방 재정으로부터 받았기 때문에 당시 각급정부가 어쩔 수 없이 지식청년을 동원해 농촌으로 보내 도시의 심각한 문제를 피하는 것은 하나의 유행이 되었다(張宇燕·盛洪, 2004: 251).

지식청년이 참가하는 상산하향운동은 1968년 12월 11일에 마오쩌둥의 최신 지시(〈인민일보〉동년 12월 22일에 발표함)에 따라 전환되었다. "지식청년들이 농촌으로 들어가 중하층 빈농의 재교육을 받을 필요가 있다. 도시의 간부들도 초, 중고등, 대학을 졸업한 그들의 자녀들도 모두 하방(下放) 시키도록 동원하여야 한다. 각지의 농민들은 당연히 그들을 환영할 것이다."라고 하였다. 이러한 마오쩌둥의 지시에 따라

한 세대의 도시 젊은이들과 수많은 가정의 운명이 바꾸게 되었고 이는 농촌과 농민 생활에도 영향을 끼쳤다. 이 시기에 전국에서 총 1600여만 명의 지식청년들은 농촌과 변경으로 파견되었다. 상산하향운동의 고조는 1969-1971년에 나타났는데 3년 동안 573만 명의 지식청년들을 농촌으로 보냈다. "문학대혁명" 기간에 상산하향운동에 참여한 지식청년은 1700만 명에 달했다. 상하이시에서 1968년부터 1976년까지 9년 동안 상산하향운동을 경험했던 지식청년들이 60.16만 명에 달했다. 다른 성으로 전이된 상산하향운동의 고조는 1969년과 1970년에 나타났는데 도시에서 전출된 지식청년들은 48.06만 명에 달했다. 톈진시에서 1966년부터 1976년까지 11년 동안 다른 성으로 하향된 지식청년들이 34.9만 명에 이르렀다. 허베이성(河北省)에서 다른 성으로 하향된 지식청년은 12,377명에 달했다. 후난성(湖南省)에서 1968년부터 1977년까지 농촌으로 하방된 도시사람은 87645명이고 총 318,231명에 달했다(劉岳·沈益民·奚國金, 1991:66).

(2) 식량

1952년에 국가의 식량 매수계획이 완성되지 못해 계획된 판매량이 크게 초과되었기 때문에 많은 지역에서 식량사재기(搶購糧食)가 나타났다. 1953년부터 대규모의 경제 건설 때문에 상품식량에 대한 수요는 날로 증가했지만, 당시 식량 생산은 이를 따라오지 못했다. 1951년 식량생산량은 1949년보다 25.75% 증가하고 사상 최고치에 접근하였다. 1952년 식량생산량은 3,278억 근에 달하고 사상최고치보다 9.3%가 넘었으며 1949년보다 44.8%를 증가하였다. 그러나 1952년 전국 인구 1인당 식량보유량은 570근 밖에 없어서 상당히 낮은 수준일 뿐만 아니라 실수요에 맞지 않았다. 1952년 1월 15일에 천윈(陳云)이 중국 공산당 중앙 위원회에 제출한 〈1952년 재정과 경제업무의 방침과 임무에 관한 보고〉에서 식량을 매상하는 제안을 하였다. 천원은 그 보고서에서 "앞으로 몇 년 동안 우리나라의 식량은 충분하지 않을 것이고 도시인구가 해마다 증가하면서 정부가 예비식량(흉년에 대비하거나 필요한 대외무역을 위함)도 준비해야 하므로 식량을 매상하는 것이 필요하다."라고 설명하였다. 1952년 후반기부터 식량이 날로 부족해지면서 국가가 적게 구입하고 많이 판매하는 상황이 계속되어 식량수지의 적자가 커졌고 공급과 수요의 모순이 이슈화되었다. 식량문제를 해결하기 위해 국가가 식량생산을 대대적으로 증산시키는 것을 제외하고, 유통영역에 계획구매와 계획공급을 실행하기로 했는데 이것은 중대한 변환점이 되었다. 즉 식량의 자유무역이 정부독점으로 전환되었다는 것을 의미한다. 이것은 중요한 정치활동이자 매우 복잡한 경제업무였다.

① 일괄매매 정책의 실시, 경제건설과 국민생활 수요의 보증
(1953-1957년)

가. 이해득실, 식량의 일괄매매를 실행해야 한다.

식량 상황이 급박해서 식량문제를 해결하는 것은 당시 중국 공산당과 전 국민들의 시급하고 중대한 임무였다. 국가 정무원 부총리 겸 국가 재정과 경제위원회 주임인 천원은 식량문제에 대해 네 가지 관계를 처리해야 한다고 말했다. 즉 국가와 농민들 간의 관계, 국가와 소비자들 간의 관계, 국가와 상인들 간의 관계, 중앙과 지방 및 지방과 지방 사이의 관계를 포함했다. 앞의 두 가지는 처리하기가 힘들고 그 중에서 첫 번째 관계는 가장 어려운 문제이니 그 관계를 충분히 처리하면 다른 일은 모두 처리하기가 쉬워질 것이다라고 생각했다. 1953년 10월 10일부터 12일까지 정무원 재정과 경제위원회에서 열린 전국식량회의

에서 천원은 당시 식량문제를 해결할 수 있는 다양한 방안을 제출하였으며 징수와 배급의 방안을 강조하였다. 이른바 "징수하면서 배급함"이란 농촌에서 식량을 징수하고 도시에서 식량의 정액 식량을 배급 실행한다는 뜻이었다. 식량을 계획적으로 일괄 수매하여 일괄 판매하는 것을 일괄매매로 간략히 부른다. 그 후 중국 공산단 중앙 위원회는 1953년 10월 16일에 〈식량의 계획적인 수매와 공급 실시에 관한 결의〉(이하 〈결의〉)를 발표하고 중앙인민정부는 〈식량의 계획적인 수매와 공급 실시에 관한 명령〉(이하 〈명령〉)을 제정하였는데 그 해 11월 19일에 정부의 제194차 정무회의에서 통과되었고 11월 23일에 발표되었다. 12월 초에 전국적으로 실행하기 시작되었다.

농촌의 잉여식량 계획구매(일괄구매) 정책, 식량의 일괄매매 정책의 내용은 다음과 같다. 식량의 일괄매매 정책은 계획구매, 계획공급과 국가가 식량시장을 엄격히 통제하는 정책 및 중앙의 식량을 통일 관리하는 정책을 포함한다. 중공 중앙은 〈결의〉에서 "이상 네 가지의 정책은 서로 관련되고 하나라도 부족해선 안 된다. 계획구매만 하고 계획공급을 하지 않으면 시장 판매량을 장악할 수 없고 계획공급만 하고 계획구매를 하지 않으면 충족한 상품식량을 획득할 수 없다"라고 제출하였다. 요컨대 식량의 일괄매매에 관한 각종 정책은 서로 관련되어서 국가와 농민들, 소비자들, 그리고 민영상공업 사이의 관계 및 중앙과 지방 사이의 관계를 적절하게 처리하였다. 식량의 일괄구매에 대해 정무원 〈명령〉에서 "농사짓는 농민들이 국가가 규정한 식량 수매와 수매 가격, 그리고 계획구매의 배급수량에 따라 잉여식량을 국가에 판매해야 한다."라고 한다. 이 규칙에 따르면 국가가 농촌에서 잉여식량을 생산한 농가들을 대상으로 하고 식량 잉여 농가의 여유 식량을 구매하는 것이다. 이른바 식량 잉여 농가란 농사짓는 농민들이 온 가족의 식

량, 씨앗, 사료를 충분히 남겨두고 농업세를 낸 후 잉여식량이 있는
농가를 가리킨다. 일반적으로 식량잉여농가의 잉여식량 중에 80%-
90%를 일괄구매 하는 것이다. 식량의 일괄판매에 대해 정무원〈명령〉
에서 이렇게 규정하였다. 도시에서 기관, 단체, 학교, 기업 등에 있는
직원들을 조직하여 배급하며 일반 시민들에게 식량 구입표를 발급하
고 그 표를 가지거나 호적부를 가지면 식량을 구입할 수 있다고 하였
다. 국가로부터 도시와 농촌에서 식량공급 충분히 받을 수 있는 인구
수는 거의 2억 명에 달했는데 이는 당시 전국 인구수의 1/3을 초과하
였다.

중공 중앙의 〈결의〉에서 "식량 계획공급 중에서 식량의 품종을 조절
하는 것은 매우 중요한 작업이다. 주요 도시와 공업지대, 광구에 적당
한 쌀을 제공하는 것이 필요하다. 그러나 국가의 쌀 생산량이 부족하
므로 반드시 사람들을 교육시켜야 한다. 식량계획 공급은 국가의 통일
배치와 조합을 위해서다." 중국은 사회주의국가이므로 모든 사람이 모
두 밥을 먹을 수 있도록 해야 하고 또 건설 계획이 순조롭게 진행될
수 있도록 확보해야 한다. 식량의 생산능력이 낮고 생산 성장은 소비
성장보다 못한 경우에 식량의 소비에 대해 필요한 제한을 해야 한다.
이렇게 하지 않으면 계획적으로 각 방면의 수요를 만족시키지 못하고
식량 판매량을 합리적으로 통제하지 못해서 국가와 국민에 불리하게
된다.

**나. 국가는 식량시장 통제를 엄격히 하고 자유적인 식량 개별영업을
금지한다.**

일괄매매 정책은 실행하는 초기에 그리 엄격하지 않았지만 이후에
점점 엄격해졌다. 제11기 중국 공산당 중앙위원회 제3차 전체회의 이

후에 또 다시 느슨해졌다. 중국 식량의 구입과 판매 정책의 변화는 중국 식량생산량 즉, 전 국민 1인당 식량 보유량에 달려 있다. 일괄 구매한 가격과 품종은 중앙에서 맡고 통일된 결정이 되어야 한다.

국가가 일괄매매를 실시하고 식량 개별영업을 금지한다. 식량은 특수하고 중요한 생활 물자이므로 식량상업은 국가 경제와 국민 생활과 관련된 밀접한 사업이다. 중국인민정치협상회의의 공통강령 제28조에서 "국가 경제의 명맥과 관련되고 국가경제와 국민생활을 통제할 수 있는 사업은 모두 국가가 통일적으로 관리해야 한다."라고 규정되었다. 정무원이 〈명령〉에서 구체적으로 "식량경영과 식량가공에 관한 모든 국영이나 지방 국영, 민관 합작 경영이나 합작사경영의 양곡 판매점과 공장은 다 현지의 식량부문에 맡기고 모든 양곡 상인이나 개인의 식량경영을 금지한다."라고 규정되었다. 중공 중앙은 식량의 계획구매와 계획공급을 실행하기 위해 '통일관리와 통일 분매'란 식량 관리 제도를 실행하였다. 〈결의〉에서 "방침과 정책을 확정하는 것, 수매량과 공급량, 수매기준과 공급기준, 수매가격과 공급가격 등 모두 중공 중앙의 일괄적 규정이나 허가에 구속받아야 한다. 지방에서 기정된 방침을 원칙으로 하여 각지의 구체적인 실정에 맞게 적절한 대책을 세우면서 분업하고 식량정책의 실행을 확보해야 한다."라고 규정했다. 식량의 일괄매매 정책을 실행하는 것은 5억 명의 농민들과 8,000만 명의 도시 거주민들의 생존문제와 관련된다. 농민들의 정서를 안정시키고 농업생산을 격려하여 식량을 증산하기 위해 1955년 3월 3일에 국무원은 전국적으로 식량에 대하여 정량 생산(定産), 정량 수매(定購), 정량 판매의(定銷) (약치: '三定') 정책을 실시하였다. 정량 생산은 농가의 식량 생산량은 농밭 단위당 평년 생산량에 의해 계산되고 농밭의 자연조건과 경영조건을 결합하여 평정된 것을 가리킨다. 정량 수매는 국가가 농가들에게 일괄 구매한 식량은 통상 모든 잉여식량의 80%-90%를 차지하는 것을 뜻한다. 정량 판매는 각종 결식가족들의 식량기준을 각 성, 자치구, 직할시에 맡겨 결정한다. 결식가족들에게 식량공급은 식량이 부족할 때 바로 공급한다는 원칙으로 각각 공급시간과 계획을 평정하고 매달마다 공급하는 것을 의미한다.

다. 도시 식량의 일괄판매는 식량구입표로 가족마다 확인해서 정해진 양을 공급한다.

1953년 11월에 식량의 일괄매매를 실행하자 식량시장에서 국가가 적게 구입하고 많이 판매하던 국면이 바로 전환되었다. 1953년에서 1954년 미곡연도 연말까지 국가가 연간 매상한 식량은 전년대비 거의 30%나 증가했고 이는 과거 최고치를 넘었다. 국가가 농촌으로부터 매상한 식량생산량의 비중은 각각1953년 28.4%, 1954년 30.6%, 1955년 27.6%, 1956년 23.6%, 1957년 24.6%에 달했고 5년 평균치는 26.96%에 달했는데 1951년의 시장출하량과 공량이 차지한 비중인 28.2%보다 약간 낮다. 국가가 농촌에서 매상한 식량의 90% 이상은 도시와 농촌의 결식가족들을 위해 공급되는 것이다.

대규모의 경제건설에 따라 도시인구는 늘어나 1953년 7,826만명에서 1957년 9,949만 명으로 증가하였는데 모두 국가에 의해 식량 공급받았다. 중공 중앙과 정무원이 식량의 계획구매와 계획공급에 관한 〈결의〉와 〈명령〉이 반포된 후 각지는 1953년 11월 1일부터 차례로 도시 식량의 계획공급이 시작되었다. 국무원은 1955년 8월 25일에 〈도시에서 정해진 식량을 공급하는 임시방법〉(이하 〈임시방법〉)을 발표하고 각 성, 자치구, 직할시에서 9월 1일-11월 30일 기간 안에 몇 차례로 나누어 실행할 것을 주장하였다. 식량 공급사업은 엄청나게 많아서 먼저 대략적으로 한 다음에 엄격하게 실시하는 방법을 취해 처음에는 호적부에 근거해 식량 구입표를 발부하고 그 표를 가져야 식량을 살 수 있었다. 식량 구입표를 사용한 초기에는 도시의 유동인구가 선박항행 면허증, 호적부, 유권자 증명서, 농촌증명서등을 가지면 모두 식량을 살 수 있었다. 그 후에 식량판매는 계획을 초과해서 중공 중앙은 1955년 4월 28일에 〈식량의 일괄판매사업 정비강화에 관한 지시〉를 발표함에 따라 전국적으로 각 도시는 원래 구입표만 가지고 식량을 사는 것을 "호별로 확인함"으로 바꾸었다. 〈임시방법〉의 규정에 따라 도시에서의 식량 고정공급은 모든 도시 주거민의 직업종류, 나이 등에 따라 양을 정하고 호별로 식량 구입표를 발부하는 것이다. 도시에서 실행한 식량의 고정공급은 계획적인 식량공급을 강화하고 국가가 도시 주거민들과 다른 방면에 대한 식량공급을 더욱 합리적으로 하였다. "호별로 확인함"보다 크게 진보된 것이었다. 국가의 도시 식량공급사업은 이미 상대적으로 완벽하고 현실적인 제도를 형성하게 되었다. 도시에서 식량의 고정공급이 실행된 후 중국 식량부는 1956년 4월 20일에 〈도시식량고정공급사업에 대한 몇 가지 규정에 관한 지시〉를 발표하였다. 세 가지의 식량관리제도 수립을 강조하였다. 즉 식량구매증명서관리제도, 국민들이 필요한 식량을 공급하는 기준과 거처를 옮긴 후 공급관계를 이전하는 관리제도, 식량구입표 관리제도를 포함한다.

② 통일 관리 강화, 식량부족상황 완화(1958–1965년)

제1차 5개년 계획기간에 식량생산량은 해마다 늘어나고 국내 식량의 수지가 균형 잡혀 흑자도 나타났다. 국가의 식량재고량은 크게 증가하고 경제상황이 전체적으로 좋아짐에 따라 식량상황도 개선되었다. 그러나 1958년에 마오쩌둥은 "대약진" 운동과 인민공사운동을 개시하였는데 이 때문에 높은 지표, 지휘체계 문란, 실속 없이 성과만 부풀리는 허풍(虛風)과 공산풍(共産風)등을 주요 상징으로 한 "좌파"사상이 심각해졌다. 더구나 당시 심한 자연재해 및 중국과 소련의 관계 파열로 중국국민경제는 1959년에서 1961년까지 3년 동안 어려움을 겪었다. 특히 농업생산에 많은 영향을 끼쳐서 식량생산량은 대폭 감소되고 식량도 많이 부족해졌다. 1965년에 와서 식량생산이 1957년의 수준으로 회복되어 국가 식량의 구입과 판매 상황도 나아지면서 국민생활 수준도 개선되었다.

첫 5년 계획은 예정보다 일찍 성공적으로 완성되었다. 1958년 5월에 중국공산당 제 8기 중앙위원회 2차 전체회의에서 통과된 사회주의 건설의 총노선과 기본내용은 객관적인 경제발전 법칙을 무시하였다. 객관적인 조건을 무시하고, 서둘러 목적을 달성하려 하며 경제성장 속도를 지나치게 강조해서 "좌파" 과오 사상이 퍼지게 되었다. "사람이 생각한대로 모두 생산할 수 있다(人有多大膽, 地有多大産)"란 사상을 홍보하고 사람의 주관의지와 주체적 능동성을 부당하게 과장하였다. 1958년부터 시작된 "대약진"운동과 인민공사운동은 지도사상과 경제정책은 큰 문제를 낳아 사회주의건설에 심각한 손해를 끼쳤고 식량생산량이 대폭 감소되어서 식량사업에 심한 어려움을 초래하였다. 8월에 베이다이허(北戴河)에서 열린 중공 중앙 정치국 확대회의에서 1958년의 식량 생산량은 6,000~7,000억 근에 도달할 것이고 1957년보다 60%~90%를 증가할 것이라고 공개하였다. 1958년 말까지 관련된 기관은 농업회의에서 각성, 자치구, 직할시가 보고한 바에 따르면 예상 생산량이 8,500억 근으로 늘어날 것으로 과장되었다. 베이다이허회의 이후 전국 각지 농촌에서 인민공사화운동이 절정에 이르렀다. 9월 말까지 전국적으로 보면 티베트의 농촌을 제외하고는 거의 모두 인민 공사 체제로 조직되었다.

1958년에 전국적으로 강철을 대규모로 생산하는 대중화운동을 일으 켰고 가을에 이르러 모든 기관이 인원을 뽑아서 강철생산에 참여하게 하였다. 농촌에서도 청장년인력을 뽑아서 공업을 지원하게 되었기 때 문에 농촌인력이 부족해지고 농업생산에 심각한 영향을 끼쳤다. 1958 년의 식량생산량도 4,000억 근밖에 안 되었고 1957년보다 2.5%만 늘 어났다. 잘못된 "좌파" 사상으로 과장된 높은 지표, 지휘오류, 실속 없 이 성과를 부풀리는 허풍과 공산풍(共産風)등은 농민들의 생산열의를 꺾었기 때문에 1959년에서 1961년 3월까지의 식량생산량은 대폭 감소 되어 3년간의 평균생산량은 3,073억 근 밖에 안 되고 1957년에 비해 21.2%가 줄었다. 1인당 식량 보유량은 433근이고 1957년보다 170근이 감소되었다.

가. 생산량을 높게 추측하고 식량을 지나치게 매상해서 농업생산과 농민생활이 어려움을 겪게 되었다.

고지표, 실속 없이 성과를 부풀리고 식량생산량을 과장하는 것 등 으로 식량을 지나치게 매상했다. 3년 동안의 힘든 시기에 식량생산량 은 대폭 감소되어서 생산과 수요, 공급과 수요의 모순이 매우 첨예화 되었다. 1958년에 관련기관이 공포한 식량예상생산량인 7,500억 근 에 의하면 각 성, 자치구, 직할시의 매상임무는 1,159근에 달하였다. 1959-1961년 동안 3년 평균의 식량생산량은 1957년에 비해 827.6억 근을 감소하였는데 평균의 매상한 식량은 1957년보다 95.8억 근이나 증가하였다. 3년 동안 식량을 매상한 수량이 총생산량에서 차지한 비 중은 평균 34.4%정도이고 그 중 1959년의 비중은 39.6%까지 이르렀 다. 많은 지방에서 식량을 지나치게 매상하였다. 1960년 12월에 국무원 재정과 무역사무실에서 발표한 〈식량과 시장문제에 관한 보고 요점〉에서 "1958년과 1959년 2년간 지나치게 매상한 식량은 약 200억 근에 달했다."라고 하였다. 수년 동안 지나친 매상 때문에 매우 불균형한 식량 생산, 판매, 제고의 비율을 갖게 되고 농촌이 소유한 식량도 대폭 감소되었다. 전국 농촌에서 1인당 연간 식량 보유량은 1957년의 수준인 589근에서 1960년의 수준인 429근으로 내려갔다. 1960년과 1961년에 농촌에서 하루에 1인당 평균 1근이 못 되는 식량만 보유했고 흉작이 심한 지역에서는 하루에 1인당 평균 몇 냥(兩)의 식량밖에 없었다. 농촌에서의 예비 식량 부족 문제를 해결하기 위해 국가가 농촌에서 수매한 식량을 농촌에 재차 대량 판매하였다. 1959년부터 1961년까지 해마다 농촌에 다시 판매한 식량은 평균 364.4억 근에 달했으며 3년 간 수매한 식량의 34.4%를 차지하였고 1957년보다 81억 근이 증가하였다. 농촌에 재판매한 식량은 너무 많아서 상품유통방향에 혼란을 일으켰고 운송 부담이 가중되었으며 인력, 재력, 물력의 낭비를 초래하였다.

도시에서 몇 년 동안 인구 증가로 식량판매량도 크게 늘어났지만 도시 주거민의 필수 식량은 계속 감소되었고 부식품을 만들 식량도 감소되어 영양실조가 생기게 되고 건강이 악화되었다. 그래서 많은 사람들이 병이 나게 되어서 일부 지방 특히 농촌에서 대량의 비정상사망이 나타나게 하였다.

나. 식량판매량을 감소하고 국가의 식량부담을 줄인다.

농업생산이 대폭 감소되고 각지의 식량공급이 부족하자 중국공산당 중앙은 도시인구를 줄이고 도시와 농촌의 식량판매상황을 정비하고 축소하는 등 일련의 중요한 조치를 취하였다.

a. **도시주거민의 필수 식량 공급기준을 내린다.** 1960년 9월에 중국 공산당중앙은 발표한 〈도시의 식량판매를 정비하고 필수 식량을 줄이는 지시〉에서 도시주거민들의 일용할 식량을 배급기준을 줄이기로 하였다. 도시 식량공급을 감소시키면서 확보할 것을 총 원칙으로 한 구체적인 조치는 다음과 같다. 1. 도시 식량공급은 한 달에 1인당 평균 약2근을 줄인다. 2. 도시사람들을 동원해서 농촌으로 내려보낸다. 3. 식구, 직종, 정해진 식량을 조사하고 호적관리도 강화하며 식량관리제도를 엄격하게 한다. 규정에 따르면 남방 지역에 있는 농촌에 유보할 수 있는 식량은 360근, 북방지역은 400근을 넘으면 안 된다.

b. **도시인구를 감소시킨다.** 중공 중앙은 1961년에서 1963년까지 도시인구수를 감소시키고 인원을 정선하는 조치를 취하였다. 천원은 당시의 식량상황 문제를 해결하기 위해 도시사람들을 동원해 농촌으로 내려보내야 한다고 하였다. 중공 중앙은 〈도시인구 감소와 도시의 식량판매 축소를 위한 아홉 가지 방법〉을 제출하였다. 첫째, 1960년의 실제 인구를 기초로 3년 안에 2,000만 명 이상을 감소시킬 예정이다. 1961년에 적어도 1,000만 명을 줄이고 1962년에 최소 800만 명을 감소하고 나머지는 1963년에 감소해야 한다. 둘째, 도시인구 감소는 식량판매량 축소와 결합해 같이 진행되어야 한다. 1961-1962년 도시 식량 판매량은 되도록 480-490억 근으로 축소할 예정이고 전년 대비 30-40억 근이 감소될 것이었다. 셋째, 중앙정부와 지방정부는 공동으로 도시인구를 확인하고 호적 없이 외지로 온 인구를 철저히 조사한다. 넷째, 향후 3-5년 기간에 전국의 식량은 여전히 낮은 기준으로 정해야 한다고 규정한다. 1961년-1962 미곡연도 도시인구의 식량 공급기준은 제고될 수 없으며 적당하게 줄여가야 한다. 이상 조치를 실행하기 위해 1961년 6월부터 전국적으로 도시에서, 특히 183개의 대중도

시에서 인구수와 식량공급수량에 대해 철저히 조사하고 확인하기 시작하였다. 구체적인 요구를 보면 다음과 같다. 1. 인구수를 규명한다. 2. 정해진 식량을 규명한다. 3. 요식업에 필요한 식량을 규명한다. 4. 식량관리의 부족함을 규명한다.

1961년 6월 28일에 중공 중앙은 또 〈직원 정산사업의 몇 가지 문제에 관한 통지〉를 발표하고 정산할 주요 대상은 1958년 1월 이후 농촌으로부터 온 도시에서 일하는 새 직원으로 지정하였다. 그 새 직원들을 동원해서 자기 고향으로 돌아가서 농업생산에 참가하라고 지시하였다. 따라서 농촌으로 내려가 농업생산을 지원하는 운동을 전국적으로 일으켰다. 1962년에 전국에서 상품식량을 소비하는 비농업인구는 10,941만 명으로 감소되어 1960년 13,635만 명보다 2,694만 명이 줄었다. 반대로 농업인구는 1960년 52,572만 명에서 1962년 56,354만 명으로 3,7882만 명이 증가하였다. 이처럼 도시인구가 감소되고 농촌인구가 증가해 농업생산의 회복을 촉진하였을 뿐만 아니라 국가의 식량부담도 줄었다. 국가의 식량판매량은 967억 근에 달하였고, 1962년에 685억 근으로 감소되어서 282억 근을 줄었다.

c. **식량을 수입하고 국내 식량의 공급과 수요의 모순을 완화시킨다.**
1958년부터 3년 동안 중국은 대량의 식량을 수출하였다. 구체적으로 보면 1958년의 순수출 식량은 65억 근에 달하고 1957년보다 73.1%가 증가하였다. 1959년에 순수출 식량은 94.8억 근에 이르고 1958년보다 45.8%가 늘어 1957년의 2.5배에 달했다. 또 국내의 식량상황이 어려웠던 1960년에도 20억 근을 수출하였다. 3년 동안 수출한 식량이 이렇게 많아서 국내의 어려운 식량상황이 더욱 심해졌다. 1960년 말에 중공 중앙은 도시와 농촌간의 긴장관계를 완화시키기 위해 1961년부터 식량을 수입하기로 하였다. 미곡연도로 계산하면 1961-1965년 수입한 식량은 547억 근에 달하고 연간 평균 수치는 109.4억 근이다. 같은 시기에 수출한 식량은 127억 근에 달하고 연간 평균 수치는 25.4억 근이다. 수출과 수입을 상계하면 이 시기에 420억 근의 식량을 순수입하고 연간 평균 84억 근을 순수입하였다.

d. 식량 관리 제도를 개혁하고 일괄적인 관리를 강화한다. 중국의 식량관리체제를 보면 1953년에 식량의 일괄매매를 실행하고 1953년 3월부터 줄곧 중앙이 집중관리를 실행하였다. 제 1차 5개년 계획이 완벽하게 완성되어서 국민경제상황이 좋아지고 생산력도 빠르게 발전되었다. 제 2차 5개년 계획에 맞추기 위해 중앙은 원래 일괄적인 관리제도를 "구입과 판매의 차액을 관리, 조달과 책임지는 것(購銷差額管理, 調撥包乾)"으로 바꾸었다. 즉 급으로 나누어 책임지고 차액 조절하는 방법을 취하였다. 1962년부터 국가가 일괄적으로 식량을 관리하기 위해 식량을 수매, 판매, 조달했던 사업은 다시 중앙에서 관리하게 되었다.

e. 정책을 조절하고 농업생산을 촉진한다. 식량가격을 조절하고 농민들이 식량을 국가에 판매하는 것을 격려한다. 또 농촌에서 시장의 거래를 하고 식량의 상대매매를 실행한다. 그리고 농민들이 경제작물을 재배하는 것 등을 격려하고 농업발전을 촉진시킨다.

③ 혼란스럽고 어려운 딜레마에 처할지라도 식량공급을 확보해야 한다 (1966-1978년).

1966년 5월부터 시작된 "문화대혁명"이 10년 동안 지속되어 국민경제가 혼란에 빠져 심각한 결과를 초래하였다. 이 시기에 식량상황도 달라져 식량난이 나타나기 시작하였다.

"문화대혁명" 초기에 대량의 지식청년들이 도시를 떠나 농촌으로 가

고 대량의 간부들과 도시사람들도 농촌으로 가서 정착하다보니 도시
인구성장은 느려졌고, 심지어 어떤 도시에서 인구가 줄어들었기 때문
에 각종 식량지출은 상대적으로 안정되었다. 1966-1970년 제3차 5개
년 계획 동안에 국가가 매상한 식량의 평균수량은 1963-1965년 3년
동안 "조정시기"에 비해 11.5%가 증가하고 판매량은 3.2% 증가하였
다. 1966-1970년 5년 중 4년은 국내 식량수지 균형이 맞았을 뿐 아니
라 심지어 흑자까지 되었다. 1971-1976년 6년 중 단 1년만 국내 식량
수지흑자를 달성했고(1974년에만 41억 근이 남았다.) 나머지 5년은 모두
적자를 내어 적자총액이 200여 억 근에 달하였다. 1971년에 식량 생산
상황은 대체로 좋았지만 정치동란 때문에 경제상의 무정부주의가 격
화되어서 기간산업건설의 규모가 팽창하고 반복적이고 맹목적인 건설
도 빈발했다. 또 도시직원수가 급증되어 1970-1971년 2년 만에 직원
수가 983만 명이 늘어나서 식량판매량은 800억 근이 넘었다. 1972년
후반기부터 식량판매상황은 갈수록 통제력을 잃었고 식량수지 적자규
모가 갈수록 커졌다. 그 해 국내 식량 수지를 상계를 하면 적자규모가
149억 근이 되었다. 그 후 식량이 부족한 상황은 "문화대혁명"탓에 몇
년간 지속되었다.

가. 십 년 동란기간의 식량문제 해결 주요 방법

도시에서 상품식량을 소비하는 인구의 증가를 엄격하게 억제한다:
중공 중앙 1972년에 국무원이 발표한 〈식량문제에 관한 보고서〉를 내
용에 따르면 비농업 인구증가를 엄격히 통제하고 식량판매량 증가를
억제해야 한다고 요구하였다. 문서에 따르면 새로 고용한 직원이 국가
의 계획 수준을 넘으면 즉시 일꾼 모집을 정지시켜야 하고 규칙을 위
반하고 도시로 전이되는 사람들을 귀향시키며 임시 직원을 국가노동

계획에 넣어야 한다고 규정하였다. 요컨대 농촌에서 도시로 옮겨 가는 인구를 엄격히 통제하고 호적관리를 철저히 하고 비농업인구의 비정상적 증가를 억제하는 동시에 산아제한을 주장하였다. 1974년 1월 21일에 국무원이 발표한 〈식량구입과 판매사업을 진일보시키는 것에 관한 통지〉에서 도시에서는 계속 직원을 감원하고, 상품식량 소비 인구 수를 감소시켜서 전체도시인구를 줄여야 한다고 하였다. 그 동안에 각지에서는 이와 상응된 도시인구증가 억제하는 조치를 만들었고 그 결과 도시인구증가의 속도가 떨어졌다. 1973년에서 1976년까지 전국의 도시에서 식량을 고정공급 받은 인구는 해마다 200만 명이 증가하였고 1971년에서 1972년까지의 증가수준인 400-500만 명보다 절반 수준으로 둔화되었다. 공안부는 도시인구증가를 농업생산수준에 맞추는 것을 원칙으로 〈전적신고에 대한 규정〉(이하 〈규정〉)을 만들었고 이는 1977년 11월 8일에 국무원의 비준을 받아서 법적 효력을 발휘하기 시작했다. 〈규정〉은 도시인구증가를 엄격히 억제하는 하는 기본 원칙 하에 농촌에서 도시로 전이한 농업인구를 비농업인구로 전환하는 구체적인 억제원칙을 내세웠다.

국무원은 식량수출과 수입 외국환수지균형을 원칙으로 수출과 수입은 모두 있어야 한다고 했다. 즉 환율이 높은 식량을 수출하고 국제시장에서 가격이 낮은 식량을 수입하여 식량의 수출보다 수입은 우위였지만 외환으로 계산할 때 대체로 수지균형을 유지할 수 있다. 1971년에서 1976년까지 수입한 식량은 514.42억 근이고 그 동안 식량수입의 평균가격으로 계산하면 외환지급은 32.22억 불에 달하였다. 그리고 수출한 식량은 327.09억 근이고 그 동안 식량수출의 평균가격은 외화로 39.49억 불이었다. 수입과 수출 상계를 하면 국내 식량은 187.33억 근이 증가하고 국가 외환수입도 7.27억 불이 늘었다.

1976년부터 1978년까지 전국의 식량 총생산량은 연평균 2.4%가 늘어났지만 제4차 5개년 계획기간의 수준인 3.5%보다 속도가 낮았다. 1인당 식량보유량은 해마다 평균 6근이 증가했으나 제4차 5개년계획시기의 수준보다 2근이 줄었다. 그 동안 국가가 매상한 식량이 생산량에서 차지하는 비중은 해마다 줄고 있었는데 1976년에 20.3%, 1977년에 19.9%, 1978년에 18.5%였다. 3년 평균치는 19.6%이고 제4차 5개년계획시기에 비해 1.2%가 낮아졌다. 농업인구가 국가에 판매하는 상품식량은 1인당 96근이고 제4차 5개년 계획시기의 수준보다 11근이 감소되어서 10.3%가 내려갔다. 그러나 식량판매량은 계속 늘어나 980억 근에서 1,060억 근으로 8.2%가 증가하였다. 그래서 국내 식량수지의 불균형상황은 갈수록 심각하였다. 이런 경우 식량을 계속 수입해야하는 문제가 발생한다. 1977-1978년에 수입한 식량은 338.25억 근에 달한 반면에 수출한 식량은 72.46억 근, 2년 동안 순수입한 식량이 265.79억 근이라 국내 수지의 적자를 메워도 부족했다.

1975년 이후 벼의 주산지에서 벼 생산이 예전의 수준인 해마다 약 65억 근에서 약 50억 근으로 감소되어서 어떤 도시에서는 쌀 공급이 부족해지게 되었다. 전국의 쌀 판매량이 총판매량에서 차지한 비중은 1957년 49.6%에서 1977년 34.7%로 줄어들었다.

나. 식량상황이 호전되지 못한 이유

십 년 동안의 "문화대혁명"이 끝났지만 식량상황이 호전되지 않았고 식량의 부족함이 오히려 지속되었다. 이유를 보면 다음과 같다. 첫째, 십 년간의 "문화대혁명"이 정치나 경제에 가져온 혼란은 단기간에 제거되지 못했다. 그 기간에 확정한 공업생산과 건설의 목표는 현실적이지 않았고, 십 년 동란기간에 농촌으로 보낸 대량의 지식청년과 사람들이 다시 도시로 돌아와 도시인구가 빠르게 증가되었다. 1977년과 1978년에 국가로부터 식량을 고정공급받은 비농업인구는 637만 명이 늘어나서 국가가 공급해야 하는 식량도 늘어났기 때문에 식량상황은 더욱 어렵게 되었다.

4) 경제적 환경

(1) 중공업 발전 전략 중심으로 한 사회주의 개조(1953-1956년)

20세기 50년대 초, 약 3년간 국민경제를 회복하는 일은 기본적으로 달성하였다. 1952년까지 주요 공농업 제품 생산량은 역사상 가장 양호한 단계에 이르렀다. 또한 대규모 건설업무도 진행되었다(章百家·朱丹, 2009:12). 하지만 에너지, 강철, 기계, 화학 등 기초공업 분야의 제약으로 구비된 경공업기업 설비는 충분히 운행할 정도가 아니었다. 한반도전쟁은 국방공업의 수요를 더욱 강화하였다. 나라와 민족은 낙후로 인한 처참한 역사에서 벗어나기 위하여 제2차 세계대전 후 소련의 성공적 경험을 선택하였다. 중국은 "제1차 5개년"계획 중 중공업 발전을 우선적으로 하였다. 국제적 환경요소 제약으로 중공업건설에 필요한 대규모 자금은 주로 내부축적에 의거해야 해서 물력, 재력, 인력 등 집중화했다. 1953년 전개한 제1차 5개년 계획은 "일화삼개(一化三改)" 방침을 낳았다. 이는 중공업의 공업화건설과 개체농업, 수공업 또한 자본주의 공상업의 사회주의 개조를 우선적으로 하는 것이다(董志凱, 2009:5).

1953년부터 1957년까지는 신중국 제1차 5개년 계획기간("一五"로 약칭)으로 중점적인 건설시 통일된 관리를 한다. 또한 소련의 선진기술을 핵심으로 한 경제건설에 집중하였다. 일부 대규모 항목의 시작과 완성은 중국공업의 취약한 면모를 조금씩 바꾸었는데, 그 중 제일 혁신적 코드는 소련 원조로 건설된 156항 공정항목이다. 이는 공업 분야와 생산능력 기초적인 기반을 형성하여 국민 경제 중 많은 공백을 채워 결핍된 생산능력 증강에 많은 기여를 했을 뿐만 아니라, 중국공업발전의 기술향상을 신속히 발전시켜 중국 초반 공업기초건설을 형성하였다. 이후 식량계획구입과 계획공급을 실시했고 공업, 물자, 교통운수 등 국영기업과 일부분 공사합병기업에 직접기획과 실물조달을 실행하였다. 또한 재정, 대출금, 노동자급여 등에서 통일된 수입과 지출, 저축과 분배를 했다. 이런 계획체제를 중심으로 하는 집중 통일된 경제체제를 구축하게 되었다(張立根, 2009:16).

이와 같이 체제상 공업화를 이루기 위하여 중국공산당은 1953년말 공식적으로 과도시기 총노선을 제출하였다. 총노선의 실질은 생산관계 개선으로 사회주의 공업화발전 수요에 적합한 것이다. 이에 동반된 지도 사상 변화는 대규모 제도적 혁신과 함께 농업, 수공업과 자본주의공상업에 대한 사회주의 개조에서 시작되었다. 최초 구상은 사회주의로 진행하려면 최소 10-15년이 걸릴 것으로 설정하였지만 실제적으로 단 3-4년 만에 사회주의를 달성함으로써 예상계획보다 초과된 속도로 사회주의 공유제 중심으로 된 계획경제체제에 진입하여 혁신적인 성과를 거듭하였다(靳濤, 2011:11). "一五"기간 경제는 전면적인 고속발전으로 실현하였고 전국 생산분포도 재조정과 배치를 진행하여 신중국공업체계의 기반을 구축하였다. 이 시기에 사회 총생산은 연평균 증가율 11.3%, 공업 총생산은 연평균 증가율 18%를 달성하였다. 1956년 중국 공산당 제8회 전국대표대회에서 정식으로 중국은 사회주의 사회에 진출했음을 선포하였다. 이는 당시 경제 분야에서 두 가지 기본 표준에 달성한 것을 의미한다. 첫째, 국영과 집합체 기반으로 된 절대적인 주체의 단일공유제이다. 둘째, 전면적으로 계획경제를 실행한다(章百家·朱丹, 2009:7). 농업사회주의 개조를 최우선 전개하였고 이는 다른 산업에 영향을 미쳐 함께 발전하는 시너지 효과를 가져왔다. 1953년 2월에 중국중앙정부에서는 정식으로 〈농업생산상호협조에 관한 결의〉통과하였다. 농업상호협조에 의하여 토지개혁 후 부분 농민 생산자료 부족, 노동력, 자금부족 등 고난을 해결함으로써 상호협조 방식을 채용하여 농민 생활수준 제고를 보장하고 현재의 사회 안정과 함께 농업을 지원하는 공업, 농촌에서 도시를 지원하는 공업화 초기의 공농, 도시와 농촌관계를 실현했다. 협조화 방식을 채용하여 개인 수공업을 개조하고 발전시켰다. 국유정책을 실행하여 자본주의 공상업으로 하여금 1956년까지 기본적으로 공사합동경영을 실현하게 하였다. 그래서 1953년에 중국은 대규모경제 건설과 동시에 제도적 변화를 통해 단일 공유제와 계획경제의 사회주의를 실현하였다.

3대개혁(三大改造)으로 중국경제구성은 실질적인 변화가 생겼다. 국민경제 중 국민소유제와 노동집단소유제라는 2가지 형식의 사회주의 공유제 경제가 절대적인 통치 위치에 있었다. 이것은 국민 수입 구조에 반영되어 1956년과 1952년을 비교하여 보면 국영경제 비중은 19.1%에서 32.2%로 상승되고 합작사경제는 1.5%에서 53.4%로 상승되었고, 공사합영경제는 0.7%에서 7.3%로 상승되었다. 반면 개인경제는 71.8%에서 7.1%로 떨어지고, 자본주의 경제는 6.9%에서 0에 접근하여 앞의 3가지(국영, 합작사, 공사합영) 경제는 92.9%를 달성하였다. 공업총생산 중 1956년과 1952년을 비교하여 보면 사회주의 공업은 56%에서 67.5%로 상승, 국가자본주의공업은 26.7%에서 32.5%로 상승하고 자본주의공업은 17.1%에서 0에 가까워졌다. 상품도매차액 중 국영상업과 공급수매 합작사상업은 42.6%에서 68.3%로, 국가자본주의상업과 기존 소상인조직의 합작화상업은 0.2%에서 27.5%로 상승, 개별영업기업은 57.2%에서 4.2%로 하강하였다(中國共産黨史研究室, 1999:359-360). 정부는 저원가로 농산품과 노동력을 기초기반으로 확보함으로써 공업화 최대의 당면과제인 자금난을 해결하여 국가 공업화 기초체계를 구축하고 공업화 방침을 실행할 수 있었다(董志凱, 2009:6).

1953년 초기, 마오쩌둥은 농업합작화를 가속화하도록 요구하였다. 이것의 중점 배경은 대규모 공업화건설 소요에 필요한 대량자본, 원자재와 식량이지만 이는 전부 부족한 실정이었다. 당시 냉전 국면에서 소련의 자금원조 이외에 국내의 기반에 의지할 수 밖에 없었기 때문이었다. 하지만 국내의 대부분 업무는 낙후된 농업에 근거한 상황이었다. 그러나 1953년 대규모 기본건설 전개부터 식량공급은 전면적으로 부족되었고 식량 수거부족, 식량가격상승으로 인한 지불금 상승, 물가의 전면적인 파동 등이 초래되었다. 이것을 해결을 위하여 농업생산수준과 인력자원 등 충분히 활용해야 할 필요성을 부각되어 합작화만이 유일하게 선택할 해결책이 된 것이다. 중앙정부는 당시 10월에 일괄매매(统购统销) 방식을 채용하였다. 이 조치로 공업화 건설로 인한 대량의 식량수요 문제를 해결할 수 있게 되었고, 인민 기초생활과 물가 안정성을 확보하는 동시에 농민조직을 실행하게 되었다. 1955년 10월 중국 제 7회 제6차 전국대표대회에서 〈농업합작화문제에 관한 결의〉(〈關於農業合作化問題的決議〉)가 통과됐다. 이와 함께 마오쩌둥이 편집한 〈중국농촌의 사회주의 고조〉(〈中國農村的社會主義高潮〉)가 출간되어 전국농촌지역에서 합작화는 절정에 이르렀다(章百家·朱丹, 2009:13-14). 1956년 말기 농업합작화에 참여한 농민은 총 농민의 96.3%에 달하여 농업사회주의 개조는 4년의 시간동안 순조롭게 달성되었다.

농업합작화에 따라 국가는 농민이 소유한 생산자료사유제를 집단소유제로 바꾸었다. 농업의 생산경영방식을 예전 일가일호 가정생산 단위로부터 집단공동체 생산경영으로 전환하였다. 합작화 후기 수요가 급등하고, 업무를 소홀이 하게 되고, 재산권의 변경이 빨라지고, 형식은 지나치게 단일화되어 부분적 합작사는 상호이익의 원칙에 어긋나게 되었다. 그래서 집단경제에 대해 예상했던 우월성이 나타나지 않았다. 이에 따라 국가에서 주요 농산품의 일괄매매를 통하여 정부가 시장교체를 완성하여 농민이 자아노동여유생산 권익을 자유배치 못하도록 하였다. 수공업의 합작화는 대신 순조로웠다. 1953년에 합작화수공업 종업원은 전체 3.9%, 1955년에 대비해 26.19% 상승했고, 1956년은 91.7%까지 이르렀다. 수공업 사회주의 개조는 기본적으로 달성되었는데(中國社會科學院·中央檔案館, 2000:1148-1149) 개별영업공상업 개조는 실질상 건국 이후부터 전개한 것이다. 1952년 전은 주로 "주문가공"과 "일괄매매"의 국가자본주의 초기 형식을 취했다. 1953년 후 단일조건이 성숙된 기업에 "공사합영(公私合營)"을 실행에서 1955년 하반기부터 전체 산업에 "공사합영"을 실행하였다. 정부는 전반적인 산업을 공사합영으로 하고 평온한 구매방식을 채택하고 개별영업기업 업주는 정액부분만 가지고 기업의 경영관리권은 포기함으로써 사회주의 개조를 완성하였다. 1956년 말 개별영업경제는 기본적으로 존재하지 않았다. 개인경제는 아주 미미해져 중국의 소유제구조는 기본적으로 국영경제와 집단경제로 구성되었다.

(2) 효율성과 발전 가속화 체제에 관한 탐색(1957-1978년)

① 계획체제 전면적인 실시하의 구조 왜곡된 경제성장기(1957-1966년)

3대 개조는 1956년에 기본적으로 완성화되었고 사회주의 공유제 설

립으로 이에 따른 절대적인 우세와 생산소유구조를 확보하였다. 이는
전반적인 사회주의 경제체제의 기초가 되었다. 1956년은 중국 3대개
조 완성하여 사회주의 사회로 진출한 첫 해다. 이 해에 비록 중국은
초기의 단일 공유제와 계획경제를 실행했고 그 단점은 이미 드러나 있
었다. 하지만 소련과 동유럽국가의 교훈을 통한 사회주의개조의 "4가
지 과오"와 1956년의 "돌격주의"로 인한 문제는 연말부터 이미 나타났
다. 이에 1956년 초 제8차 전국대표준비부터 중국공산당은 사회주의
개혁완성 이후 사회건설을 어떻게 해결해야 할 것인지를 탐색하게 된
것이다. 따라서 사회주의가 경제 발전에 우월성을 최대한 발휘하는 문
제를 탐색했다. 1956년 제8대 회의 후 중국공산당 경제체제, 경제발전
전략과 정책에서 모두 그에 따른 설정과 방침정책을 제출한 바 있었
다. 또한 이는 소련사회주의체제를 충분히 반영한 것인데 이것은 중국
의 폐단을 잘 보여주는 것이었다. 그중 마오쩌둥 "10대 관계를 논하며"
와 "인민내부 모순을 정확히 처리하기 위해서"와 류사오치, 저우언라
이(周恩來)가 제출한 개별영업경제 병존과 일정한 범위 내의 발전, 그
리고 천원이 제출한 "3대 주체"와 "3대 보충" 및 종합평행사상 등등은
당시 중국에서 형성된 중국 특색의 사회주의 추세를 잘 반영하고 있
다. 하지만 변화와 함께 탐색탐구된 사상은 "반우파사상"운동과 조급
한 급속발전에 의하여 단절된다. 경제체제 개혁의 초보적 탐색 시기는
1958-1966년이다. 빠른 발전을 위하여 1957-1966년에는 계획체제를
전면적으로 실행하여 절정의 단계에 이르게 되었다. 이 단계에서 중앙
정부는 사회주의 건설속도를 가속화하는 것이 완전히 가능하다고 이
상적으로 생각했으며, 마오쩌둥은 1958년 "더 많이, 더 빨리, 더 좋게,
더 적은 비용으로"라는 발전사상을 제출했다.
　1958년에 대약진과 인민공사 운동을 시작했고 이는 당내 정치의 불

정상적인 상태에서 진행된 것이다. 대약진은 신속한 공업 발전의 성장 지표를 지나치게 높게 세워 현실을 벗어나게 되었다. 원자재와 자본 결핍으로 중국 지도자들은 노동으로 자본을 대체하려고 하였다. 그 결과 민간방식으로 제강하여 강철 목표를 순리적으로 달성할 수 없게 되고 대량 노동력도 낭비하였다. 농촌에서는 고급생산합작사가 "규모 확대, 공유화 확대"의 인민공사로 변경되었다. 인민공사화운동은 농민의 의지와 어긋나서 함께 합동경제, 서로 돕는 실질적 관계를 상실하여 농민들도 생산력을 발휘하지 못하는 심각한 문제에 이르게 된 것이다. 또한 이로 생산경영상 "잘못된 지휘"와 "허풍성"을 초래하여 식량생산이 약화되었고 대량의 식량낭비를 초래하였다. 자연재해와 함께 농업생산은 대폭으로 하강하여 1959-1961년에는 "대기근"까지 발생했다. 대약진과 인민공사화운동은 현실에 완전히 어긋난 운동으로 국민경제를 심각한 침체에 이르기까지 하였다. 3년 내 농업은 22.8%로 감소하였고 과도한 무모함으로 국민생활수준은 4.9%로 감소하여 재정의 적자폭은 대폭 커졌다. 대약진 시기 좌파 사상이 우세를 차지하여 중국 경제 전략도 심각한 착오를 범하게 되었는데, 이로 인해 대약진 운동의 목표 실현과 아울러 경제체제에 많은 변화를 가져온 것이다. 첫째, 중앙과 지방 관계 문제는 심사숙고 없이 권력을 양도하는 실질상 권리 포기와 같은 것이다. 과거 집중된 권력은 문제를 일으켰고, 그러므로 권력분산은 필요했다. 하지만 상호 분석 없이 중앙집권이 된 것은 지나친 것이었다. 둘째, 국가와 기업 관계에 있어서 당시 규정은 지도성원을 절감하고, 전액이윤분배제도 도입하며, 기업 유권조정 기구와 관련 인원, 고유자산을 자체 처리하게 되어 있었다. 정확한 명령의 결핍으로, 단계별 목표제고, 기업정상화관리 상실 등 경제 효익성이 대폭 감소한 것이다. 셋째, 소유제도에서 보면, 일대이공, 진급, 과도를 서둘렀다. 이는 단일한 국유소유제 및 국유경제의 국가경영을 쾌속 실현하기 위한 목적이다. 농촌은 인민공사화 운동을 전개하여 정사합병을 실행했다. 도시는 일부 사유제 개조와 함께 개인경제와 개인경영을 거의 취소하여 집단경제와 집단경영을 제한한다. 이는 당시 생산력발전 수준과 차이가 났으므로 공산풍, 허풍풍과 지휘 문제를 초래하였다. 넷째, 분배제도에서 농촌은 물론 도시와 같이 "일평이조(一平二調)"를 진행하여 평균주의를 진일보 발전시켜 극단적으로 농민, 공인들의 적극성을 없애버려서 노동생산율도 대폭 감소된 것이다.

대약진 운동은 당시 위정자의 주관심리를 전면적으로 표현한 것이었다. 계획체제가 강요한 "공업중시 농업무시, 일대이공(重工輕農, 一大二公)"의 특징은 이 특정한 시기를 적나라하게 표현해 주었다. 반실사주의 정책을 너무 서둘러서 경제파동을 일으켜 경제조절을 할 수밖에 없었고, 이로 인해 경제난과 인민들을 생활의 어려움에서 벗어날 수 없었다. 국민경제에 심각한 고난을 초래한 대약진 운동에 관하여 중앙정부는 1961년 국민경제실행조절을 결의함으로써 기본건설 규모 축소와 농업투입을 최대화하여 경제구조 조정을 시도했다. 체제는 "일대이공"을 인민공사로부터 "3급 소유, 생산대를 기초로(三級所有, 隊爲基礎)"로 변경하였다. 비록 인민공사는 "정사합일(政社合一)"체제의 일부분을 보유했지만 생산부문 규모와 소유제구조의 조절을 진행함으로써 농업의 회복과 발전을 촉구하였다. 또한 "조절, 공고, 충실, 제고" 8대 방침을 실행하여 국민경제를 발전시키고 새로운 질적 발전궤도에 이르도록 하였다. 이 방침은 1962년 개최한 제7차 인민대회에서 제출한 전면적인 개혁이다. 이는 경제체제에 적극적으로 대응하는 대책이다. 첫째, 중앙 집중 통일관리 실현으로 종합평형을 이루는 것이다. 둘째, 경제구축을 운용하는 조절작용에 주의를 기울이기 시작하는 것이다.

셋째, 각종 관리조항을 제정하여 경제 감독을 강화하는 것이다(張立根, 2009:16). 몇 년간의 조정을 거쳐 농업, 경공업과 중공업은 비교적 평행적 발전을 거듭하였다. 1960년 대비 1965년 농업 생산량 증가율은 42.2%, 경공업 증가율은 27.5%, 중공업은 37.2%로 하락하였다. 국가 재정 상황은 호전되었고, 또한 누적율도 감소하여 도시주민 실생활수준은 25.7%로 향상했다(蔡昉·林毅夫, 2003 : 7). 중국의 공업체제건설과 과학기술은 가장 큰 진보를 보였다. 국민경제조절단계에서 대약진과 "일대이공"은 아픈 교훈을 주었는데 당시 당과 국가지도자들로 하여금 계획을 할 때 비율발전의 중요성을 깨닫게 하여 농, 경, 중 관계에 겸손한 자세로 대처해야 하며 "농업은 기초로, 공업은 주도적"을 제출하여 계획은 비율에 따라 경제발전 방침을 구축해야 한다고 한다. 하지만 이와 동시에 소련과의 의식붕괴는 국가관계의 적대화를 심화시켰고, 한편 월남전쟁 본격화로 미국은 중국과 더욱 적대적 관계가 되었다. 안팎의 긴장감은 마오쩌둥으로 하여금 계급투쟁의 핵심을 제출하여 경제체제개혁의 탐색을 거의 상실하게 하였다.

② 계획체제의 정치가 주도하는 사회불안정속의 경제성장기(1966-1978)

1966년에 발생한 문화대혁명은 또 한 번 중국경제발전의 정상화 구축을 단절시켰다. 1966-1976년은 계획체제하의 정치가 가장 전형적이고 돋보였던 시기이다. 문화대혁명 10년 내란 중 중국은 경제체제개혁을 계속 탐구하였으나 경제성장은 기본적으로 증가추세 단계에 머물러 있는 사항이었다. 과학기술 분야에서 일정한 성과를 거두었으나 도시 지식인청년들의 "상산하향(上山下鄕)"운동을 재개하였다. 1967년과 1968년 이외의 기간 중 공농업총생산은 증가추세에 이르렀는데 주로 기존 경제의 누적성 증가이고 증가 속도는 전보다 저조했다. 이 시기 사회총생산 연평균 증가율은 8.3%이고 공업총생산의 연평균 증가율은 8.7%로 이 시기 계획체제의 효율성은 대폭 감소되고 저효율과 경제구조 왜곡 등 경제문제와 사회모순은 이미 심각한 사항이어서 계획체제의 우월성은 점차적으로 인민의 신뢰를 잃게 되었다.

또한 이 시기 과학기술은 일부 새로운 발전했는데 대표적인 예가 인공위성의 발사 성공이다. 하지만 경제, 사회와 정치생활 혼잡은 공, 농업생산을 최악의 상태로 몰아넣어 산업구조상 기형적인 발전을 갖게 되어 노동자의 적극성은 억제되고 생산효율은 전혀 제고되지 않았고 인력자원 손실은 아주 크고 인민생활수준은 장기적으로 향상시킬 수 없게 되었다. 문화대혁명만 없었더라면 중국경제는 더욱 발전했을 것으로 본다.

문화대혁명 종결 후 2년 동안 중국정부는 10년 동안의 잘못된 것을 수정, 정상적인 경제질서 회복을 촉구하려고 하였지만 한편으로 효율이 낮은 경제체제의 심도적인 개혁을 진행하지 않았기에 새로운 약진을 하기엔 부족했다. 기존 불균형적인 산업구조와 긴장된 경제관계를 더욱 초래하게 되어 경제 분야 문제점을 효과적으로 해결할 수 없어 전국 현의 215억 인구는 절대적인 빈곤에 처하게 된 것이었다.

결론적으로 1953부터 1978년까지 중국은 빠른 축적과 중공업 우선 발전전략을 건립하여 상대적으로 완전한 국민경제체계와 독립적인 공업체계를 건립한 것이다. 이와 동시에 경제발전 도중 나타난 여러 문제점들은 계획경제와 단일 공유제체계 안에서 쉽게 해결할 수 없게 된 것이다.

2. 행위자 간의 관계

1) 독점적 국가 권위와 농민의 공생

신중국이 건립된 후, 사회주의는 국가와 농촌 사회의 관계 구조를 철저히 변화시켰다. 국가 권력의 개입은 국가의 목적을 달성하였을 뿐만 아니라 광대한 농촌사회 개조도 성공적으로 완수하였다. 1949년 후, 국가가 독점적 권위를 가지고 농민을 전반적으로 통제하는 통치시기에 들어섰다(綦淑娟, 1996:35-41). 농촌 사회에서 이러한 독점적 권위를 가진 정부가 농민을 통제하는 권력을 수립하는 방법은 세 가지가 있다.

첫째, 농촌경제자원 특히 토지, 생산 자료에 대한 통제이다. 토지 개혁의 완성과 함께 단일화된 사유토지 생산권 구조를 구축하는 것은 더 이상 토지 개혁의 최종 목표가 아니었다. 중국 공산당은 오직 토지 개혁으로 농업 생산에 필수적인 경제 변혁 혹은 농촌에서 원하고 있는 사회 재구축을 완성하려고 하지 않았다. 갓 시작할 때부터 토지개혁을 다만 농업 집단화로 향하는 필수적인 과정과 전환 단계로 정했을 뿐이다. 또 개체 농민 소유제로부터 집단 농장으로 전환하는 것은 아주 긴 과정이라고도 생각했다(Meisner, 1992:158).

식량에 대한 통일된 구매, 농업의 사회주의 개조, 농업 집단화 운동은 농업 사회의 경제 분야에 대한 국가 권위의 확장과 규제를 상징한다. 1953년 10월, 중국공산당 중앙은 식량에 대하여 계획적으로 구입하고 공급하는 결책을 내렸다. 식량에 대하여 통구통매를 실시하여 개인 곡물 상인이 자유롭게 식량 운영하는 것을 금지했고 단지 국가 식량 판매하는 대리점을 운영하게 하였다. 그 후 기름, 식용유, 면화, 면직물에 대하여서도 통일된 구매를 실시하였다. 전면적으로 보면 통구통매제도는 공업화 때문에 나타난 것이고 또 사회의 기본적 수요와 국가의 고속도 공업화가 필요로 하는 자금 축적과 외환 원천도 제공하였다. 또 농업 사회의 사회주의 개조와 계획 경제 체제의 형성을 촉진시켰으며 그 후의 고도로 집중된 국가 집권의 경제 체제의 건립에도 기초를 마련하였다. 통구통매제도는 농업생산을 진행하는 농민으로 하여금 농업 산출에서의 잉여를 직접적으로 얻을 수 있는 권력을 잃게 하였다. 또 이러한 제도 하에서 국가는 이윤을 얻을 수 있는 생산 전과 생산 후에서의 독점적 지위를 차지하게 되었으며 이윤이 없는 정책 규정에서 강제적 농업 생산 과정은 농민이 맡게 되었다(劉金海, 2004:33, 66).

이처럼 개체 농업 경제를 국가 계획 경제 대안으로 포함시켰고 국가는 농촌 경제의 유통 분야를 통제하였으며 또한 농촌 사회 경제 분야에 대하여서도 초보적인 공제를 실현하였다. 농업 집단화 운동은 국가의 생산 운영 면에 규제를 강화하였다. 호조 합작으로부터 초급사, 더 나아가서 고급사까지 국가는 농촌 사회의 경제 분야에 전면적으로 침투하였으며 생산, 교환, 유통과 소비의 모든 과정을 통제하게 되었다(周錫峰, 2010:31-32).

둘째, 규제의 조직화다. 정부는 합작화와 집단화를 추진하는 동시에 폐지와 건립이 서로 조합된 방법을 사용하였다. 한 면으로는 농촌에서 엄밀한 조직 체계를 건립함으로써 농민들을 통제하였다. 신중국이 건립된 후, 중국은 적극적으로 소련을 따라 배웠기 때문에 전체 국가기구는 공업화 건설에 열중하였다. 계획 경제 체제하에서 중공업을 발전시키는 자금은 주로 농업에 의해 축적되었으며 도시의 식량 수요와 경공업을 발전하는 원료도 농업의 생산에 의해 충족 받아야 했다. 농업은 국민 경제의 기초였다. 즉, 농민들의 연약한 어깨가 국가 공업화의 비용을 짊어져야 한다는 뜻이다. 이처럼 국가는 위대한 정책의 전망을 실현하기 위하여 농민을 토지에 단단히 얽매어놓아야 했다. 그래서 중국 농민이 자유롭게 이동하는 권리를 심각히 왜곡하였다.

　1949년 9월 29일에 채택된 〈중국 인민 정치 협상 회의 공동 강령〉 제5조에서 인민은 거주, 이동의 자유가 있다고 규정하였다. 1954년 제1차 전국 인민 대표 대회 제 1차 회의에서 채택된 중국 첫 헌법 〈중화 인민공화국헌법〉 제90조 제2항에서는 "중화인민공화국 국민은 거주와 이동의 자유가 있다"라고 규정하였다. 비록 1954년의 중국 인민 공화국 첫 헌법에서는 "공민은 거주하는 권리와 자유적으로 이동하는 권리를 갖고 있다"고 규정했지만 첫 헌법이 발표되기 전까지만 해도 자유적인 이동을 제한하는 정책과 관습은 이미 존재했다. 일찍이 1950년 11월 26일에 중앙 인민정부 내무부 사회사는 인민일보에서 〈농민의 맹목적 도시 이동 권유를 금지해야 한다〉라고 하는 글을 발표하였다. 이 글에서는 당시 농민이 도시에 일을 찾으러 온 현상을 열거한 후 농민이 맹목적으로 도시로 이동하는 정서를 극복하기 위하여 농민을 반드시 설복해야 한다고 지적했다. 농민이 도시로 이동하는 것을 금지하는 원인에 대한 보고서에서 국가의 아주 많은 재부를 낭비하고 사회 질서에 영향을 주며 각 지방 인민 정부에 불필요한 어려움을 아주 많이 주게 된다고 지적했다. 동시에 글은 또 농민에게 아주 불리하였다. 왜냐하면 그들이 맹목적으로 도시로 이동하였기 때문에 한동안 일터를 찾지 못하게 되었다. 따라서 옷과 이불 등을 팔 수 밖에 없으며 결국 실업자가 될 수밖에 없다고 지적하였다. 가장 핵심이 되는 한 줄은 바로 현재 노동 취업은 주로 실업 문제를 해결하는 것이지만 농촌의 잉여 노동력은 실업자로 간주되지 않는다는 것이다. 그들은 심을 밭도 있으며 먹을 수 있는 밥도 있다는 것이다. 2년 후의 1953년 4월 17일에 행정위원회에서는 〈농민이 맹목적으로 도시로 이동하는 것을 권유 금지하는 데에 관한 지시〉를 발표하였으며 도시 건설은 초보단계이기 때문에 노동력에 대한 수요는 제한되어 있으므로 농민이 맹목적으로 도시로 이동해서 결국은 도시의 실업 인구를 증가시키고 이 문제는 또한 쉽게 해결되지 못할 것이며 농촌에서는 노동력의 부족으로 인하여 모내기와 파종이 큰 영향을 받아 농업 생산에 큰 손실을 보게 된다고도 지적하였다. 해결책으로는 권유만이 아니라 금지도 해야 한다는 것이다. 소개 편지 제공 금지, 농촌으로 돌아가는 것을 권유, 농촌에서의 노동자 모집 금지 등이 포함되어 있다. 내무부, 노동부에서는 1954년 3월 12일에 농민이 맹목적으로 도시로 이동하는 것을 금지하는 정책을 계속하여 관철할 것이라고 발표하였다. 이 정책은 54년 헌법이 채택된 시간 즉 같은 해 9월 20일보다 반년 일찍 발표되었다. 내용은 즉 예전의 정책은 문제를 해결하지 못했기에 반드시 진일보 금지를 해야 한다는 것이다.

이것을 보면 공민의 이동 자유의 권리는 헌법에 포함되기 전에 이미 새 중국의 현실 생활 속에서 제한을 받고 있었다는 것이다. 문제가 되는 점은 54년 헌법에 수록된 자유 이동의 권리 중 헌법에 어긋나는 규정과 정책은 청산, 검토, 금지 될 수 있는가 하는 것이다. 하지만 그렇게 되지는 않았다. 1955년 6월, 국무원에서는 〈장기적인 호구 등록 제도를 건립하는 것에 관한 지시〉를 발표하였으며 호구 등록 제도를 공식화하였다. 같은 해 8월에 〈도시 식량 분배에 관한 임시 방법〉을 발표하였으며 도시 주민만이 국가 식량을 분배받을 수 있는 자격이 있다고 규정했다. 같은 해 11월에 〈도시 지구와 농촌 지구를 구분하는 것에 관한 규정〉을 발표하여 정부 사업은 농촌과 도시 별로 크게 구분되었다. 1956년 12월 30일 국무원에서는 〈농촌 인구가 맹목적으로 외지로 이동하는 것을 방지하는 것에 관한 지시〉를 발표하였으며 1957년 3월

2일에 국무원에서는 재차 〈농촌 인구의 맹목적 외지 이동에 관한 보충적 지시〉를 발표하였다. 1957년 9월 14일에 국무원은 재차 〈농민들의 맹목적인 도시이동 문제에 관한 통지〉를 발표하였다. 중공 중앙이 연속적으로 몇 번 지시를 내렸지만 효과는 좋지 않았다. 이러한 상황에서 중국공산당 중앙과 국무원은 1957년 12월 18일에 함께 〈농촌 인구가 맹목적으로 외지로 이동하는 것을 금지하는 데에 관한 지시〉를 발표하였다. 이러한 규정은 농민의 자유적으로 이동하는 권리를 일정하게 제약시켰다(胡美靈, 2008:77). 1955년 6월부터 1957년 12월까지 정부가 〈호구 등록〉, 〈농민이 맹목적으로 도시로 이동하는 것을 방지〉, 〈농촌 인구가 외지로 이동하는 것을 제지〉 등 문제에 관한 발표는 모두 7개 정책문건이었는데 일관적으로 농민이 도시로 이동하는 것을 금지하였다. 또 법률적 차원에서 농민이 도시로 이동하는 것을 금지하기 위하여 1958년 1월 9일에 제1차 전국 인민 대표 상무 위원회 91차 회의에서는 〈중화 인민 공화국 호구 등록제도〉(이하에서는 〈호구 등록제도〉로 칭함)를 채택하였으며 중국 역사상 최초의 호구 제도를 건립하였다. 제도 제10항에서는 공민이 농촌으로부터 도시로 이동할 경우 반드시 도시 노동 부문의 고용 증명 혹은 학교의 입학 증명 혹은 도시 호구 등록 부문의 관련 증명이 있어야 하고 관련 이사 수속은 영주 호구 등록 부문에 의해 진행한다고 규정하였다. 그리고 특히 도시에 3일 이상 머물 경우에는 합법적인 임시 거주 수속도 해야 한다고 규정하였다. 〈호구 등록제도〉의 채택은 중국 최초의 호적제도의 진정한 탄생과 중국의 도시와 농촌이 분리한 이중 호적 제도의 정식적 확립을 명시한다. 이 중 호적제도의 핵심 내용은 전국의 인구를 농촌의 농업 호구와 도시의 비농업 호구, 두 가지로 나누며, 차별적인 사회 혜택 우대 정책을 실행한다. 또 농업 호구가 비농업 호구로 전환하는 것에 대하여 엄격하게 통제한다. 국가 정책은 모든 단계마다 호적 제도와 통구통매의 형식으로 도시와 농촌을 두 가지 사회, 두 가지 단체, 두 가지 생활 방법으로 구분한다(公民1776:2010). 이 결과 명실상부한 신분 등급 관계가 형성되었다. 따라서 인구의 이동을 제한하고 인위적으로 인구 도시화를 제약하였다. 〈호구 등록제도〉는 처음으로 법률상 농민이 도시로 이동하는 것을 제한하였다. 이는 사실상 농민의 이동 자유의 권리가 헌법의 보호를 잃게 된 것을 설명한다. 극단적인 '좌파' 사상의 지도하에서 1957년 〈헌법〉은 아예 농민의 거주와 이동 자유의 권리를 헌법에서 삭제하였다. 이는 〈헌법〉이 〈호구 등록제도〉에 따른 전형적 사례 중의 하나이다. 하지만 1978년 〈헌법〉에서는 거주와 이동 자유의 규정을 회복하지 않았다(張英洪, 2007:97-102).

다른 한편, 토지 개혁은 농촌 상류 계급 지주의 영향력을 제거하면서 또 그와 대항하는 종교, 가족 세력 및 기타 민족 조직이 발동한 한 차례 또 한 차례의 정치 운동도 전면적으로 정리하였고 농민도 전면적으로 컨트롤하였다. 마을은 중국 사회의 기본적 구조이고 중국 왕조의 장기적, 연속적인 존재를 이해하는 관건이다. 마치 거대한 흡수 능력을 갖고 있는 "순환적인 함정"과 같다. 마을에서 역사의 원래 의미를 잃게 되었다. 시간은 앞으로 흘러가는 것이 아니라 하루 한 달의 순환, 사계절의 순환, 가난과 부유의 순환, 생존과 죽음의 순환으로 순환한다. 이 모든 것은 마을 생활의 의미로 구성되었다. 마을의 발전은 문화의 수입 혹은 외부의 힘의 추동에 의거하는 것이다(張樂天, 2002:34). 자연 마을로부터 초급사, 고급사, 생산 대대와 작은 생산대로 변화하는 과정에서 국가는 시종 기층 제도를 공급하는 유일한 합법자이다. 이렇게 국가는 농촌 사회의 마을 변화 과정을 기획하였다. 하지만 이러한 과정은 사회 변화 중의 정적 상태를 표현하였을 뿐이다. 국가는 직접적으로 역사와 자연적 요소에 의하여 형성된 농촌 사회의 발전 과정을 타파하여 새로운 중간 조직을 구성하였는데, 이는 국가가 농촌 사회를 통제하는 받침대가 되었고 다른 한 면으로는 국가가 기층 사회와 생산, 교환을 하는 과정 중의 완충 지역이 되기도 하였다. 첫 번째, 국가는 농촌 사회의 변화 및 그 변화 과정, 내부 기본 구조를 기획하였다. 두 번째, 국가의 의지와 정책 및 법률 제도를 표현하였으며 농촌의 기본적인 경제, 정치 사회 제도를 규정하였다. 〈농촌인민업무규정 수정초안〉의 규정에 의하면 대대는 집단 재산중의 일급 소유자이다. 세 번째, 농촌은 직접적으로 국가 행정 통제체계에 포함된다. 인민 공사는 군사화 조직을 실시하고 개인 - 가정 - 생산 소대 - 생산 대대 - 인민 공사 - 구, 현 - 시, 자치주 - 성, 자치구와 직할시 - 중앙 이와 같은 완정한 사회 통제 체계는 개인과 가정을 소대에 통합시켰고 소대는 또 대대에 통합되었으며 대대는 공사의 직접적인 지시를 받게 되었다. 이와 같은 사회화 통합 과정에서 개인은 정사합일의 공사를 통해 국가의 직접적인 통제를 받는다(劉金海, 2006:58-59). 물론 이러한 과정은 또 농민이 차츰 집단화되는 과정이기도 하다. 농업 집단화와 농민이 조직화되는 과정과 함께 집단의 구조도 세 단계로 나누어진다. 첫 단계는 집단의 맹아이고 운반체는 6-7여 개 가구로 조합된 호조조다. 두 번째 단계는 집단의 축소형인 초급사다. 이는 호조조를 반 사회주의 혹은 초급으로 조합한 농업 생산 합작사다. 이 때 토지는 협조식으로 운영되었고 집단적으로 재배하였으며 각 가정은 여전히 토지 사유권이 있었으며 분배 시 일부분은 노동 공헌에 따랐고 일부분은 투입된 토지의 양에 따라 분배되었다. 세 번째 단계는 집단 구조상 낮은 수준에서의 완성 형태인 고급사이다. 초급 합작사는 최종적으로 고급 합작사로 조합되고 개인의 사적 토지 소유권은 폐지하며 분배 시

노동에 의하여 보상 받는 사회주의 원칙을 실시한다(Meisner, 1992: 158-159).

토지 개혁이 끝난 후, 정부는 소농을 개조하는 어려운 작업에 처해 있었다. 1953년 12월 16일, 중국공산당 중앙은 당 과도 시기의 총 노선을 제출하였다. 당의 농촌 사업 중 근본 임무는 농민 군중을 교육하여 그들을 조직하고 점차적으로 연합시켜 농업의 사회주의 개조를 점차적으로 실시하여 농업으로 하여금 낙후한 소규모 생산인 개체 경제로부터 선진적인 대규모 생산인 합작 경제로 변화시키는 것이었다. 그래서 점차적으로 공업과 농업이 발전 과정과 어울리지 않는 모순을 극복하도록 하는 것이었다. 또 농민이 점차적으로 가난에서 벗어나 공동 부유와 보편적 번영 생활을 누리게 한다는 것이다. 정부의 인도와 독촉으로 농민은 선후로 합작사의 대문을 넘어섰다. 하지만 자발적으로 결합하고 등가로 교환하며 민주적으로 관리하는 원칙에 의해 호조 합작을 진행하고, 토지는 주식에 의해 가입하고 통일적으로 운영한다는 주요 특징을 가진 초급 합작사에 가입했을 때, 농민들은 비록 가정을 발전시키려는 희망을 품고 시작한 것은 사실이지만 이미 무의식중에 전통 제도문화를 초월한 새로운 제도를 받아들이고 있었던 것이다. 농업 합작화 과정에서 정부의 권력은 시종 중요한 작용을 발휘하였고 의식 형태의 주입을 더욱 순조롭게 하였다. 하지만 그 과정은 순탄하지 않았으며 계급투쟁의 기운으로 충족되었다. 혁명은 외부적으로 전통을 부정하며 전통은 내부적으로 혁명을 부정한다. 인민 공사의 일상생활은 바로 이러한 이중 부정 속에서 전개되었다. 이러한 상태는 많은 사람들의 심리적인 충돌을 불러 일으켰으며 인간의 사회화 과정에 엄중한 영향을 미쳤다. 혁명은 부단히 전통에 의해 부정되므로 사람에 대한 영향력도 근본적으로 적어졌다. 인민 공사는 농민을 사회주의의 새로운 인간으로 개조할 수 없었으며 인민 공사의 역사가 이미 이 점을 증명했다. 다른 한 면으로 전통도 혁명에 의해 부단히 부정을 받기 때문에 새로운 한 세대의 농민에 대해여서도 효과적인 영향을 주지 못했다. 인민 공사는 전통적인 마을처럼 전통적 의의가 있는 농민을 만들 수 없었다. 젊은 세대는 완전히 부정 받는 사물을 받아들이지 못하기 때문이다. 결국 전통 마을에 비해 인민 공사는 농민을 개변시켰으며 따라서 농촌의 인간관계도 개변되었다. 호조조로부터 시작하여 초급사, 고급사를 거쳐 인민 공사화로 발전되고 인민 공사화 시기에는 농민이 통일되었다. 일단 공사에 참가하면 농민의 신분도 변한다. 그들은 통일된 공사 사원으로 되며(張樂天, 2002:34-51) 이러한 신분은 또 강제성을 띠기에 농민을 평생 사원이 되게 하였고 사실상 농민은 자발적으로 참가하고 퇴출할 권리가 없었다. 농민의 사원 신분은 자신이 이미 한 집단에 조직되었다는 것을 설명하며 이 집단은 또한 계층 구조를 갖고 있다. 그리하여 농민은 사원의 신분 때문에 집단성을 띤 각급 사회조직에 조직되며 국가 계층까지 이르게 된 것이다. 인민 공사는 위로부터 농촌에 투입되어 지속적인 계급과 계급투쟁으로 농민이 자발적으로 자본주의의 길을 걷는 행위를 억제하고 집단주의 농민을 사회주의의 새 농민으로 만들었다. 인민 공사의 최종 해체는 공사는 결국 이기주의의 소농을 집단주의의 공사 사원으로 개조할 수 없다는 것을 증명한 것이었다. 반대로 말하면 즉, 인민 공사가 소농을 집단주의의 사원으로 개조 못했기 때문에 끝나 버린 것이라고 이해할 수도 있다. 인민 공사 시기 농민은 기본 생활을 만족시키는 자료만 갖고 있었고 자유적으로 지배할 수 있는 생산 자료가 없었다. 이 때문에 농민은 노동의지를 잃게 되었고 모종의 의미에서 보면 농민은 현대 경제 성장 중 하나의 요소로 전락되고 만 것이었다(劉金海, 2006:67). 인민

공사는 전통적인 마을 사회를 제거하고 국가의 정치권력은 또 그것에 의해 자연적인 마을로 침투하여 농민의 행위를 지배하였다. 하지만 인민 공사는 사회를 완전히 제거하지 못했고 마을 사회를 공일사의 제도 구조에 넣으려고 시도했을 뿐이다. 그래서 이 시기에서는 특수한 공사 사회가 형성되었다(張樂天, 2002:48-49).

요컨대 신중국이 성립한 후 국가는 토지 개혁과 합작화 운동을 통해 농촌 사회에 대하여 효과적인 개조를 진행하였으며 동시에 국가 정권도 농촌 사회 내부까지 심입되었다. 특히 인민 공사 체제를 실시한 후부터 국가와 농촌 사회 사이에는 고도로 통일된 관계 구조가 형성되었다. 이러한 상황에서의 국가와 농민의 관계는 두 가지로 개괄할 수 있다. 첫 번째, 의존과 보호의 관계. 두 번째, 고도로 통합된 관계. 첫 번째를 볼 때 3급 소유는 생산대를 기초로 한다는 소유제하에서 농민은 비록 이론상으로 생산 자료의 소유권을 갖고 있었지만 사실상 직접적인 점유권과 지배권이 없었고 자주적인 생산 경영 주체도 아니었다. 생산 경영 활동은 국가의 계획과 층층으로 하달되는 임무에 의해 진행되었다. 수익면에서 봐도 농민은 독립적인 수익 주체가 아니었다. 생산대의 일원으로서 그들의 노동은 시장 수단을 통해 상응한 가치를 실현하고 이익을 얻을 수가 없었다. 농민의 노동성과는 비 시장화의 수단을 통해 직접 국가에 바치는 동시에 국가는 농민에게 직접적인 생산과 생활상의 보호를 제공하고 평균주의 원칙에 의해 생산 자료와 생활 자료를 제공하며 국가에 대한 충성 정도에 의해 정치와 인신 안전의 보호를 제공한다. 동시에 정사 합일의 인민 공사 체제와 당의 단일화 지도는 기층 정권의 힘을 농촌 사회 내부까지 심입시켰으며 국가의 의지는 또 이에 의해 농촌 기층 사회까지 진입하여 농민과 직접적으로 관계를 맺게 되었다. 이러한 상황에서 농민은 독립적 주체로서 능력

없이 국가에 의거하고 국가는 또 필요한 통제와 보호를 해 준다. 두 번째는 또 두 가지 면으로 볼 수 있다. 첫 번째, 이익 통합면에서 보면 농민은 독립적인 이익 주체가 아니기 때문에 국가에 의존하며 국가는 비시장화의 수단으로 농민의 노동성과를 가져가 농민에게 생활 자료를 분배하는 동시에 또 비시장화의 수단으로 농민 이익을 국가 이익에 통합시킨다. 또 경제생활에서 고도화된 비시장화 때문에 이러한 이익 통합의 정도가 아주 높았다. 즉 국가 이익과 농민 이익은 고도 일체화로 되었던 것이다. 두 번째, 가치 통합면으로 보면 농민과 국가는 이익면에서 고도로 통합되어 있기 때문에 농민의 가치 취향은 보다 쉽게 국가의 주류 가치관을 받아들일 수 있었다. 또 강력한 의식형태의 홍보에서 농민은 더욱 자각적으로 자신의 이익을 국가의 이익과 연결하고 그에 복종하게 되며 따라서 국가 의식형태가 요구하는 가치 취향에 부합되게 된다. 이러한 상황에서 국가와 농촌 사회는 고도로 일체화되었으며 농촌 사회의 그 어떠한 어긋난 행위든지 모두 비판을 받았다(賀雪峰, 1999:30). 이와 같이 고도로 통합된 관계는 국가가 농촌 사회에 대한 자원 획득과 정치 운동을 담보하였으며 동시에 국가와 농민의 이익 충돌도 방지하였다(許昀, 2001:8).

세 번째, 농민에 대해 통일적인 사상 동원과 전면적인 사상 의식을 통제했다. 이 시기 출현한 인민 공사는 정사합일의 행동 조직이고 정치, 경제, 문화, 군사의 기능을 한 몸에 짊어졌으며 문화 교육 사업을 관리하고 사회 안정을 유지하며 의식 형태를 강화하는 등 여러 가지 기능을 갖고 있었다(王娅, 2004:54). 사상 정치 사업과 연속된 정치 운동 및 조직 통제 후 개체 농민은 집단화에 이익상의 손실을 끼치거나 자유가 상실되거나 불만이 있거나 또 국가 행위와 충돌이 있으면 무조건 정치적 징벌을 받게 된다는 큰 위험성을 알고 있다. 그래서 그들은 오직 소극적으로 사업하거나 하는 형식으로 은밀한 반항을 할 수밖에 없으며 이는 또 사실상 농민이 국가 독점적 정부 권위 형식에 대한 일종의 묵인을 의미한다.

이 시기, 국가 통제와 농민들의 복종 하에서 농민과 국가 사이에는 비대칭이라는 악성 국면이 형성되었다. 국가와 농민의 상호 작용에서 국가가 너무 강하기 때문에 쌍방 역량의 비대칭성은 점점 더 절대화 되는 추세가 나타났다. 결국 직접적으로 상호 작용하는 양자의 구조상에서의 완전한 비대칭을 초래하였다. 전체 상호 작용의 체계에서 국가로부터 농민에로의 위로부터 아래로 된 커뮤니케이션 채널은 극도로 비대칭적이 되었으며 일방적인 방향성의 특징을 나타냈다. 정부는 자신의 의지를 공식 문서, 여론 도구, 조직 계통(조직조, 간부 전달)등 여러 형식을 통해 수직이고 효과적으로 농민에게 전달할 수 있었지만 농민의 의지와 의견은 제도화로 된 채널로 전달될 수 없었다. 이 시기, 촌 급 조직의 간부들의 열정은 아주 높았으며 위를 향해 책임지려는 경향도 있었다. 그래서 촌 급 조직은 국가 권력 기구의 연장이기는 하였지만 농민 이익의 전달 기구는 아니었다(陳嬰虹, 2004; 吳重慶, 2000).

2) 국가 주도한 집단 생산권(生産權) 속에의 국가와 집단

(1) 국가 구조 구축 과정 중의 집단과 집단 생산권

건국 후부터 고급 농업 합작화까지 7년 동안, 중국 공산당의 지도 하에 중국 농촌은 두 차례의 혁명적인 사회 운동을 완성하였다. 첫 번째는 토지개혁이고 두 번째는 농업합작화 운동이었다. 토지 개혁은 농촌 사회의 지주 계급과 지주 착취 제도를 철저히 제거하였고 평균 주의를 기초로 하는 농민 개체 사적 소유 생산권 제도를 건립하여 농민마다 토지가 있다는 소원을 실현케 하였다. 농업합작화운동은 또 한 차례의 사회 변혁이다. 즉 역사에서 여러 가지 경제 사회 형태를 변화 시켰을 뿐만 아니라 순환적이고 점진적인 방법을 통하여 농민으로 하여금 토지에 대한 사유권을 얻게 하였으며 또한 중국만의 특색을 가진 집단 생산권 제도를 건립하였다. 집단 생산권은 집단성 사회 조직이 어느 한 가지 확정된 재산에 대해 점유권, 사용권, 수익권, 처분권 등을 포함한 권한을 향유할 수 있다는 것이다. 물론 집단 생산권의 분야에서는 두 가지 두드러진 문제가 있다. 첫 번째, 집단 재산 범위에 대한 구분이다. 두 번째, 집단의 의미에 대한 정의와 확장이다. 중국에서 보면 첫 번째 문제는 실제적으로 존재해 그 의미에 대해 일정한 정도로는 확정할 수 있지만 두 번째 문제의 경우는 비교적 어려운 것이다. 왜냐하면 여기에서 말하는 집단 생산권의 사회 정치적 의의는 법률적 의의보다 더욱 풍부하고 또 인민 공사화 운동 후 국가는 자신의 정치적 이익과 통치 효과의 최대화를 실현하기 위하여 새로운 한 급의 사회 조직인 생산 대대를 구축하였고 또 조직의 집단 재산의 관리자와 이익의 향유자로서 집단 재산과 노동, 수익 분배 과정에도 참여하였기 때문이다. 생산대는 생산대 범위내의 집단 재산 중에서 유일하게 합법적 권리를 갖고 있는 주체이고 또 그에 해당하는 직접 점유권과 일정한 정도의 생산 경영 사용권, 수익 분배권을 향유한다. 하지만 국가가 토지에 대하여 최종 소유권을 갖고 있기 때문에 따라서 토지에 대한 처분권도 독점하였다. 국가는 이익의 향유자로서 주로 아래와 같은 네 가지 방법을 사용한다. 첫 번째, 농업세를 징수하는 것이다. 두 번째, 계획 경제 체제이다. 세 번째, 계획 경제와 어울리는 통구통매 정책이다. 네 번째, 도시와 농촌의 이중 가격 체제이다. 이 네 가지 방법은 국가로 하여금 농민 생산 수익을 직접적이고 최대한으로 획득하게 하였다. 따라서 생산대 혹은 생산 대대, 인민 공사는 모두 토지의 소유권을 처분하는 권리가 없다는 이 사실을 어렵지 않게 확인할 수 있다. 국가는 권리를 분배할 뿐만 아니라 전권주의의 신분으로 집단 재산 권리의 변화를 주도하며 이에 의해 집단과 농민의 국가와의 의존 관계를 한 걸음 더 발전시켰고 국가는 전권으로 일체 사회 재산 및 경영을 하는 권리를 관리하게 되었다. 이러한 권력 분배의 구조에서 집단은 국가 의지를 실천하는 유기적 실체로 되었다. 집단은 국가와 농민의 관계와 달리 처음부터 있는 것이 아니다. 집단의 행동 논리와 이익 선호는 집단의 각 성원에 의존하지 않는다. 또한 중국 농촌 사회 각 계급 집단의 형성과 각급 집단의 구조와 형성은 모두 국가가 농촌 사회를 통제하는 수요에 의존하며 존재의 합법성은 또 국가의 인정에서 오고 국가의 명의에 의해 구축된다. 따라서 농업 집단화 혹은 농업 합작화의 과정은 바로 국가가 집단과 집단 권리를 구축하는 과정이다.

(2) 국가 권력 주도하의 농업 합작화와 인민 공사화

① 국가 권리 주도하에서의 농업 합작화

농업 합작화 운동은 최초의 집단화와 농촌 조직화 운동이다. 가장 직접적인 의의에서 보면 이것은 농업 생산의 합작 운동이다. 농업 생산의 사회 생산 과정으로써 농업 합작화 운동의 가장 기본적인 요구는 바로 노동력 수량과 토지 수량 사이의 균형적 배치를 실현하는 것이다. 즉 일정한 수량의 토지는 반드시 일정한 양의 노동력을 필요로 한다. 토지 개혁 후 사유재산 제도가 나타났다. 이 토지 분배는 오직 인구수의 많고 적음만 고려했을 뿐 노동력의 질과 양은 고려하지 않았다. 그래서 토지 개혁 후 토지수와 필요한 노동력 사이의 불균형이 뚜렷했다. 이와 같은 기본적인 노동력과 토지 사이의 불균형적 배치의 모순을 해결하고 땅의 힘과 인간의 힘을 최대한으로 발휘시키기 위한 토지와 인력 자원의 합리적 배치를 실현하기 위하여 중국 공산당은 땅을 농호에 분배했고 농민을 호조 합작의 길에 올라서게 하였다. 그 결과 초급 수준의 자본 유통과 자원 배치를 실현하였다. 농업 합작화 운동은 농촌 사회성 혁명의 이중 기능을 계승하였다. 하지만 토지 개혁의 목표와 달리 공산당이 설계한 농업 합작화의 길은 소농 경제의 제한성을 극복하고 농업 생산량을 증가시켜 도시 공업화에 자금을 제공하고 국가 공업 체계 형성에 있었다. 그러나 농업 집단화 운동은 예상하지 못한 결과를 초래했다. 경제면에서는 농민이 토지 등 주요 재산을 얻게 되었고 소농 토지 소유 제도를 또 한 번 파괴하였으며 사회주의 의미에서의 집단 재산제도를 건립하였다. 정치 사회적 의미로 보면 사회주의 의식형태가 농촌에 파고들기 시작했으며 분산된 농민과 농업가정을 조직하여 그들을 중국 공산당원으로 설정한 사회주의 합작 조직에 통합시키기 시작했다.

농업 합작화와 토지 개혁 운동의 다른 점은 농업 합작화 아래에서 국가 구조는 국가 의지를 대표하는 집단 및 그 기반으로 한 집단 생산권을 체현하는데 있었다. 이는 경제와 법률의 차원에서 재산 권리를 체현하였고 집단 및 집단 생산권은 또 국가의 정치와 사회 책임을 짊어져야 했다. 마지막으로는 이 두 차례의 사회 혁명에서 국가, 집단과 농민 및 농민 내부 관계에 대하여 분석했다(劉金海, 2006:1-67). 전체 합작화의 진행 과정으로부터 보면 호조조로부터 초급사로의 전개는 비교적 긴 시간을 거쳤으며 비교적 많은 어려움에 봉착했다. 만약 정부의 힘찬 추진력이 없었다면 초급사는 보편적으로 조직되지 못하였을 것이다. 초급사가 성립된 의의는 주로 정치와 사회 조직 측면에 있다. 하지만 그 중 가장 기본적인 법칙도 무시할 수 없었다. 즉 사를 기본 생산

단위로 하는 것이다. 초급사는 호조 합작 조직의 연장인 것임이 명확하며 사회 생산면에서 초급사는 호조 합작 조직을 일종의 합법화한 제도가 되었다. 또 성격상 초급 합작사로 확정되었다. 〈중국 공산당 중앙 위원회가 농업 생산 합작사 발전시키는 것에 관한 결의〉에서도 이 점을 명확했다(人大農經系資料室, 1979:182-183, 389-394). 합작사 건립을 진행하는 과정에서 국가는 합작사의 규모를 반드시 생산력 수준과 일치해야 한다는 원칙을 견지했다. 고급사를 성립하는 과정에서도 기본상 이 원칙을 관철했으며 기본적인 계산 단위 즉 농업 생산 단위에 대해서 중국 공산당은 특별한 요구가 없었다. 다만 합작사의 범위를 본래의 자연 마을에 한정시켰다. (劉金海, 2006:52). 1955년에 중앙은 적극적으로 농촌합작사를 추진했다. 고급사 제도는 시작할 때부터 문제가 있었다. 고급사는 자원의 원칙에 의해 농민이 자유롭게 사에서 벗어나는 것을 허가했다. 하지만 이것은 정치 역량을 장기적, 효과적으로 발휘하는데 영향을 주었다. 또한 이것은 정부의 이상적 목표와도 어긋났다. 고급사는 향 정부의 지도를 받지만 경제 제도로부터 보면 향 정부는 생산권도 없고 고급사보다 급도 높지 않았다. 시간이 오래 되면 본래로 되돌아 가려는 경향도 더욱 커질 것이다. 이러한 점들은 모두 사회주의 상징인 계획 경제의 실시를 방해할 가능성이 있는 것이다. 호조조로부터 초급사, 고급사의 과정을 통해 새 정부는 최종으로 농촌에서 자연 마을과 다른 새로운 제도인 인민 공사를 건립했다.

이 시기부터 중국 농촌은 발전의 길을 걷게 되었다. 아마도 공사의 건립에 지불한 대가가 너무 컸기에 공사는 갈수록 많은 사람의 공격을 받았고 심지어 저주의 대상까지 되었다. 공사의 의의는 바로 전통적 순환을 초월하여 최종적으로 순환의 함정에서 벗어나는 조건을 마련한 데 있다(張樂天, 2002:37-38).

② 국가 권력 주도하에서의 인민 공사화

인민 공사는 대약진운동의 배경 하에서 역사 무대로 올라선 것이며 이는 공산 사회주의의 한 차례 시험이었다. 그것의 목적은 경제의 발전 속도를 넘어 사회에 한 차례의 규모가 큰 개조를 진행하는 것이다. 인민 공사는 1958년에 흥기하여 1986년에 기본적으로 취소되었다. 30년에 가까운 이 시기 동안 농민은 공산주의의 천국에 들어서기는커녕 오히려 중국 농업 생산의 발전과 농민 생활의 제고까지 늦춰지는 고난에서 벗어나지 못했다. 1978년까지 중국에는 아직도 1억 남짓한 농민이 배고픔의 문제에 시달리고 있었다(康瓊, 2001:62). 1958년 인민공사의 성립으로부터 1984년 인민 공사가 해체될 때까지 중국 농촌에서는 인민 공사 제도를 꼬박 26년 동안 실시해왔다. 이 시기, 중국 농촌의 발전 혹은 정지, 중국 농민의 소망 혹은 고난은 모두 공사 제도와 직접적으로 연관되어 있다. 따라서 공사는 그 시기의 상징이 되었다. 지금까지도 농촌의 기층 권력 구조와 조직 체제, 농민 생활의 곳곳에서 우리는 공사의 그림자를 어렵지 않게 볼 수 있다. 공사는 또한 당대 중국 농촌을 이해하는 열쇠이기도 하다(張樂天, 2005:서론1).

인민공사화 운동은 농촌을 국가 관리 체계에 직접 포함시키고자 했다. 인민 공사 제도는 중앙부터 성으로, 자치구와 직할시로, 시로, 자치주로, 구로, 현으로, 인민공사로, 생산대대로, 생산소대로, 가정으로, 개체로 이와 같은 체계를 통하여 전국 범위에서 엄밀한 당 조직과 행정 조직을 건립했으며 편벽한 농촌에까지도 그 영향을 미쳤다. 인민 공사는 중국 사회주의 사회 농촌의 기층 단위이고 경제 조직이며 정권 조직이다. 인민 공사는 생산 건설을 관리할 뿐만 아니라 재정, 양식, 무역, 민정 등 기층 행정 임무도 관리하였다. 그 결과 인민 공사는 경제, 문화, 정치, 군사의 통일체이자, 국가 경제 기능과 정치 기능, 사회화 조직 기능을 긴밀하게 결합한 기구가 되었다. 국가 건설에 대한 인민 공사의 가장 큰 공헌은 바로 토지 등 생산 자료를 주요 재산으로 하는 전민 소유제를 확립한 것이다. 이는 향후의 국가 경제 건설에 쓰일 비용을 최대한으로 줄이는 효과가 있었다. 토지를 주요 내용으로 하는 집단 재산은 명목상 집단의 소유였지만 사실은 각급 정부를 대표로 하는 국가 소유였다. 그래서 국가는 도시 확장과 공업 건설에 필요한 토지 자원을 수집할 때 자주적으로 토지 재산 수집할 때의 보상 표준을 정할 수 있었다. 인민 공사는 국가 정권의 기층 단위이고 국가 기층 정권의 대표다. 또한 직접적으로 국가 법령과 정책을 실행하고 공사 경제 생산과 지방 사회 질서를 잘 관리하고 국가 경제건설과 정치안정에 건실한 기초도 닦았다. 인민공사제도 시기 국가가 농촌의 생산 잉여를 얻는 방법은 주로 통구통매, 이중 가격체계 같은 체제 혹은 정책이 대표적이었다. 인민공사 체제하에서 국가는 집단 재산 권리를 주도했고 농업 생산 수익의 우선적 분배권, 잉여에 대한 요구권 등의 권리를 누렸다. 또한 계획 경제체제, 통구통매정책, 이중 가격 제도를 통하여 국가는 농업 생산 중에서 공업화 건설에 사용할 거액의 자금을 얻어 국민 경제 체계의 건립을 완성하였다. 인민공사 체제 하에서 국가는 농촌 사회의 집단재산 권리의 운영을 주도하였다. 그 결과, 국가는 농촌 집단 재산 권리의 주체가 되어 농업의 생산, 조직, 경영에 직접적으로 참여하였을 뿐만 아니라 통구통매, 계획 경제체제, 이중 가격 체계를 통하여 농업 생산의 잉여 수익도 얻었다. 이러한 의미에서 보면 인민공사 시기 국가는 집단성 재산 권리의 제도적 배치를 주도하였으며 또한 직접적으로 집단성 재산 권리의 최종 수익 소유권도 가졌다. 집단성 재산 권리의 배치는 국가로 하여금 예상하지 못한 사회 수익을 얻게 했지만 경제 효율적 측면에서 볼 때 인민공사 시기의 생산대를 기본 경영 계산 단위로 하는 생산 방법은 노동 감독과 노동 계량의 문제를 해결하지 못하는 결과를 초래했다. 이 두 가지 문제는 이익 증가와 이익 분배에서의 난제이며 또 농업 생산 효율 제고와 노동자 생산 적극성에 영향을 미친 주요 원인이다. 국가의 측면으로부터 보면 인민공사 시기 집단 재산 제도의 효과는 아주 뚜렷했다. 국가는 가장 적은 비용으로 국민 경제 체계를 건립했을 뿐만 아니라 국가 전능주의를 기초로 하는 사회 컨트롤 체계도 구축할 수 있었기 때문이다. 하지만 경제 효율면에서 볼 때 인민공사 제도 시기 설정한 재산에 관한 제도의 효율은 낮았다. 자연 자원 등 기본 생산 자료의 시장 배치의 최적화를 실현하지 못하고 진정으로 사회 가치를 창조하는 인력 자본에도 지속적인 자극 기구를 마련하지 못했다(劉金海, 2006:84-114). 린이푸(林毅夫)는 인민공사 토지제도 실패의 원인에 대하여 이와 같이 논술했다. 즉 인민공사 제도의 구조에서 생산권의 결핍은 필연적으로 노동을 자극하는데 쓰는 비용을 증가시키고 노동에 대한 격려는 적어질 것이다. 또한 인민 공사 내부 사원에게는 종료권이 없어서 사원의 나태한 행동을 처벌할 수 없었다. 따라서 인민 공사는 결국 실패할 수밖에 없는 운명을 면하지 못했던 것이다(林毅夫, 1992:45).

③ 국가 권력 주도하에서의 집단 생산권 배치 및 그 특징

인민 공사는 소유제 관계의 변혁뿐만 아니라 조직과 규모의 확장도 요구한다. 방법은 바로 작은 사를 큰 사로 합병하여 인민 공사로 전환시키는 것이다. 작은 사를 큰 사로 합병하는 과정에서 작은 사의 공공 재산은 큰 사가 소유하게 된다. 1958년 12월 10일 발표한 〈인민 공사 문제에 관한 결의〉 중에서도 이 과정을 인정했는데, 농업 합작사가 인민공사가 되면 본래의 집단 소유를 확장시키고 제고시킨다고 지적했

다. 이것은 즉 공유화의 수준이 확대되고 제도화되었다는 것을 말해
주며 공공 재산 및 그 관리 범위도 확대되고 제고되었다는 것을 의미
한다.

인민공사는 고급사의 정식적인 국가화이다. 이는 집단 재산의 형성
과정에서 아주 분명하게 표현되었다. 그래서 인민공사 시기의 집단 재
산의 형성을 분석하려면 반드시 고급 농업 합작사를 형성한 농업 합작
화 운동으로부터 출발해야 한다. 〈고급 농업 합작사 시범 헌장〉에 의
하면 집단 재산 범주에 포함되는 재산은 주로 아래와 같다. 첫째, 합작
사 집단으로 전환된 농민 사유의 토지, 농장 동물, 대형 농기구 등 주
요 생산 자료이다. 둘째, 토지와 함께 합작사 집단 소유로 전환되며
사원 토지에 부속되어 있는 사유의 연못, 우물 등 수리 시설이다. 셋
째, 사원 사적 소유의 농장 동물, 대형 농기구와 사원이 경영하는 가정
부업에는 필요하지 않지만 합작사가 필요로 하는 부업 도구 등은 합작
사의 집단 소유로 전환된다. 넷째, 사원 사유의 임목 부지로 되어 있는
경제림, 재목 등은 일정한 형식을 통하여 합작사 집단의 소유로 전환
된다. 다섯째, 사원이 갖고 있는 무리로 되는 농장 동물은 가격으로
환산하여 농업사에서 구매해 집단 소유로 전환한다. 여섯째, 농업 합
작사가 수집한 생산 비용과 사원 사유의 생산 자료를 구매하기 위하여
모집한 주식기금이다. 일곱째, 농업 합작사가 매년 수입으로부터 남겨
둔 공적금과 공익금 등등이 있다(劉金海, 2006:44-60). 정부는 제도 공
급을 자주 조절할 수밖에 없었다. 1960년 1월 3일, 중공 중앙에서는
〈현 농촌 인민 공사 정책 문제에 관한 긴급 지시서〉 중에서 사, 대 규
모 조정을 강력히 요구하였다. 생산대를 기초로 하는 3급 소유제는 현
단계 인민공사의 근본적 제도이며 이는 1961년부터 적어도 7년 동안
변하지 않을 것이라는 것을 명확히 했다(人大農經系資料室, 1979:257).

그 후 〈농촌 인민 공사 사업 조례〉 및 그 수정 초안에서는 공사와 생산 대의 규모를 축소할 것을 요구하였다. 집단 재산의 경계와 집단의 범 위는 대응되어야 한다. 즉 집단성 농촌 조직의 관리 범위가 어느 지역 까지 미치면 집단 재산의 경계도 그 지역의 토지 등 생산 자료와 같은 정도가 되어야 한다. 인민공사 관리체제의 두드러진 특징은 바로 정치 와 경제가 하나로 되는 것이다. 계획 경제 실시를 통해 국가는 농촌 기층 정권 부문에서 반드시 국가와 각급 정부가 하달한 각항 계획을 관철, 집행해야 한다는 것이다.

인민공사 제도는 1962년에 확정되었다. 이 시기, 농촌 인민공사는 3급 소유, 생산대를 기초로 하고, 즉 대가 생산 소대의 기본 생산과 계산 단위로 되는 기본제도를 실시하였다. 3급 소유, 생산대를 기초로 하는 기본제도는 1962년 9월 27일에 개최한 제8회 10차 전회에서 확 정되었다. 전회에서 재확인한 〈농업에 대한 60항 수정 초안〉에서 생 산대는 인민공사의 기본 계산단위이고 독립적인 계산을 실시하며 손 익은 자신이 책임지고 조직 생산과 수익 분배를 직접적으로 한다고 규 정하였다. 또 이 제도는 확정된 후에도 30년 동안 유지할 것이라고 했 다. 당시의 체제하에서 이와 같은 제도의 확립은 이 제도에 법률적 지 위를 부여한다는 것이다. 이 시기부터 인민공사의 집단 재산 주체는 상대적으로 명확한 범주에 들어서게 되었다. 이 시기, 국가는 농촌 집 단 이익 분배에 참여하는데 있어서 주체적 지위를 차지했으며 그 작용 도 충분히 발휘했다. 식량 생산 등 주요 농산품에 대한 통구통매, 각항 계획 공급 정책 등을 통해 국가의 재산 주체적 지위는 충분히 체현되 었다. 또 기타 3급 재산 주체도 국가가 부여한 권리에 의하여 부동한 수준에 대한 재산 향유 권력을 얻고 집단 재산의 소유자로 되어 집단 재산을 향유하는 권리를 갖게 되었다. 그리고 집단 재산 권력 주체의 자격은 사회 생산과 교환에 의해 결정되지 않으며 국가 기층 규제 체계의 구조와 위치에 의하여 결정되었다. 즉, 국가 구조의 위치와 행정 수준이 그들의 재산을 향유할 수 있는 권리를 결정하는 것이다. 대를 기초로 한다는 것은 생산대는 독립적으로 계산하고 자신이 스스로 손익을 책임지며 직접 생산을 조직하고 조직 수익을 분배한다는 것이다. 다시 말하면 이 시기의 집단 재산 권리는 주로 생산대 의미에서의 재산 권리를 가리킨다. 그래서 생산대는 집단성 재산의 가장 직접적인 소유자이고 재산 주체로서 직접적으로 재산 권리를 향유한다. 인민공사 시기 대를 기초로 한다는 것을 포함한 내용 중 재산 권리와 관계되는 규정에는 아래와 같은 몇 가지가 있다. 첫째, 생산대는 생산대 범위 내의 토지 소유권을 갖고 있으며 생산대가 소유하면 이득이 되는 것은 모두 생산대 소유로 한다(사실상, 국가가 집단 토지 재산의 최종 소유권을 갖고 있다). 둘째, 일정한 정도의 생산경영관리 자주권을 갖는다. 국가의 계획과 지도를 받는 전제하에서 생산대는 자주적으로 재배를 할 권리를 갖는다. 셋째, 일정한 정도에서 수익에 대한 분배의 자주권을 갖고 있다. 국가가 규정한 농업 부산품의 임무를 완성한 후 생산 대대는 잉여 자료에 대하여 분배를 할 권리가 있다. 인민공사 시기의 집단 생산권의 특징은 아래와 같은 몇 가지가 있다. 첫째, 집단성 재산의 계급성과 주체의 계급성이다. 둘째, 강제성과 지역성이다. 집단 재산 및 재산 권리 주체의 경계에 대한 확정은 법률을 표준으로 하지 않고 당시 국가의 인민공사 제도에 대한 규정을 전제로 한다. 이는 또한 집단 재산과 권리 주체의 경계는 모두 그와 상응한 기층 지역을 경계로 한다고 규정했다. 이것이 바로 집단 재산 권리의 지역성이다. 셋째, 비배타성이다. 동일한 집단성 재산의 이익 공유에 참여하는 주체는 다극적인 구조를 나타낸다. 그 중 어느 한 급(級)의 주체도 기타 주체가 동

시에 집단성의 재산 수익을 향유하는 것을 배제할 수 없다. 생산 주체
는 홀로 생산 수익을 얻을 수 없고 자신이 재산 수익 중에서 차지하는
비율도 결정할 수 없다. 하지만 집단 생산권의 배타성은 어떤 의미에
서 보면 생산권 주체 체계 내부에서의 권리 분할과 조합의 결과이기도
하다. 즉 각급 주체는 오직 그와 상응한 재산 권리를 향유하는 것이다.
넷째, 가분리성과 이전성이다. 계획 경제 체제의 일관적인 실시는 상
급의 계획적인 지도와 집단 이익, 국가주의 인도를 배척하지 않았다(劉
金海, 2006:57-64).

인민공사의 생산권 제도의 배치는 즉 그 어느 개체 사원에 대하여서
도 기타 사원과 구별되는 생산 자료에 대하여 배타성을 띠는 사용, 이
전, 수익과 처분권을 갖고 있지 않는다는 것이다. 이러한 배경에서 공
유 재산의 수익과 손실은 매개 당사자에 대하여 모두 강한 외부성을
가진다. 이러한 외부성은 집단 경제 성원의 확장에 의해 강화된다. 그
래서 노동 감독비용도 이에 따라 많아지게 되는 것이다. 인민공사의
토지제도의 변화, 토지에 대한 집단 소유, 집단 경영, 농산품에 대한
강제성을 띤 통구통매제도로부터 농민은 토지에 대한 배타적인 사용
권, 수익권과 독점권이 근본적으로 결핍되어 있다는 것을 알 수 있다.
생산권의 불완전의 표현은 제도 공급의 주체, 즉 정부의 예상 순이익
에 큰 피해를 주었을 뿐만 아니라 최종적으로는 제도 혁신에 대한 열
망까지 낳았다(胡美靈, 2008:101-102).

3. 소결

중국 공산당의 집권을 공고히 하고 사회주의 체제의 꿈을 실현하기
위하여 중공업을 발전시키는 것은 당의 유일한 선택이었다. 당시 '기

초가 약하고 기반이 부족한' 중국에 '소련식'의 집단 조직을 건립하는 것이야말로 중국 공산당에게는 가장 좋은 선택이었다. 이러한 지도 사상 하에서 전국 국민은 도시 주민과 농촌 주민으로 구별되었고 호적 관리를 채용하는 이중 분리 관리의 방식이 정식으로 탄생되었다.

1953년부터 농민은 점차적으로 호조조에 포함되기 시작했다. 초급 합작사와 고급 합작사 마지막으로 최고 단계인 인민공사에 이르는 과정에서 농민은 점차적으로 자유를 잃게 되었고, 심지어 생업을 유지하는 토지는 예전의 개인의 사적 소유로부터 점차적으로 집단 소유제로 변화되었다. 농민은 본래 갖고 있던 토지를 완전히 잃게 되었고 국가와 집단은 농지의 소유권과 경영권을 단단히 장악하게 되었다.

물론, 이러한 토지 집단화 과정에서 시작 초기와 완전히 상반되는 토지 비효율성의 문제와 사회 모순도 나타났다.

제 2단계 집단소유제의 배경에는 제1단계의 사유제 토지정책의 결과 나타난 자본주의 병폐현상 및 국가공업화 추진을 위한 자금조달과 같은 경제적 요인 등도 작용하였지만, 농촌토지정책의 변화를 이끈 주요 요인은 사회주의 이념이라고 할 수 있다. 마오쩌둥은 1593년 6월 중공 중앙 정치국 회의에서 신민주주의가 자본주의로 향하고 있다고 비판하고 사회주의 지향의 '과도시기 총노선'을 제기하였다. 이에 따라 원래 상당기간 자본주의 요소를 허용하기로 한 신민주주의 단계를 '과도기시기 총노선'으로 대체하게 되어 농촌토지의 사회주의 집단소유제가 실시된 것이다.

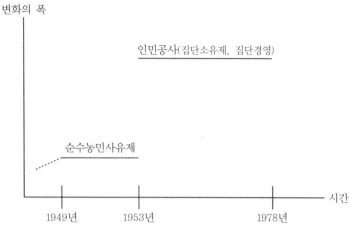

[그림 4-3] 제2단계 농촌 토지 정책 변화의 특징: 단절적 균형

그리고 제2단계 농촌토지정책의 변화의 특징은 단절적 균형이라고 할 수 있다. 역사적 제도주의에서 제도 변화의 요인으로 정치적·경제적 위기와 같은 역사적 전환점에 주목한다(Ikenberry, 1988; 하연섭, 2011:58). 그렇지만 위기가 극복되고 나면 위기에 대응하기 위해 새롭게 형성된 제도의 모습이 고착화되는 경향을 지니게 된다(하연섭, 2011; 58)고 보았다. 제2단계 시기는 이러한 단절균형의 정책변화 모습이 잘 나타난다. 시기적으로 신 중국은 4년 전인 1949년에 성립되었지만 공산당이념(공유제)이 정책에 반영되기 시작한 것은 1953년부터이기 때문이다. 이 시기에는 농촌토지에 대한 개인의 소유권과 경영권이 사라지고 집단이 소유하고 경영하는 집단 공유제가 실시된다. 이러한 제도는 1978년까지 이어진다. 제2단계 시기 토지의 집단화는 빠르게 진행되었다. 1956년 고급합작화 단계에 진입했는데, 이는 농민개인소유가 사회주의 집단소유제로 변화된 것을 의미한다(박인성·조성찬, 2011:88). 3년이라는 짧은 시간 동안 신속하게 농촌토지정책이 변화한 것이다. 따라

서 이시기 농촌토지정책의 변화 특징은 단절적 균형이라고 할 수 있다.

제3절 1978년 이래 농촌토지정책 변화 분석

1. 환경 요인

1) 공산당의 통치 이념의 변화

중국사회주의 건설은 힘들게 진행되었고, '문화대혁명'은 사회주의 건설을 심각하게 파괴하게 했다. '사인방'이 제거되고 '문화대혁명'이 끝난 뒤에도 한동안 '좌파' 지도사상은 여전히 건재했다. 그래서 1978년 말 개최된 중국공산당 제11기 중앙위원회 3차 전체회의는 중국 역사에서 중요한 사건으로 기록된다. 이 회의는 '실사구시'의 사상노선을 회복시켰다. 그 후 중국의 경제는 이 사상을 토대로 개혁개방을 밀고 나갔다. 10년의 동란이 끝나니 중국에는 방치되거나 지체된 각종 일들이 산적해 있었다. 시대 발전에 따라 세정, 국정, 당정도 변하고 있어서 집정조건을 정확하게 분석해야 과학적 집정이념을 세울 수 있을 뿐만 아니라 새 상황을 잘 대처할 기초를 다질 수 있다. 덩샤오핑이 집권한 시대는 마오쩌둥 시대에 비해 국내외의 환경이 많이 변했다. 덩샤오핑의 집권 이념은 국제 공산주의 운동의 심각한 실패의 교훈을 총결하고 특히 중국 사회주의 건설 경험과 교훈을 기초로 하여 구성된 것이다. 시대특징과 시대배경이 다르기 때문에 마오쩌둥과 덩샤오핑 집권 이념의 차이점은 뚜렷하다.

중국 공산당은 역사에서 남아 있는 문제를 해결하고 신국면을 정리하는 중임을 담당해야 했다. 덩샤오핑은 이런 국제환경에 하에 집정을 시작해 자신을 중심으로 하는 새 지도자집단을 구성했다. 당시 사람들은 개혁의 목표에 대해 뚜렷한 인식이 없어서 덩샤오핑의 말처럼 '돌을 더듬어 가며 강을 건너'야 했다. 정부는 혼란 상태를 수습하여 바로잡을 때 전통체제에 대한 비판으로 신체제의 기본 방향을 삼았다. 그래서 혼란반정과 농업개혁, 가격개혁을 했다. 20세기 1980년대 초에 농촌 생산 책임제는 먼저 '문화대혁명'의 파괴로 정체된 10년의 곤경에서 빠져나오기 위해 만든 것으로 시장경제를 도입해 경제이익의 측면에서 시장의 참여자의 적극성을 동원하여 경제 성장을 추진하기 위한 것이었다.

2) 정치적 환경

(1) 국제 정치 환경

중국의 개혁개방은 당시의 국내외 환경과 깊은 관계가 있다. 20세기 1960년대 중소 관계가 악화되었는데 1971년에서야 중국은 자구노력을 통해서 유엔의 합법적 위치를 회복했다. '작은 공으로 큰 공을 돌리게 한다.'라는 미명으로 1972년 2월에 중미는 상해공보를 발표하며 중미의 관계를 정상화시켰고, 이후 일본 수상 Tanaka Kakuei이 중국을 방문해서 중일의 외교관계도 공식적으로 수립되었다. 1973년 9월에 방중한 프랑스 대통령 Georges Pompidou과 새로운 중불 관계를 개척했다. 이런 일련의 과정은 중국개혁개방에 봉쇄시대와 다른 국제환경을 제공했다. 한편, 일본과 아시아 네 마리 작은 용의 굴기도 중국에 큰 자극이 되었다. 1978년 전후로 당과 국가 지도자의 빈번한 해외 방문은 중국공산당과 정부 스스로 자신들의 처지를 절감하게 해주었고, 개혁개방의 필요성과 긴박감을 인식하게 했다.

중국개혁개방의 총설계자인 덩샤오핑은 제11회 제3차 전국대표대회에서 '하나의 당, 하나의 나라, 하나의 민족이 만약 모두 원래 교조적인 면에서 출발한다면 미신이 성행하고 생각이 단순해졌을 것이다. 그러면 그것은 앞으로 전진할 수 없고 그것의 생기도 잃게 되어 곧 당과 국가는 다 망할 것이다'고 말했다(鄧小平, 1994:142-143). 덩샤오핑의 강연은 중국개혁개방의 새로운 장을 열었다. 1978년 8월 12일에 베이징에서 〈중일화평우호조약〉을 맺었다. 10월 22일-29일 덩샤오핑은 일본을 방문해서 23일에 호환중일화평우호조약을 도쿄에서 체결했다. 12월 16일에 중미양국 정부는 베이징과 워싱톤에서 연합공보를 동시 발표하고 1979년 1월 1일부터 서로 승인해 외교관계를 구축하기로 결정했다.

개혁개방 이후 국내정치경제는 정상적으로 발전하고 있었다. 세계다극화의 추세도 날로 분명해졌지만 아시아 지역은 비교적 안정적이라 이 유리한 시기를 어떻게 이용하는가 하는 것은 중국의 현대화목표를 달성하는 중요한 문제가 될 것으로 보았다(孔如, 2012:23).

제11회 제3차 전국대표대회 이후 덩샤오핑은 1970년대 말부터 1980년대 초까지 국제경제, 정치의 발전 상황 및 국제추세의 환경과 특징을 과학적으로 분석하고 정확하게 제시했다. 점차 '평화와 발전'은 당대 세계주제의 신 논단으로 형성되었다. 개혁개방으로 중국 특색의 사회주의 신시대의 건설을 개척했다. 당시의 국제 형세는 다음과 같은 특징이 있었다. 첫째, 소련과 미국이 격렬하게 패권을 다투어 전쟁의 위험이 여전히 존재했지만 쌍방은 전략적으로 세력 균형을 통해 상호 견제했다. 둘째, 아시아, 아프리카와 라틴 아메리카의 민족해방운동은 많은 제3세계의 국가정치독립의 실현시켰고 세계정치 상황을 많이 바꿔 평화의 유지와 발전의 촉진의 주요한 힘이 된다. 민족혁명의 임무는 이미 완성되었고 중국의 민족경제를 발전시키고자 하는 임무는 날로 뚜렷해지고 생산력에 대한 발전은 국가의 주요한 임무가 되었다. 셋째, 전쟁 후 과학기술이 왕성하게 발전되면서 자본주의는 생산관계와 상부관계를 많이 개혁하고 개선했을 뿐만 아니라 경제구조와 내외 정책도 조정하고 세계 경쟁에서 이기기 위하여 자국경제를 빨리 발전시키고자 했다. 이와 동시에 세계 각국은 서로 협력하고 서로의 공통점과 공통이익을 확대하고 증가했다. 협조와 합작을 통한 국제관계는 이제 새로운 주류가 되었다.

국제형식의 변화를 고려해서 덩샤오핑은 전통적 시대관을 즉시 조정하고 변화했다. '평화와 발전'은 당대 세계 주제의 과학논단이라고 제기했다. '현 세계에서 진정한 큰 문제와 전략적인 문제는 평화 문제이고 또 하나는 경제 문제이다.'(羅燕明, 2003). 이것을 고려해서 덩샤오핑은 계급투쟁을 강령으로 한 집권이념을 바꿔서 당의 집권이념을 다시 경제건설을 핵심으로 하는 것으로 되돌아가게 했다. 어떻게 국제와 국내의 정치자원을 이용해서 국내외의 신구모순을 처리하고 대응하고 다중 정치의 위험에 대응할 것인가? 어떻게 서양 선진국 정당집권 모델의 도전에 대처하고 당을 계속 이끌며 자기의 집권 지위도 공고할 것인가? 따라서 덩샤오핑은 당의 집권 능력 건설 문제를 고려해 어떻게 인민을 지도해서 중국 특색 사회주의 큰 깃발을 높이 들고 경제 건설을 핵심으로 하는 중국의 경제, 정치, 문화 등 모든 방면의 신속한 발전을 이루고 국방과 군대 현대화 건설을 추진하며 중국의 종합적인 국력을 향상시키고 중국을 국제시대조류에 진입하게 하고 진정한 사회주의 현대화의 국가가 되게 할 것인지를 생각했다.

국내와 다른 국제 환경, 더욱이 시대주제에 대한 마오쩌둥과 덩샤오핑의 다른 판단은 마오쩌둥과 덩샤오핑 집권이념의 차이를 갖게 한 주요 원인이다. 따라서 시대의 요구와 세정, 국정, 당정의 변화에 적응하고 집권당 자체의 개혁을 통하여 집권당의 현대화를 실현하고 당의 집권이념의 전환을 실현시키기 위해 덩샤오핑은 노력했다(譚金娥, 2007: 29-31).

(2) 국내 정치 환경

1978년 3월 덩샤오핑은 국무원 정치연구실 책임자와 상담할 때 노동에 따른 분배라는 사회주의 원칙을 반드시 지켜나가야 한다고 지적했다. 노동에 따른 분배란 노동의 양과 품질에 따라서 분배하는 것이다.

5월 11일에 〈광명일보〉에 〈실천은 진리를 검정하는 유일한 표준이다〉라는 제목의 특약 논평을 발표했다. 12일에 〈인민일보〉와 〈해방군보〉는 이를 동시에 게재했다. 사설은 실천이야말로 마르크스주의 관점을 보여주는 것이고 어떤 이론이라도 실천의 검증을 받아야 한다고 지적했다. 이 토론은 덩샤오핑, 예젠잉(葉劍英), 리셴녠(李先念), 천윈(陳雲), 후야오방(胡耀邦) 등 중앙 지도자들의 큰 지지를 받았다. 따라서 매우 많은 저항을 돌파하고 전국적으로 점차 퍼지게 되었다. 이 토론은 오랫동안 '좌파'사상의 잘못을 타파하고 전국적 마르크스주의의 사상해방운동을 촉진해 당의 제11회 제3차 전국대표대회의 개최를 위한 사상 조건을 마련했다.

9월 5일에 국무원은 전국계획회의를 개최했다. 이 회의에서 경제전선이 쇄국이나 반쇄국 상태에 벗어나 국외 선진 기술을 적극적으로 도입하고 국외 자금을 이용해서 국제시장에 대담하게 들어가는 개방적 정책으로 전면적 변화를 해야 한다고 확정했다.

11월 10일부터 12월 15일까지 중공 중앙정부 업무회의는 베이징에서 개최했다. 덩샤오핑은 〈해방사상, 실사구시, 단결해서 함께 앞으로 본다〉라는 주제 발언을 했다. 주요내용은 다음과 같다. 첫째, 해방사상은 현재 중대한 정치문제다. 둘째, 민주는 해방사상의 중요한 조건이다. 셋째, 남아 있는 문제를 처리하는 것은 미래를 위한 것이다. 넷째, 새로운 상황을 연구하고 문제를 해결한다. 이 발언은 실제로 뒤따라 열린 당의 제11회 제3차 전국대표대회의 주제보고가 되었을 뿐만 아니라 중국만의 특색을 가진 사회주의 이론을 창립하고 건설하는 선언서가 되었다.

12월 18일부터 22일까지 중국공산당 제11기 중앙위원회 3차 전체회의는 베이징에서 개최했다. 대회는 해방사상, 실사구시의 사상노선을 확립했고 '두 개의 무릇(兩个凡是; 마오쩌둥의 결정과 지시를 절대시하는 것)'의 잘못된 방침을 부정했고, '계급투쟁을 강령으로'라는 잘못된 구호 사용을 결단력 있게 중지했다. 대회는 해방사상, 실사구시, 과오가 있으면 시정하는 방침을 통해 역사에 남아 있는 중대한 문제와 중요한 지도자의 공과와 시비 문제를 심사하고 해결한다. 당과 국가 정치에서 민주를 강화하고 당의 지도기관의 강화와 중앙 기율 검사 위원회의 창립을 강화하자고 했다. 제11회 제3차 전국대표대회는 건국 이래 당의 역사에서 의의가 있는 위대한 전환점이 되었고, 덩샤오핑을 핵심으로 한 중앙지도단체는 거대한 사명을 담당하기 시작했다.

3) 사회적 환경

(1) 인구

중화인민 공화국 창립 후 인구는 지속적으로 급증했다. 전국의 총인구는 1949년 연말의 54,167만에서 1989년 연말의 111,191만까지 증가했다.

1970년부터 전국적으로 가족계획을 대대적으로 실시했다. 1973년에 국무원은 〈가족계획의 효과적 집행에 관한 보고〉를 발표하고 그해부터 인구발전을 국민경제계획에 넣기 시작했다. 1975년까지 총인구 증가율은 1.7%이고 1980년까지 1.2%로 줄어들었지만 1981년 이후에 잠시 다시 증가했고 1985년은 도로 1.02%로 줄어들었다. 12년 동안 인구는 모두 15,321만을 증가했는데 연평균 증가율은 1.33%로 앞선 단계보다 많이 줄어들었다.

중국은 1970년 이후 특히 중국 공산당 제11기 3중 전국인민대표대회 이후 인구와 국민경제문제를 매우 중시하면서 인구증가와 사회경제발전을 반드시 서로 조화롭게 되어야 함을 명확히 하고, 인구수 통제와 인구자질향상 제고 정책과 제도를 규정하고 집행해 나가는 가족계획을 국가의 기본정책으로 삼았다(許滌新, 1988: 서론10). 1973년 중국정부는 1960년대 이래 인구가 지속적, 폭발적으로 증가하자, 큰 압박감을 느껴 국무원에서 〈효과적인 가족계획업무 보고에 관하여〉를 발표하게 했다. 이제 인구발전을 국민경제계획에 넣기 시작한 것이다. 이는 국가가 공식적으로 인구 재생산에 대해 규제를 취하겠다는 의미이다. 1976년 10년의 '문화대혁명'이 끝나자 가족계획과 인구증가를 규제하는 작업은 더욱 중시되고 강화되었다(劉岳·沈益民·奚國金, 1991:42). 1978년 중국 공산당 중앙정부는 〈국무원가족계획지도위원회의 제1차 회의 보고에 관하여〉를 발표했다. 제5기 전국인민대표대회 제2차 회의에서는 실현 가능한 방법을 정할 것과 한 명의 아이만 낳는 부부에게는 표창을 하자는 것도 제의됐다(中國社會科學院人口研究所, 1986:25). 1980년대에 들어서 가족계획과, 인구증가의 규제는 모두가 알고 있듯 국가의 기본 정책이 되었다(劉岳, 沈益民, 奚國金, 1991:42).

〈표 4-15〉 1979-1985년 인구 증가 상황

연도	총인구 (만명)	총인구 증가 수 (만명)	연 증가 비율 (%)
1979년	97,542	1,283	1.33
1980년	98,705	1,163	1.19
1981년	100,072	1,367	1.38
1982년	101,541	1,469	1.47
1983년	102,495	954	0.94
1984년	103,475	980	0.96
1985년	104,532	1,057	1.02
합계 또는 평균	–	15,321	1.33

* 자료출처: 〈중국통계연감〉(1986).

산아제한정책의 시행에 따라 중국은 1970년대 초반부터 1980년대 중반까지 약 2억 명의 신생아 출산을 억제했다(許滌新, 1988: 서론, 12). 1973년부터 1987년까지 연평균 출생률은 20.44%로 줄었고 연평균 사망률은 6.75%로 감소했으며 연평균 인구 자연성장률은 13.68%로 줄었다. 총인구는 1973년의 8억 9,211만 명에서 1987년의 10억 7,240만 명으로 증가하여 평균 1년간 1,288만 명이 순 증가했다. 인구기수에 주는 영향을 제외하고 이 시기에 증가한 순수 인구수는 과거 각 시기(1950-1961년 마이너스 성장 시기 제외)보다 훨씬 적다. 요컨대 1973년에서 1980년까지 인구 출생률, 사망률과 자연성장률이 날이 갈수록 점점 줄어든 것이다(劉岳·沈益民·奚國金, 1991:43).

중국은 1970년대부터 인구 억제에 대해 상당한 효과를 거두었지만 지나치게 큰 인구 관성 작용이 인구기수를 초과하여 인구수는 계속 증가하였다. 1981년 전국인구수가 10억 명을 초과하게 되면서 세계 인구의 1/5이나 차지하게 된다. 그리고 방대한 인구는 중국 사회의 식량, 에너지, 교육, 주택, 취직 등 전면적인 방면에 부족현상을 야기했다.

수많은 인구는 자원에 대한 거대한 수요를 필요로 해 환경을 파괴하며 인구, 자원, 환경 사이의 관계를 취약하게 만들었다. 그래서 인구증가 억제는 중국의 장기적이고 힘든 과제가 되었다(〈中國土地資源生産能力及人口承載量研究〉課題組, 1992:13-93).

(2) 식량

1978년 12월에 열린 제 11기 중국 공산당 중앙위원회 제3차 전체회의에서 농업발전을 강조하고 농업생산의 책임제를 더욱 완벽하게 하며 농가생산도급제를 전면적으로 보급했다. 식량구입과 판매의 계획적 조절을 위해 1981년에 전국의 절반 정도의 성, 자치구는 다양한 식량 도급제를 이미 실행하거나 실행할 예정이었다.

해마다 계속 풍년이 들고 물자량도 대폭 증가하였다. 1978년에 식량생산량은 6,095억 근, 1982년에 이르러 7,000억 근을 넘어서 7,069억 근에 달하였다. 1983년에 식량생산량은 7,746억 근이었는데 이는 제6차 5개년 계획의 지표인 7,200억 근을 2년이나 앞서 초과한 것이었다. 1984년에 또다시 8,000억 근을 넘어 8,146억 근에 도달하였다. 6년 동안 해마다 5.1%가 늘어났다. 1953년을 기준으로 1954년부터 1978년까지 25년 동안 해마다 2.44%정도 늘어났지만 전국의 인구수로 계산하면 식량생산량도 크게 늘어났다. 1979년부터 중국농촌의 경제체제개혁은 큰 성공을 거뒀고 식량생산량도 크게 늘어났다. 1978년에 생산한 식량은 6,000억 근인데 전국의 10억 명의 인구로 계산하면 1인당 식량 보유량은 600근에 달하는 것이었다. 1984년에 이르러 전국의 식량생산량은 약 8,000억 근으로 1인당 식량 보유량은 약 800근에 달하였다. 6년 시간을 거쳐 이제 중국은 식량 부족 국가에서 자급자족의 국가로 거듭나 전국 10억 명의 국민들이 부족하지 않은 생활수준을 유지할 수 있게 되었다.

1954년에서 1978년까지 25년 동안 인구가 늘었지만 식량생산속도를 늘려서 식량은 해마다 1인당 평균 1근만 증가하였다. 1984년에 이르러 1인당 생산량은 791근으로 1978년보다 155근이 증가하였다. 1979년부터 1984년까지 6년 동안 해마다 1인당 평균 25여 근이 증가한 것이었다(趙發生, 1988: 서론, 1-204).

1985년부터 1999년의 식량 매매 체제 개혁. 중국의 식량 매매 체제는 계획경제의 "일괄 매매 일괄 체제"에서 시장경제의 "거시적인 시장 매매 체제"의 과도기를 거친, 아주 험난한 개혁 과정이었다.

① 식량 '일괄 구매' 취소와 식량 계약 구매 제도 실시

중국은 1985년부터 30년간 유지해온 식량 일괄 구매제를 식량 계약 구매제로 변환하였다. 계약 구매의 방법은 국가상업부가 식량을 경작하는 계절에 농민과 협상을 거쳐, 구매계약을 맺게 된다. 계약된 식량은 국가가 도삼칠(倒三七)의 비율로 계산하는데, 구입하는 식량수량의 30%는 일괄 구매 가격으로, 70%는 초과 가격으로 구매하는 방법이다. 계약 구매가 성사되면 어느 기관에서라도 농민들에게 재지령 하는 식으로 구매계획을 변경해서는 안 된다.

이러한 개혁은 시장 체제를 도입하였다는 의미에서 다음과 같은 역사적이고 진일보된 의미 있는 개혁이다.

첫째, 식량 계약 구매 제도는 근본적으로 국가와 농민의 관계를 조정하였다. 이러한 관계 조정은 초경제(超经济)의 강제적 관계에서 시장경제의 계약 관계로 도약하였다는 점에서 역사적인 진보이다.

기존의 식량 일괄 구매제도에서의 농민과 국가의 관계는 국가가 농

민에게 식량 경작 계획을 내리고 초경제의 행정수단으로 농민에게 강제적으로 국가의 일괄 구매 업무를 하게 하였다. 그때 쌍방간 의지 관계는 국가가 농민에게 일방적으로 지시하는 강제적 의지이자, 농민이 국가에 의무적으로 복종하는 의지였으며, 자신의 생산여부, 생산량, 판매대상과 판매수량의 자유적의 의지를 표현할 권리는 없었다. 따라서 실질적으로 국가는 농민에 대해 초경제의 강제적인 관계였고, 농민은 국가에 대해 종속적 관계였다.

현재 국가는 식량 일괄 구매 제도를 취소하고, 계약 구매제를 실시하여, 농민과 국가의 관계는 의지관계에서 시장경제의 상품 자유구매 계약 관계로 전환되었다. 국가는 식량의 구매자이자, 농민은 식량의 판매자로서 서로 평등한 관계가 되었다. 국가는 농민의 식량을 구입하는데 식량을 경작하는 계절 전에 농민과 식량구매 수량을 반드시 협상하여야 하며 이때 농민도 국가에게 식량 판매 수량에 대해 언급할 수 있다. 쌍방은 평등하게 자신의 의지를 표시할 수 있을 뿐만 아니라 협상을 통해 식량 구매 계약을 맺고 한쪽은 다른 쪽의 의지를 이행해야만 한다. 양측의 일치하고 공통된 의지행위는 마르크스가 〈자본론〉에서 분석한 상품 교환의 계약경제 관계를 반영하고 있는 셈이다(Marx, 1972:102).

둘째, 식량 계약 구매 제도는 수량 면에서 국가의 식량 구매 수량과 농민 자유 지배 식량 수량을 명확히 규정했다. 국가는 계약 구매제를 실행함으로써 계약 형식을 통해 국가의 식량 수량을 명확히 정하게 된다. 이에 따라 농민은 식량을 반드시 품질, 수량, 시간에 맞춰 제공을 해야 하지만, 농민이 국가에게 제공하고 남은 식량에 대해서는 완전히 자유롭게 지배할 수 있게 된다. 일반적으로 국가의 구매 수량은 약 20%를 차지했으며, 농민이 자유롭게 지배하는 식량은 80% 가량 되었다. 이 식량은 대부분 개인적으로 소비하지만 일부분은 상품적 식량으로 시장에서 교환할 수 있게 된 것이다. 따라서 식량 계약 구매 제도 실시는 수량 면에서 국가의 식량 구매 수량(고정된 것)과 농민 자유 지배의 식량수량(유동적인 것)을 규정하게 된 것이다.

식량 계약 구매 제도는 국가 구입 식량 수량과 농민 자유 지배 식량 수량을 확보했다는 차원에서 다음과 같은 중요한 의의가 있다. 첫째, 농민은 계약에 의해 국가에 명확한 수량의 식량을 지급하고, 국가는 충분한 식량 공급을 받을 수 있어 도시 주민들을 거시적으로 관리할 수 있게 되었다. 둘째, 농민은 자유롭게 지배할 수 있는 식량이 확보되어 우선적으로 개인의 소비를 증진할 수 있게 되었다. 이는 농민의 기본적인 먹는 식량이 보증될 뿐만 아니라 끊임없는 생활 개선은 물론 소비 증진과 위험 방지를 위한 저축도 가능케 했다. 또한 자급적 소비 외에도 스스로 판매가격을 제고시켜 남은 식량을 팔 수도 있게 되었다. 셋째, 국가 구매 식량은 고정적이게 되었고 농민의 자유 지배 식량은 유동적이게 되었다. 만약 고정화가 고정적이고, 유동화가 유동적으로 발전해 나가게 되면, 식량은 특별한 생산품으로서 창조되어 상품화와 시장화할 수 있는 조건을 가지게 되는 것이다.

셋째, 식량 계약 구매 제도는 노동 시간 면에서 농민이 식량을 경작할 때 필요로 하는 노동시간과 그 이외의 시간을 규정했다. 모든 사회 생산에서 농업 생산을 고찰해 보면 농업은 모든 사회 생산의 기초이자 인류 생존에 반드시 필요한 필수 조건이다. 따라서 농업 생산 시간은 인류 사회에 필요한 노동 시간이다. 농업 생산 부문의 시간이 있어야만 사회는 다른 생산 부문의 분설과 발전이 가능하다. 다시 말해 그저 농업생산본질만 보자면 식량 생산은 농업생산의 기초이자 식량 생산은 인류사회 생존의 가장 필수적인 조건이라 말할 수 있다. 따라서 식량생산 시간은 사회에서 가장 필요한 노동시간이며 식량생산시간이 남아 있어야만 농업 내부 각 부서의 분설과 발전이 있다. 그리고 이를 통해 전체 사회에서의 각 생산 부서 분설과 발전도 있을 수 있다.

식량 일괄 구매 제도 시에는 식량을 일괄적으로 매매할수록 식량이 부족했고, 그저 식량의 수량만 요구했을 뿐 식량의 품질은 고려하지 않아 많은 우량 품질과 우량 품종들은 갈수록 자리를 잃고 심지어는 없어지게 되었다. 농업의 범위와 내용도 점점 좁아져 갔으며, 농업이라 하면 식량만 경작하였지 다른 경제 작물(经济作物)은 경작을 회피하였다. 축산품, 수산품, 임산물뿐만 아니라 야채와 과일마저도 경작은 회피되었다. 더구나 '식량에 집중하고 다른 경작은 그만두라'는 강령이 있었다. 농민의 수입은 갈수록 적어졌으며 '식량 부족의 구렁텅이'에 빠졌다. 이러한 '구렁텅이'는 문화대혁명 내란 시기에 더욱 심각한 상황에 직면하게 된다. 당시 인민공사는 식량의 경작을 생산노동에 알맞은 노동이라고 하였으나 농민이 야채를 심거나 닭을 키우는 노동은 허락하지 않았다. 만약 농민이 상업 서비스 노동을 하면 자본주의 세력으로 간주하고 즉각 단속하였다.

식량 계약 제도는 식량 일괄 구매 제도가 야기한 '식량 부족의 구렁텅이'를 벗어나게 하였고, 노동 시간 면에서 농민의 경작 시간과 비경작 시간의 구분을 명확히 하였다. 식량 생산 노동 시간 안에서 농민은 생활용 식량과 국가와 계약한 구매 식량을 열심히 경작하게 되었으며, 다른 시간에는 마음 놓고 더욱 효과적인 기타 생산노동에 전념할 수 있게 되었다.

식량 계약 구매 제도 실시로 인한 노동시간의 식량 생산 시간과 다른 시간의 확정은 '식량 집중'의 단일 경제구조의 개혁을 추진했다. 우선 모든 농촌의 산업 구조를 비교적 균형적으로 발전시켰다. 1997년 농촌의 제1차 산업 비중이 24.4%로 1978년보다 44.2%로 줄어든 동시에 2차, 3차 산업의 비중은 62.9%와 12.7%로 1978년보다 36.8%, 7.4% 각각 증가했다. 둘째 제1차 산업 내부 구조가 지속적으로 조정되어 경작(耕作)업 비중이 끊임없이 줄어들었고 1997년에 56%로 1978년보다 24%까지 줄어들었다. 또한 목축업, 어업의 비중도 31.5%와 9.1%로 16.5%와 7.5%로 증가했다. 셋째 경작업의 내부구조가 지속적으로 합리화되었다. 경작업 부문에서 식량작물의 비중은 점차 줄어들었으며 경제작물과 다른 작물의 비중이 끊임없이 증가하게 되었다. 식량작물, 경제작물 및 기타 농작물 면적이 1978년의 80.4%, 9.6%, 10.0%에서 1997년에는 73.3%, 14.2%, 12.5%로 조정되었다. 경제작물 면적의 비중은 4.6% 증가했지만 식량 작물 면적의 비중은 7.1%로 줄어들었다. 야채, 청사료, 녹비 등 기타 작물도 2.5% 증가했다. 넷째 산업 구조가 지속적으로 합리화됐다. 중국 연해와 동부 지역의 가공업이 신속히 발전되었고 서부의 임업과 과일업 등 원료형 농업도 상당히 발전되면서 구역적 분업과 지역의 비교 우위가 날로 뚜렷해졌다. 다섯째 산업구조가 지속적으로 합리화된 동시에 농촌에 남아 있던 노동력도 빠르게 이동 변화했다. 1997년 농촌의 70.4% 노동력은 제1차 산업으로 1990년보다 9%가 줄어들었지만 2차 3차 산업 노동력은 18.1%와 11.5%에 이르게 되면서 1990년보다 4%와 5%가 증가했다(高雲才, 1989). 또한 농촌기업에 취직한 농민이 1억 3,050만 명에 이르면서 모든 농업 노동력의 28%를 차지하게 되었다.

그러나 이 개혁은 일괄 구매를 취소하였지만, 일괄 판매를 취소하지 않았기에 비대칭 개혁이었으며, 이로 인해 여러 가지 문제를 야기하게 된다. 특히 1984년 이후의 식량 생산량은 6년 동안 부침을 거듭했으며, 식량 생산량이 줄어들었지만 식량 수요량은 증가하여 국가는 도시

거주민의 생활용 식량 확보를 위해 기타 식량을 일괄적으로 판매하게 되었고, 부족한 식량자원 확보를 위해 강제적 식량구매조치를 강행하게 된다. 일부 지방에서는 일괄 매매 제도가 식량 수요량 문제를 해결할 수 있었다라고 말하기도 하였으나, 이는 상기와 같은 문제에 의한 농민들의 '계약 구매가 일괄 구입보다 어렵다'라는 것이 반영된 것이었다. 1993년 말 일괄 판매가 취소되기까지 이 제도 개혁은 지속적으로 운영되었다.

② 식량 일괄 판매 취소와 시장을 이용한 주민의 자유로운 식량 구매 시행

1985년 일괄구매를 취소하고 계약 구매 제도를 실행하지만 일괄판매는 여전히 취소되지 않았다. 이런 비대칭 구매와 판매 체제는 1993년까지 유지되었다. 이러한 체제는 '신구합일'에 어려움을 초래하는 조치로써 다음과 같은 세 가지 심각한 문제를 야기했다.

첫째, 식량 매매 체제 개혁의 변형과 번복이 나타났다. 한편에서는 일괄구매를 취소하고 한편에서는 일괄판매를 유지해야 했는데, 풍년일 때는 어려운 문제가 없었지만 흉년일 때면 국가는 도시 거주민의 일괄판매 및 공정가의 공급을 위해 어쩔 수 없는 강제 조치를 취할 수밖에 없었기 때문에 계약 구매의 원칙을 위반하고, 농민에게 강제적으로 식량을 구매토록 조치하였다. 예를 들면 식량 시장을 자주 폐쇄시킨다거나 계약 구매 수량을 증가시키는 등의 일이 그것이다. 그래서 농민들은 일괄 구매보다 더 살기가 힘들다는 반응을 보이며 식량 매매 체제 개혁 이전으로 회복하려는 현상이 나타나게 되었다.

둘째, 국가가 일괄 판매를 유지하기 위해서 일괄 구매의 개혁 전보다 더 많은 원가와 대가를 지불해야 했다. 국가는 도시 거주민에게 공정가

식량의 공급을 유지하기 위하여 식량관련부서에 이전보다 많은 경영비용을 보조해야 했을 뿐만 아니라 구입과 판매의 차액(즉 구매가격이 공정가 판매가격보다 높은 것)도 보조해야 했다. 1980년도의 일괄구매를 개혁하지 않았을 시 국가가 식량관련부서에 보조한 금액은 131.59억 원이지만 1985년에 일괄구매를 취소한 후 그 해 국가가 식량관련부서에 보조한 금액은 202.48억 원으로 증가됐다. 1989년에는 408.1억 원까지 급속도로 증가됐으며, 1990년은 440억 원으로 더욱 증가되었다. 비록 1991년에 식량 판매 가격을 올려 국가의 보조비가 100억 원이 줄어들었지만 도시 거주민에게 보조하는 식량가격 보조비는 40억 원이 더 증가되었다. 따라서 일괄 판매를 계속 유지하는 것은 국가 재정보조에 큰 부담을 떠안게 하는 것이었다.

셋째, 공정가로 도시 거주민에게 식량을 공급하면서 식량 부족분을 대량 낭비하게 하였고, 식량증권이 주식화되면서 시장에 유통되어 투기활동을 야기했다. 〈중국청년보〉의 보도에 의하면 전국 도시와 농촌의 거주민이 낭비한 약 200억 킬로그램의 식량은 전 국민이 한 달 간 먹을 수 있는 양이다. 그런데 베이징의 한 쓰레기장만 하더라도 매일 200~400킬로그램의 식품 쓰레기가 버려지고 있다는 것이다(唐忠·宋繼青, 1992:55, 62). 1987년 전문 조사에 의하면 도시 주민 고정공급량(定量供應) 기준이 몇 십 년간 일관되어 왔다고 한다. 또한, 이에 따라 1990년에 이르면 월평균 1인당 15.6킬로그램이 공급되므로, 이를 1년으로 환산할 시 187.2킬로그램에 다다르는데 이는 1987년과 비교해 실제 소비량은 4킬로그램이 더 증가한 것을 이르는 것으로 한 달간의 공급량으로 치면 월평균 3분의 1가량을 더 소비하게 할 수 있는 것이다. 따라서 한 사람당 8~9개월의 식량공급만 있으면 1년간 소비할 수 있게 되는 것이다(張留征, 1990: 82). 따라서 도시 주민들은 많은 식량증권을 모아

두었으며, 공정가 공급과 시장 식량가격의 차액이 컸기에 이 차액으로
인해 식량증권이 유가증권으로 변하게 되었다. 실제로 베이징에서는
1991년 5월 가격 조절 전에 밀가루의 가격은 1킬로그램당 0.37원이었
으나 국가는 1.31원을 지출하였고, 쌀은 0.31원이지만 국가는 1.326원
을 지출 보조하였다. 하지만 베이징의 무역 시장에서 식량증권거래상
은 1킬로그램당 0.54원에 구매했다(唐忠·宋繼青, 1992:54).

따라서 일괄 판매의 개혁은 반드시 추진돼야만 했다. 1992년 봄부
터 광둥성의 식량 판매 가격 제한 폐지를 시작으로 1993년 말까지 2년
의 기간 동안 대부분의 현(시)에서 도시 주민에 대한 식량 판매 제도가
폐지됐다. 이러한 일괄 판매 제도의 취소는 40년 간 실시해온 도시주
민의 배급제도가 주민에 의해 국가 식량 구매의 공급(배급)제도를 폐기
했다는 점에서 시사하는 점이 많다. 좀더 구체적으로 살펴보면 우선,
식량 매매 체제를 시장 경제 체제의 개혁으로 추진했으며, 둘째, 도시
와 농촌 간에 오랫동안 존재했던 장막을 없앴다. 셋째, 국가가 식량을
거시적으로 조정하는 방법에서도 계획적 직접 분배 및 계획적 평형 방
식으로부터 시장 조절 평형 및 창고 조절 방식으로의 변환을 추진케
했다. 넷째, 주민이 식량 소비 시 소비자 주권과 선택권을 가지게 되었
을 뿐만 아니라, 수량과 품질 및 품종의 선택에서 다른 상품과 같은
권리를 가짐으로써 소비자의 식량 소비 수준을 새로운 단계로 끌어올
림과 동시에 식량생산과 유통생산에 큰 시너지를 거두게 되었다.

4) 경제적 환경

(1) 계획체제의 개혁 탐구시기(1978-1991년)

1978년 중국개혁초기 단계의 주요 특징은 취약한 경제 기반 하에서
장기적으로 억압된 사회수요가 갑작스럽게 분출되어 경제영역의 각

분야는 심각한 부족현상에 시달렸다. 경제개혁개방으로 국민의 일상
생활 수요를 만족시키기 위해 생산영역을 급속하게 발전시켜 경제를
빠르게 증가시켰다. 산업구조에서 이 시기는 주로 농업과 제조업이 빠
르게 발전했다. 제조업 중 생활서비스의 경공업산업도 신속한 발전을
이루었다. 중국정부는 체제개혁과 함께 두 가지 목적을 표방했다. 첫
째 전국민의 열정을 극대화하여 생활수준을 개선한다. 둘째 경제효율
을 향상시켜 생산발전 이룩해 국외 선진 국가와의 차이를 최소화한다.

개혁개방이 주도한 경제발전은 이런 점을 중점으로 우선 농촌체제
개혁을 시작하였다. 농촌에서는 농가생산도급제 개혁을 통하여 농촌
경제의 장기적인 경제 활력을 잃었는데, 농촌노동생산력을 개방하자
농촌 경제는 신속히 발전하기 시작했고 또한 농촌잉여노동력은 비농
산업으로 전환되었다. 경제체제개혁은 "권리를 부여하여 이윤을 양도
한다"에서부터 시작한 것이다. 생산경영의 주도권을 농민가정에게 부
여하여 집단통일생산경영으로부터 가정단위의 경영 "가정연산도급 책
임제"를 실현한 것이다. 이 개혁은 농민들에게 열렬한 환호를 얻게 되
었고 1983년 초에는 가정연산도급책임제의 생산대는 이미 전국 생산
대의 93% 차지하게 되었다(周太和, 1984:273-274).

1982부터 1986년, 중국공산당중앙은 농촌경제개혁의 변화를 지지
하기 위하여 공식으로 5개 중앙 "1호 문서"를 제출하였다. 제5개 "1호
문서"는 정부가 농업생산경영권리를 농민에게 전환하기 위한 것이다.
1982년 도급생산의 합법화를 승인하여 농민으로 하여금 생산경영주도
권을 얻게 한 것이다. 1983년 농민상업화를 활성화하여 농민에게 주도
작업권을 부여한 것이다. 가정연산도급책임제도를 보편적으로 실행시
킨 중국공산당중앙은 1983년10월에 인민공사를 폐기하고 향(진)정부
를 기본정권으로 하여 촌민위원회를 설립하고 농민들 자체 조직을 조

직 하였다. 1985년 봄에 이르러 이 제도는 기본적으로 완성되었다. 1984년부터 경제체제개혁의 시장동향으로 자리잡게 된 쌍궤제(双軌制)는 경제활동 중에서 실행한 것으로 이 단계 개혁의 중요한 특징이 되었다. 이 해 10월 중국공산당 제 12회 제 3차 전국대표대회에서 〈경제체제개혁에 관한 결정〉을 최초로 제출하여 사회주의 경제는 계획상품경제이고 또한 계획경제를 상품경제에서 대립되는 전통 관념을 타파해야 한다고 강조하였다. 이는 이론적 인식에 큰 진보를 보여주었는데 (中共中央文獻研究室, 1986:545) 이로써 농민들이 시장에서 농산품을 매매할 수 있는 권리를 갖게 된 것이다. 1985년 통구통소 취소로 농민들의 자주권을 더욱 확대하였다. 제도의 변화는 중국농업경제에 큰 전환점이 되었다. 1978-1985년 양식 총생산량은 30,477만 톤에서 37,911톤으로 24.4%가 증가했고, 목화생산량은 21,617만 톤에서 41,417만 톤으로 91.4%나 증가했다. 농촌주민가정 평균 순수입은 13,316원에서 39,716원으로 가격대비 계산하면 168.9%나 증가한 것이다(國家統計局, 2008:101, 120). 1986년 농업투입의 증가와 공·농업관계의 조율로 농민들은 더욱 건전한 평등 발전권을 소유하게 되었다. 1987년 10월 중국공산당 13대에서 경제체제개혁의 방향을 더욱 명확히 하기 위해 이런 의견을 제출했다. "계획과 시장의 작용 범위는 전 사회로 넓힌다", "건설과 인재양성의 사회주의 시장체제를 가속화해야 한다.", "단계적 간접적 관리위주로 광범위한 경제조절체제를 건립한 것이다.", "공유제 주도의 전제하에 다종 사유제 경제를 지속적으로 발전시켜야 한다."(中共中央文獻研究室, 1991:27-31). 1988년 제 13대에서는 "계획과 시장은 유기적인 통일 체제이다"와 동시에 "국가가 시장을 조정하고, 시장이 기업을 인도한다"라는 간접적 조정의 형식을 제출했다. 이는 개혁의 목표를 불투명한데서 뚜렷하게 정하는 과정을 보여준 것이다.

이 단계에서 농촌토지개혁의 돌파구로 시장을 개방하고, 장기적으로 억압된 사회수요를 급속히 개방하다보니 아주 뚜렷한 장단점이 나타났다. 하지만 경제는 대대적으로 증가추세를 보였고, 이 시기 산업의 발전 주요현황은 농업, 경공업 위주의 제조업의 발전으로 연결되어 GDP연평균 증가율은 9.7%에 달했다.

개혁개방 이래 중국의 경제체재와 운행제도는 심각한 변화를 겪고 기본적으로 "와해"되었고, 국가는 시장을 전면 조정하는 자원배치의 기초적 작용을 대폭적으로 강화하여 신 체제의 기본구조를 건립하였다. 한편 대외개방을 기본구조로 삼아 종합적으로 국력을 대폭으로 강화하고 인민생활수준을 현저하게 향상시켰다. 그것의 주된 현황은 다음과 같다. 첫째, 농촌경제체제개혁을 실행하여 가정단위 도급경영의 기초를 설립하고 통분구조의 쌍방경영체제를 통해 사회생산력을 높이고 발전시켰다. 농촌은 전통경제 중 자유색채가 너무 심할 뿐 아니라 경제발전수준도 약하기 때문에 이 체제를 운행하여 기본적으로 시장경제의 궤도로 빠르게 진입할 수 있게 되었다. 농촌경제체제개혁의 거대한 성과는 그 밖의 분야에도 개혁개방을 시행하도록 했다. 둘째, 공유제를 중심으로 다양한 경제 분야가 공동으로 발전하는 신체제가 사회주의 경제체제 안에 새로이 추가되었다.

제 11회 제 3차 전국대표대회 이후 중앙은 중국 사회주의 초급단계의 기본국정에서 출발하여 공유제를 중심으로 다양한 사유제, 경제평등경쟁과 공동발전을 방침으로 제출하였다. 이것은 공유경제가 주체가 되고 국유경제가 주도적인 지위를 갖는다는 기본을 실현을 하는 것이다. 국유, 집단, 개인, 개별영업, 외상 등 서로 다른 경제성분들이 시장경제에서 공동의 발전을 할 수 있는 초보적인 상황을 형성한 것이다.

소유제는 중국 사회주의 초급단계 생산력 발전수준의 수요에 적합

할 뿐만 아니라 경제발전에도 유리하여 경쟁을 유도하고, 활발한 시장
체제를 형성할 수 있게 했다. 셋째, 노동에 따른 분배와 수요에 따른
분배를 결합한 분배제도와 사회보장체제를 세우고 실시하였다. 개혁
개방 이래 덩샤오핑 제출했던 것을 합법화했다. 즉, 성실한 노동과 합
법경영을 하는 일부 사람과 일부분 지역이 부유해지는 것, 효율을 우
선시하는 것, 평등원칙의 바탕으로 노동에 따른 분배를 중심으로 하는
것, 다양한 분배방식을 병존시키는 것, 생산 요소를 분배에 참가시키
는 것 등을 허용해 각 분야의 적극성을 효율적으로 조절하였다. 수득
차를 줄여 최종적으로 공동의 부를 누리게 하기 위해서는 분배관계를
정착시키는 동시에 세금징수를 재분배 조절 체계의 주요수단으로 만
드는 것이 중요하다(張立根, 2009:17).

(2) 사회주의시장경제건립과 탐구시기(1992-2001년)

개혁개방의 확산으로 투자 환경도 개선되었다. 20세기 80년대 말
중국의 개혁개방은 새로운 단계에 접어들었다. 전면적인 대외개방으
로 급속한 발전을 거듭했다. 외자투자의 대량투입으로 "3자(三資)"기업
이 빠르게 성장했고 연해지역의 사회경제의 산물은 이제 더이상 국유
기업에서만 나오지 않게 되었다. 국유기업에 비하여 비국유기업의 발
전으로 지방정부는 재정투입 없는 사항에서도 더 큰 사회경제산출의
수준을 높일 수 있었다. 이리하여 동부지역의 "3자"기업들이 큰 발전
을 이뤘다. 동부 연해 농촌 기업들은 개혁개방의 초기 발전이후 경제
실력증강과 함께 경쟁능력의 지속적인 향상으로 전통적인 국유제가
천하를 통치하던 시대를 변화시켰다. 비국유 경제 분야의 신속한 성장
으로 기업들은 사회경제산출의 점유를 바탕으로 전국에 자금을 투자
했고 각 지역의 사회경제산출은 더 이상 국유기업에 의지하지 않게 되

었다.

1992년 덩샤오핑의 남방시찰 당시 발언의 영향으로 중국은 또한번 신규 개혁개방을 하게 되었다. 이는 고속발전과 함께 시장화진입을 최대로 가속화하여 조방식(粗放式: 과도한 에너지 소모를 통한 GDP 위주의 성장방식) 모델을 새로운 추세 속에 지속적으로 추진했다. 토지와 노동력의 싼 원가 덕분에 동부 연해 지역은 외래 투자자들을 대량적으로 흡입할 수 있었다. 저원가의 우세로 중국 가공무역은 신속한 발전을 이뤘고 외부무역의 의존도는 지속적으로 높아졌다. 외자투자는 수출을 지속적으로 증가시켰지만 수출형 기업은 기본적으로 원료 가공형으로 산업에서 제일 낮은 단계에 속했다. 비록 가공생산능력의 지속적인 향상이지만 가공무역은 본질적으로 경제증가의 초기 수준에서 벗어나지 못했다. 1992년 중국공산당의 제14대에서 제출한 의견은 매우 주목할 만하다. 지속적인 노력을 기울여 과학기술로 하여금 경제증가 비율을 높일 수 있도록 하고 또한 집약적 경영 전환을 추진하고 경제체제개혁의 목표와 방향을 설립하고 현 중국의 시장화개혁이 상품시장을 방해하지 않도록 한다. 그중 기타생산요소(자본, 노동, 기술, 토지 등)의 시장화 개조도 포함된 것이다. 개혁의 목표모델은 "사회주의 시장경제체제"다. 이 시기 생산요소 시장 육성 및 이에 관련된 세제, 금융, 외환, 사회보장체제의 개혁을 중점으로 하고, 현대적 기업제도 마련을 핵심으로 하고 국유경제개혁을 심화시켰다. 다양한 소유제 경제의 신속한 발전과 비공유제경제가 경제생활 중의 중요한 일부분으로 자리 잡고, 시장체제의 기본 작용이 진일보 했다. 이 단계 사회주의계획체제는 국민경제의 주요조절기능의 위치에서 내려온 반면 시장이 국민경제를 조정하는 역할을 맡게 것이다. 이 시기 시장진화의 과정은 대폭 가속화되었지만 조방식 경제발전모델 때문에 지방정부가 주도하는 요소시장의 왜곡이 지속적으로 심화되었다. 동부 연해 지역은 저원가(토지, 노동력) 우위로 가공제조업주체로 시작해서 중국의 엄청난 경제 발전을 이끌게 되었다. 이 시기 중국의 GDP 연평균 증가율은 11%에 거의 근잡했다.

1995년 당14기5중 전회에서 〈중공 중앙의 국민경제와 사회발전 "5개년 계획"과 2010년 전망 목표에 관한 견해〉라는 두 개의 각 전면적 의미를 가진 의견을 제출 통과시켰다. 첫째, 경제체제를 전통의 계획경제체제에서 사회주의시장경제체제의 전환이다. 둘째, 경제증가의 방식은 최초형에서 집약형으로의 전환이다. 당의 15대는 분배구조와 방식을 개선하고 산업구조를 양호하게 조정해 인민생활을 진일보 개선하는 것이 중요한 내용이다. 1997년 이후 지방정부에서 주도한 투자촉진형 증가모델로 경제발전이 지속적으로 이뤄졌지만 성장효율이 떨어지고, 조방형 발전모델이 굳어져, 소득차가 극대화되는 등의 문제가 나타났다. 20세기 90년대 말 시장은 중국의 자원배치에서 기초적 작용을 더욱 증가시켰다. 비록 20세기 90년대 말 아시아 금융위기 및 세계경제의 지속적 하락추세에 직면하지만 중국은 긴축적인 화폐정책과 확장형의 재정정책으로 7%-8%의 증가율을 보였는데 정부기초건설투입이 큰 작용을 발휘한 것이다. 아시아금융위기의 충격에 대응하기 위하여 지역 간 발전차이를 축소하는 경제발전전략은 비균형 발전으로부터 지역협력 발전으로 전화하여, 중앙정부는 2000년부터 서부대개발(西部大開發) 전략을 추진한다. 이러한 정책은 경제발전의 안정성에 적극적인 작용을 하였다. 또한 이 시기 외자상인 투자기업, 민영기업은 중국에서 신속하게 발전했고, 비록 이 시기 경제발전은 최초형 증가 모델에서 벗어나지 못했지만 개혁초기에 비하여 기업수준, 제품 품질 등에서 최고의 향상을 갖게 되어 제품의 경쟁력을 다졌다. 국유

기업 또한 개혁을 통하여 전반적으로 질적 향상을 했다. 2001년 WTO
에 참여한 중국은 전 세계 시장에 진출하게 되었다. 이로써 21세기 초
사회주의 시장경제체제의 기본 프레임은 초보적으로 완성되었다.

(3) 사회주의시장경제 심화와 공고시기(2002-2013년)

2002년 당 16대에서 제출한 것은 샤오캉사회(小康社會) 건설을 목표
로 신형공업화 노선을 실현하는 것이다. 16기3중 전회에서 "사람을 위
주로 전면적이고, 조화롭고, 지속적인 발전 이념을 설립하여 경제사회
와 사람의 전면적인 발전을 촉진하는 것이다." 이는 지방정부 주도하
에 외상투자 촉진모델은 사회발전의 수요에 적응하지 못하고 자원과
환경의 압력을 초래하여 이런 발전은 지속될 수 없다는 것이다. 이 시
기 중국의 경제증가는 여전히 지속적인 증가 추세였고 연평균증가율
은 9.7%에 달했다.

이 시기에 중국은 기본적으로 사회주의계획경제(정부명령형경제)에
서 정부주도형 시장경제의 중간 단계에 있었다. 개혁과 사회주의시장
경제체제를 심화하고 정부의 시장경제에 대한 과도적 간섭을 감소시
켜 과학적 발전의 지속적인 출로를 모색한 것이다(靳濤, 2011:11-12).
2005년 10월 중공 중앙 16기 중앙위원회 5차 전체회의는 〈중공 중앙
의 국민경제와 사회발전 제11대 5개년 계획에 대한 견해 제정〉에서 국
내에서 직면한 어려움과 문제점 중 하나인 초기형 경제발전방식은 근
본적인 전환을 이루지 못하고 경제구조도 불합리적이어서 자체개발능
력은 약하고 경제사회발전과 자원 환경의 모순은 극대화되었기 때문
에 경제체제의 전환을 모색해야 한다고 했다. 이 시기 중국의 시장화
개혁은 더욱 심화되었는데, 2001년 WTO에 가입한 배경에 국제시장의
확대함과 함께 중국 수출가공무역의 발전을 가속화하여 중국경제발전

을 새로운 시기에 진입하게 하여 경제증가속도를 가속화하고 새로운 경제발전주기에 이르게 했다. 하지만 이는 인민폐상승과 함께 국내생산원가의 상승을 초래하게 되고 저원가의 수출가공무역의 상승모델은 점차적으로 한계를 갖게 되어 연해지역의 "노동력부족"을 초래하였고, 저수입수출가공발전의 모델은 더 이상 발전의 우위를 잃게 된 것이다. 그렇지만 대규모 수출로 WTO 가입에 성공한 후 중국의 수출 의존도는 매년 높게 상승해 외부수출의존도가 40%내외에서 65%까지 이르게 되었다. 2007년은 70%까지 달하여 중국경제는 외부경제에 과도하게 의존하게 되었다. 세계경제대국과 무역대국인 미국과 일본 양국의 2004년 수출의존도는 23.7%와 23.5%다. 수출지향의 생산과정은 제품 가치의 면에서 바닥이었고 기업은 아주 적은 가공비용을 얻을 수밖에 없었다. 반면 가공조립단계의 산업발전의 촉진으로 저원가 생산을 유지하는 것은 당연한 일이었다. 그래서 각종요소의 가격 그중에서도 노동력 가격의 인하는 점점 더 심해졌는데 이것은 이런 생산모델이 가져온 필연적인 결과였다.

하지만 가공형 무역은 자원낭비, 환경오염과 생태계파괴라는 대가와 함께 노동급여가 경제증가속도에 맞추지 못해 주민소비능력을 만족시켜주지 못하여 국내시장수요에 심각한 영향을 초래하였지만 경제발전은 여전히 해외시장의 개척에 의지할 수밖에 없었다. 2008년 세계금융위기 발발로 중국의 경제증가 방식은 심각한 결함을 드러냈다. 중국은 수출과 투자경제 증가방식에 지나치게 의존하여 환율파동과 인민폐 절상압력 등 여러 문제를 낳았고 이것은 장강삼각(長江三角) 지역의 노동력 밀집형 기업에 심각한 영향을 미쳐 7만 개 중소기업의 파산과 2,000여 만 명의 실업자를 양산하는 결과를 초래했다. 2008년 하반기부터 시작된 세계경제하강세는 주강삼각(珠江三角) 지역에 있는 외부형기업에 타격을 주었고, 경제증가방식의 나약성을 더욱더 드러내게 하였다. 화물수출의 지나친 의존은 내수부족을 심화시켜 중국경제발전의 중대한 장애물이 되었다(林民書, 2009:12-13).

하지만 개혁개방으로 지금까지 30년 동안 국민생활은 엄청나게 변화했고 풍족과 비상의 발전을 실현한 건 사실이다.

2. 행위자 간의 관계

1) 국가와 농민의 관계

개혁개방 이래 국가와 농촌사회의 관계에 발생한 심각한 변화는 가정연산도급책임제의 실행과 촌민자치 실행에서 나타나 있다.

가정도급책임제가 농촌의 기본제도로 된 것은 빈곤하고 낙후했던 안후이성, 쓰촨성 등 지역의 농민의 자발성 때문이다. 가정연산도급책임제는 '3급 소유, 생산대를 기초로'하는 소유제를 대신하여 농민에게 토지의 점유, 사용과 수익의 권리를 가지게 하여 농민을 경영주체가 되게 했다. 동시에 농민은 시장에서 교환을 통하여 노동 가치를 실현할 뿐만 아니라 수익도 얻고 독립한 이익도 가질 수 있어 독립적인 이익주체가 되었다. 그래서 농민과 국가는 원래 경제의지와 보호라는 기존의 관계가 경제시장화 때문에 깨져서 이익분화와 이익충돌이라는 결과를 초래했다. 1982년 6월까지 전국 농촌에서 두 가지 도급제를 실행하는 생산대는 71.9%에 이르렀고 1983년까지 95% 이상에 이르렀다(陳吉元, 1993:491-500). 농민을 농업생산경제이익의 주체로 한 호별도급생산과 가정연산도급책임제의 건설은 인민공사제도의 종결과 농민권리의 실현을 의미했다. 생산효율의 측면으로 보면 가정도급책임제는 인민공사제시기의 농촌경제 통일경영관리제도에 대한 부정이다.

가정도급책임제는 집단소유권을 보류한다는 전제에서 집단 토지를 개인도급의 방식으로 경영하고 농민은 농업생산의 주체가 되었을 뿐만 아니라 농업 생산 잉여의 독점자가 되었다. 국가가 권리를 주어 농민에게 뚜렷한 지위와 이익을 가지게 했다. 20세기 1980년대에 정사합일의 인민공사제도가 취소되었고, 토지도급경영관리제도가 실현되었으며, 인구이전정책을 완화하면서 중국공산당 제 11회 3차 전국대표대회는 중국의 개혁개방 정책의 정식적 시작을 천명하였다. 비록 1982년 〈헌법〉과 이후 네 번의 수정본에서 공민의 거주와 이동의 자유를 회복시키거나 다시 확립하지 않지만 경제의 발전과 사회의 변혁은 도시와 농촌의 불평등한 이원체제를 흔들었다. 농민의 이동의 자유는 사실상 어느 정도 완화되었다. 1984년 1월 1일 중국 공산당 중앙1호 문건 〈1984년 농촌 임무에 관한 통지〉는 "1984년 각 성, 자치구, 직할시에서 몇 개 읍을 선택 시행하며 노동, 상업, 서비스업을 하는 농민이 스스로 식량을 부담한다면 읍에서 정착하는 것을 허락한다고 역사적으로 제기했다. 그 해 10월 13일 국무원은 〈농민이 읍에 들어가 정착하는 문제에 관한 통지〉를 발포했고 농민이 '스스로 식량을 부담한다는 가정'하에 읍에서 정착할 수 있고 이런 농민은 비농업호적으로 통계했다. 1986년 말까지 3년 가까운 시간에 전국에서 '스스로 식량을 부담하는 가정'이 총 4,542,988명에 달했다(殷志靜·鬱奇虹, 1996:14). 그때까지 인위적으로 농촌에 몇 십 년간 정착시킨 중국농민을 현 이하의 읍에 옮겨 가서 정착할 수 있도록 한 것은 역사적인 새 출발을 상징한다. 이로써 호적제도도 변하게 된 것이다. 1992년에 중국에서 '현지 유효 도시 호적'의 시행을 시작으로 그 해 '호적판매'는 엄청난 열풍이었다. 2000년 6월 13일에 중국 공산당 중앙정부, 국무원은 〈소도시의 건강한 발전에 관한 몇 가지 의견〉을 내렸고 2000년부터 현급(縣級)과

현급 이하의 소도시마다 고정된 수입과 거주지가 있는 농민은 자기 의
지대로 도시호적으로 바꿀 수 있다고 규정했다. 그때부터 중국농민은
현급 도시에서 정착할 수 있었지만 대중도시의 호적제도개혁은 발전
경제와 인재도입이라는 조건에 맞는 사람만 도시에서 정착하게 했다.
이상의 개혁을 총괄적으로 보면 비록 농민의 자유 이동권은 아직 헌법
으로 실현되지 않지만(胡美靈, 2008: 77-81) 정부가 농민을 완전히 통제
하는 것은 이미 지나간 일이 되어 정부와 농민간의 새로운 상호관계의
구조가 벌써 시작된 것이었다. 이것은 농업생산관리와 수익분배 구조
의 변화를 예시했다. 〈토지도급법〉의 통과는 정치신분으로 결정한 농
민의 재산권리를 법률로 고정시켰을 뿐만 아니라 농민의 도급경영권
리를 확정하면서 농업생산 수익분배에 참여하고 영향을 미치는 각 사
회행동자간의 상호관계도 변하게 될 것이다. 인민공사제도 시기에 농
민은 노동의 권리만 있었고 기본생활의 필수품을 보장받을 수 있다.
가정도급책임제도 시기에 농민의 권리 구조가 많이 변했는데 특히 농
민은 토지를 경작하는 도급경영 사용권을 가졌을 뿐만 아니라 농업 잉
여 제품의 요구권도 얻게 되어서 농민의 의무도 변하게 되었다. 인민
공사 시기에 농민은 생산대의 토지를 경작하는 권리만 있고 경작계획
과 경작면적 등 농민의 수익과 긴밀한 관계가 있는 구체적 내용을 물
어볼 권리가 없었으나 가정도급책임제 시기에 농민은 혼자 농업의 생
산과정을 정하고 경작계획, 시간배정, 노동투입 등을 포함하고 농산품
의 분배에서 토지도급 농업세를 납부한 나머지는 모두 농민이 소유하
게 되었다. 농민은 집단토지의 도급경영노동자가 되어서 농업 잉여제
품의 요구권을 가지게 되었다. 따라서 이것은 가정연산도급책임제도
시기 집단적 토지에 대한 재산주체 간의 이익구조에 변화를 가져왔다.

2) 국가와 집단사이의 관계

이 시기에 가정도급책임제 재산권리의 분화는 다음과 같다. 첫째, 국가와 집단의 재산권리 수익분배는 고정화된 것이다. 둘째, 집단재산 소유권과 농민개체도급경영권의 분화는 고정된 재산권과 변화가능한 재산권 간의 분화이다. 동시에 인민공사가 가정도급책임제로 변하는 과정에서 국가가 농업생산 수익분배의 이익주체로서 가지는 권리의 수량과 내용이 제한을 받았을 뿐만 아니라 권리를 얻은 방식도 변하게 되었다. 재산주체의 대표자로서 향 정부의 지위는 실질화되었고 집단 토지재산의 주체로서의 행정촌 1급의 농민 집단의 신분은 실체화되었다. 그리고 행정촌은 촌 농민집단의 대표자로서 농민과 농지도급계약을 맺을 권리를 얻었을 뿐만 아니라 직접 농업생산 수익분배에 참여할 수 있는 권리를 얻게 되었다. 국가는 가정도급책임제의 경영형식을 통하여 인민공사제 이후에 도급계약으로 토지를 사람에 따라 분배하는 토지제도를 구축하였고 더 나아가 법률을 통하여 농민에게 도급경영 사용권을 부여했다. 가정도급책임제의 실행은 사실로 토지의 사용권을 평균적으로 농민집단의 농민개체인 소유권자에게 주었고 사용권을 수반하는 수익권과 처분권도 가지게 했다. 이 권리들은 도급경영토지의 농민은 개체적으로 가졌지만 농민집단은 집단적 법인행동자임과 동시에 여전히 토지의 소유자라서 토지소유권을 수반하는 수익권과 처분권을 가졌다. 토지를 재산으로 한 권리에서 토지소유권과 사용권은 독립적으로 존재한 것이다.

가정도급책임제는 농민에게 토지 사용권을 공시적으로 주었지만 토지소유권은 계속 집단에 두었다. 만일 재산권의 주체가 불명확하다고 여겨지면 이런 토지에 대해 집단소유권의 대표를 지정해야 하여 이

대표는 기층향진정부, 촌 위원회(村委員會)가 되었다. 자본주의조건의 토지소유권과 사용권이 분리되면 잠재적 토지사용자는 토지를 입찰할 수 있다. 사회주의 공유제도 마찬가지로 두 권리가 분리되어서 토지집단소유권의 대표인 향 정부와 촌 위원회는 토지사용권을 가진 농민에게 경제 세금을 징수할 권리가 있다. 토지도급경영권은 사실상의 재산 권리지만 이 권리의 실현은 큰 제한을 받는다. 구체적으로는 다음과 같다. 첫째, 〈토지도급법〉이 규정한 토지도급경영권은 물권화의 경향이 있지만 법률로 토지도급의 소유권자가 농민개체임을 최종적으로 확정하지 않았을 뿐만 아니라 농민 개체가 토지에 대한 최종 처치권을 행사하는 것을 규정하지 않았다. 그리고 도급점유권이 일정한 기한이 있어서 일정한 시간과 관련이 있다. 둘째, 경영사용권도 상대적으로 독립적인 권리일 뿐만 아니라 일반적인 특징을 가진다. 중국에서 농촌 토지는 정치기능과 사회보장기능을 담당하는 재산자원이어서 농민이 가진 경영사용권은 농업용지만에 제한되었다. 셋째, 점유권과 경영사용권을 수반하는 수익권은 농업생산수익권을 가리키거나 농업생산사용권을 양도한 후의 양도수익권도 가리킨다. 넷째, 처분권도 농업용지의 내재의 규정적 제한을 받아서 토지유통과정의 처벌권의 실현도 이 기본적 원칙을 지켜야 한다.

농민은 개체도급경영권 뿐만 아니라 노동생산수익 잉여 요구권도 얻었는데 이것은 농업 생산효율을 성장시키는 격려요소가 되었다. 그러나 국가는 농업생산영역의 직접 감독 관리하는 과정을 더 이상 맡지 않았지만 농업 생산 수익을 포기하지 않아서 다양한 농업세를 증가시켰다. 국가는 가정도급책임제의 실행으로 농업기본제도의 공급자와 보호자의 역할을 명확히 했지만 사실 국가는 농용경지의 소유권자의 신분을 근본적으로 바꾸지는 않았다. 가정도급책임제는 국가가 농촌

사회에 기본경제생산제도를 설정한 것이다. 가정도급책임제의 실행은 인민공사시기의 기본 집단적 재산제도를 바꾸지 않았다.

1983년 10월에 중국공산당 중앙, 국무원은 〈정사분리로 향 정부 건립에 관한 통지〉를 함께 발포해서 각급 당정은 헌법의 규정에 따라서 향 정부를 건립하고 정사분리를 실행한다고 규정했다(劉金海, 2006:87-120). 정사분리는 정권관리체제와 경제조직관리체제의 분리다. 정사분리의 현실적 표현으로는 두 가지가 있다. 하나는 국가가 농촌사회를 관리하는 기층조직으로서 인민공사의 통치기능과 경제관리기능을 분리했다. 향급 기층조직으로서의 인민공사의 경제관리 직능을 없애고 관리 직능을 가지는 향진정권조직을 건립한다. 둘째는 향 이하에서 촌민자치를 실행한다.

1988년 이후 농촌지역에서 촌민 자치 제도의 시행을 시작했다. 1988년의 〈촌민 자치법〉을 공식적으로 실시한 후 농촌정치에서 국가의 '지도' 경향은 다시 시작되었다. 그래도 전체적으로 말하면 촌민자치를 실시한 후부터 국가와 농민의 관계는 상명하달에서 분립대응으로 변화했다. 농민의 국가와 부착관계에서 계약관계로 변화한 것이다(許㫷, 2001:9-10). 시간이 흐름에 따라 이 추세는 점차적으로 사람의 인정을 받았다.

촌민자치의 실행은 국가와 농촌사회의 조직경계를 분화시켰다. 국가기층정권은 향진 1급에 있어서 행정관리직능을 행사하고 촌민은 촌에서 자치적으로 촌민위원회를 조직해서 본촌사무를 자유로이 관리해 이를 '향정촌치'의 구조라고 불렀다. 따라서 국가와 농민의 권리, 의무는 다시 확정해야 했다. 농민과 국가의 관계는 이전의 의지와 보호의 관계가 아니고 계약형 관계이며 이 관계도 원칙적으로 이전의 상급권위의 원칙이 아니고 권리의무가 대등한 원칙이 작용했다. 이런 상황에서 국가와 농촌사회는 권리제한을 통해 어떤 권리라도 그 제한을 뛰어넘으면 상대방의 이익을 침해하는 행위로 볼 수 있기 때문에 쌍방관계의 긴장을 초래할 수 있다. 촌민자치의 실시로 완성된 촌급(村級) 민주주의가 중국민주정치의 돌파구가 되었고 더 높은 민주주의의 시험이 되었다고 본 연구학자가 많다. 실제로 촌민자치(村民自治)는 한 사회자치이지 국가민주와는 요구하고 규범에서 다른 것이고, 사회 자치는 사회내부의 합법적 문제를 해결하지만 국가민주는 국가권리의 합법적 문제를 해결하는 것이다. 그리고 사회자치가 의지하는 규범은 국가 법제를 전제로 해야 한다., 실제로 촌민자치의 개혁은 농촌에서 원래의 인민공사체계를 해체하고 농촌사회통치의 신모델이 되었다. 이런 모델의 특징은 촌의 거주민이 국가 법률로 자치를 실행하는 것이었다. 과거의 통치모델과 비교하면 신제도는 사구성원의 공공사무에 대한 참여를 더 강조하고 공공권리의 발생, 운용, 감독을 포함할 뿐만 아니라 효율적으로 농촌의 각종자원을 동원해서 농촌현대화건설에 참여하게 하는 것이다. 따라서 촌민 자치는 많은 사회참여를 특징으로 한 자주통치모델이라 할 수 있다.

촌민자치가 전면적으로 실행됨에 따라 농촌기층조직구조도 많이 변하게 되었다. 촌민이 자치적으로 조직한 촌 위원회는 합법적 권리의 기초가 촌 내부의 민주 선거에서 기원했을 뿐 법률로 국가기층정권과 평등하게 소속된 관계가 아니었다. 따라서 국가와 촌민이 충돌할 때 촌 위원회는 국가에 자발적으로 의견을 제기할 수가 없는 어려움이 있었다(許昀, 2003:28-29). 국가와 농민과의 관계가 변한 것은 농촌의 정치사회생활에 중대한 영향을 미쳤다. 그 중에서 우선은 농민 이익을 표시하고 보호하기 위하여 제도화경로를 제공한 것이고 그리고 새로운 국가와 농민의 관계에서 농민은 어느 정도의 자주권을 가지며 특히

자기가 자치조직을 통하여 농민의 적극성과 능동성이 크게 향상되었
다. 이것은 농촌경제의 발전과 농민생활 수준의 향상에 이로울 뿐만
아니라 농촌 기층정치와 사회의 상호작용에 좋은 효과를 주었다. 그러
나 국가와 농민의 관계의 변화에는 반드시 문제가 존재할 것이고 이런
문제를 효율적으로 해결할 수 있을 지는 국가와 농민간의 새로운 관계
가 어떤 방향으로 발전할 수 있을 지와 관련된다.

현재 국가와 농민의 문제는 그 사이에서 있는 촌 위원회의 역할이
분명하지 않기 때문이었다. 촌민자치를 실행한 후 국가와 농민의 관계는
구조적 변화가 발생했는데, 농민이 직접 국가에 의지하지 않고 촌 위원
회를 통하여 국가와 관계를 맺게 된 것이다. 따라서 촌 위원회는 국가와
농민의 관계에서 아주 중요한 역할을 했고, 두 관계에 영향을 미쳤다.
그러나 유감스러운 것은 촌 위원회의 역할은 분명하지 않아서 비난과
비판을 받았다는 것이다. 따라서 각자의 정당한 이익을 확정하고 법률로
그에 상응한 권리제한을 정해야 한다. 둘째, 다시 쌍방의 이익을 정리한
다. 국가와 농민의 이익과 권리를 명확히 명시하는 것은 쌍방의 균열을
확대하기 위한 것이 아니고 서로 상대방 이익 정당성을 인증하는 기초에
서 국가와 농민의 이익을 다시 정리해 주려는 것이다. 먼저 사회 안정을
고려해서 서로 협조하고 사회모순 충돌을 감소시키기 위해 사회의 각
계층과 각 단체의 이익을 효율적으로 정합한다. 중국 현대화의 역사사명
은 국가가 전 사회에 분산한 이익을 국가이익에 두고 각 방면의 역량을
단결 동원해서 공통적으로 현대화 목표를 위하여 노력하는 것이다. 이익
구조가 변하면 원래의 정합기제는 더 효율적인 역할을 발휘하기 어렵기
때문에 새 정합기제를 추구해야 한다(許㻱, 2001:10-13).

21세기 들어 국가는 농촌정책을 확대하였는데 예를 들면 농촌합작
의료와 양로보장 체계, 도로 수축, 의무교육, 농사보조 등에 중점적으

로 투자할 뿐만 아니라 농업세금을 완전히 면제해서 기층 정권과 농민의 관계를 완화시켰다. 그러나 기층 정권의 생존 자원은 완전히 보장되고 농촌의 발전의 지속가능성의 방법을 찾기 전에 농민과 국가의 관계가 완전히 조화되려면 시간이 필요하다. 사회의 신속한 변화에 따라 국가 권력의 지나친 확대와 농민의 지나친 약소, 국가의 체제화와 농민의 사적 발전 등은 쌍방의 대등한 존재 가치와 교류할 현실적 가능성을 가지지 못하게 한다. 따라서 앞으로 상당한 시간 동안 국가는 수시로 농촌 기층사회에서 담당할 역할을 바꿔야 한다. 총괄적으로 말하면 개혁 이후 과도형 권위적 모델 배경 하에서 농민은 국가와의 교류 관계에 지위가 어느 정도 상승하였고 국가권위는 쇠퇴하는 추세가 나타났다. 쌍방 사이는 협상형 권위를 기초로 하는 양성적 교류 관계를 만들어야 한다. 따라서 정부권위 합리화와 농민조직화 두 방면으로 협상형의 정부 권위를 세워야 한다(綦淑娟, 1996:35-41).

3. 소결

1978년부터 덩샤오핑이 집정하기 시작했다. 농촌 토지의 비효율성의 문제와 식량 문제는 매우 심각했다. 덩샤오핑은 개혁 개방의 정책을 취하였고 시장 경제 경쟁의 이념을 도입하였다. 농촌의 토지에 대하여 농가 생산 도급제를 실시하는 방법으로 농민의 토지에 대한 사용권을 점차 회복시켰다. 하지만 소유권은 여전히 집단이 갖고 있었다. 중국 경제는 개혁 개방의 30년 동안의 발전을 통하여 공업화와 도시화가 부단히 심입되고 토지의 시장 가격도 이미 높아졌다. 농민의 토지 소유권에 대한 요구는 날로 커졌다. 집단 토지 '주체'가 모호한 상황에서 대량의 촌 집단과 지방 정부가 농민 토지를 침범하는 사건이 나타났고 이는 농민과 정부 간의 충돌을 야기했다. 토지 사유화에 직면하여 국유화 혹은 기존 소유제 방식을 유지할 것인지에 대해 중국의 토지 정책 결정자인 당국은 딜레마에 빠졌다.

개혁·개방이후 중국공산당의 인식변화가 나타났다. 제 2단계 인민공사 시기에는 경제의 효율성을 경시하고 "첫째 대규모, 둘째 공유제"를 구호를 내세우며 절대평균을 추구했다면, 개혁·개방 이후에는 경제효율성에 관심을 두게 되었다. 이는 덩샤오핑의 발언에서 확인할 수 있다. 개혁·개방 이후 덩샤오핑의 주도로 사회주의의 본질에 대한 인식변화가 시작되었다. 덩샤오핑은 1992년 "성사성자(姓社姓資) 문제의 판단 기준은 응당 사회주의 생산력 발전에 유리한가, 사회주의 국가의 종합 국력 증강에 유리한가, 인민생활 수준제고에 유리한가에 달렸다고 했다. 계획경제가 곧 사회주의는 아니다. 자본주의에도 계획이 있다. 시장경제가 곧 자본주의도 아니다. 사회주의에도 시장이 있다. 계획과 시장은 모두 경제수단일 뿐이다. 사회주의 본질은 생산력의 해방이고 생산력의 발전이며, 착취를 소멸하고, 양극분화를 제거하며, 최종적으로 함께 잘 사는 것이다(鄧小平, 1993:372-373)." 사회주의의 본질이 "생산수단 국유화"가 아닌 "생산력 해방"이라는 덩샤오핑의 발언은, 가장 중요한 생산수단인 토지소유제 정책을 포함한 중국공산당 기본 노선의 대전환을 밝힌 것이다(박성민·조성찬, 2011;93). 따라서 제 3단계 농촌토지정책 변화에 가장 큰 영향을 미친 것은 경제적 요인이라고 할 수 있다.

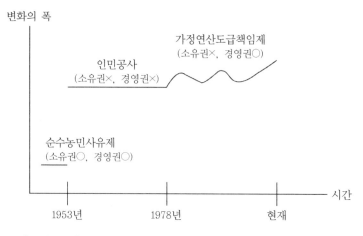

[그림 4-4] 제3단계 농촌토지정책변화의 특징: 누더기식 변화

　　제3단계 농촌토지정책변화의 특징은 누더기식 변화라고 할 수 있
다. 그 이유는 첫째, 제도변화의 결과 측면에서 개혁개방이라는 자본
주의 요소가 들어와 농촌토지의 경영권을 개인에게 행사할 수 있게 한
것은 기존의 사회주의 집단소유와 집단경영시기의 정책과는 질적으로
다르다고 할 수 있다. 하지만 이 단계에서 정책변화 과정은 신속하지
않고 점진적으로 변화하였다고 하는 것이 적합하다. 왜냐하면 자본주
의 요소가 들어오면서 농촌토지정책은 소유권은 집단이 소유한다는
원칙은 계속 유지 하면서도, 경영권에 관한 정책들은 시장 기제를 도
입하여 변화하고 있기 때문이다. 둘째, 이러한 개혁개방은 비교적 평
화롭고 순조롭게 진행되지 않았기 때문이다. 개혁개방 초기에는 자본
주의 시장기제 도입에 대한 낙관주의와 경험이 없어서 오는 우려 등이
복잡하게 교차되어 있었다. 마오쩌둥 시기에 만들어진 정책과 제도의
개혁은 심각한 정치적 장애에 부딪혔다. 권력을 보유한 원로 지도자들
은 개혁이 초래한 시장의 성장, 사회·경제적 불평등, 사회문화의 서

구화 등에 대해 깊은 의구심을 가졌으며, 개혁과정에서 소외된 사람들은 반감을 표출하며 전국적인 대중적 시위를 일으키기도 했기 때문이다(Blecher, 2010:154). 셋째, 일정기간 즉 30년이라는 역사성을 보이면서 일정기간 동안 유지되고 있기 때문이다.

제5장

중국 농촌토지정책의 딜레마 분석

제1절 중국 농촌토지정책의 변화와 딜레마

현재, 토지소유제개혁에 관한 문제는 일반국민과 정책결정권자 사이의 갈등을 유발하는 가장 큰 문제 중의 하나로 인식되고 있다. 경제체제개혁은 토지제도의 개혁을 이끌었으며 벌써 30여 년이란 시간이 흘렀다. 개혁개방초기 실시한 농촌토지도급책임제가 정착되면서 농촌의 경제발전행정은 점차 늦추어졌으며, 농촌경제는 중국의 전체적인 경제개혁의 속도에 비하여 많이 뒤쳐졌다. 농촌경제의 이러한 부진은 농촌토지도급제의 실시 이후 나타난 것이라고 할 수 있다. 농촌토지도급제는 농촌집단토지소유권주체에 대한 내용의 결여, 제도의 구체적인 내용상의 결함, 형성과 배치의 불공평 등의 문제 및 운영의 비효율성 등의 문제를 나타냈으며, 이에 대한 문제제기가 끊임없이 이어졌다.

1978년 중국공산당 11기 3차 전회부터 가정결합생산도급책임제는 및 농촌토지집단소유제를 실시할 때부터 지금까지 30여 년 동안 변화되어 왔다. 비록 "책임관계는 영원히 불변"하지만 농민이 토지책임경영권의 영구적인 상속권을 가졌다. 그러나 토지소유권 측면에서 보면 여전히 토지소유권의 예속에서 벗어나지 못한 것이다(趙學增, 2009: 197-198). 이런 토지의 집단소유형식은 비록 당시의 농업의 발전에 아주 큰 동력을 주었지만 중국의 경제발전에 따라 이러한 소유제의 폐단이 부단히 출현하게 되었다. 농촌토지집단소유제 형식 하에서 소유권 및 경영권이 모호해지고 구체적인 내용이 결핍되어, 원래 목표였던 규모경영을 할 수 없는 등의 문제가 지속적으로 나타났다. 이는 오늘날 중국의 "삼농문제"발전의 핵심문제가 되었다. 즉 급속한 국가토지국유화 혹은 극단적인 토지사유화, 대약진시기 농업노동생산효율을 제고하기 위하여 실시한 토지집단화 및 국유화는 오히려 노동 생산율을 떨어뜨렸다. 따라서 토지사유화를 실현하려면 토지재산권의 역사적 소급(追溯)이 불가피한 것으로 인식되고 있다. 즉, 농업노동생산성의 효율성은 토지의 재산권 즉 사용권과 소유권을 어느 단계까지 높이는가 하는 문제가 대두되는데 이러한 문제는 실질적으로 증명하기 매우 어렵다(周天勇, 2004). 농촌경제 및 토지문제를 해결하기 위하여 중국정부는 어떤 선택을 해야 할 지 딜레마 상황에 빠져있는 것이다.

현행의 농촌토지도급제도는 특정한 역사 조건에서 정부와 농부 등 많은 주체들의 투쟁 결과로 만들어진 미완성의 토지정책이라고 볼 수 있다(牛若峰, 2004). 중국농촌가정연산도급책임제가 실시된 지 30년이 되는 해인 2008년에 '삼농'문제가 다시 논의되었다. 그 중에서 토지재산권정책 개혁의 문제는 중요한 핵심 논의 사항이었다. 구체적으로 사유화, 국유화 및 현 토지소유권관계의 유지, 점진적 제도개량에 관한 논의가 있었다.

제2절 중국 농촌토지정책의 딜레마 분석

딜레마 상황은 두 개의 대안이 존재할 때, 두 개의 대안을 동시에 선택할 수도 없으며, 그 중 한 개의 대안을 선택하기도 곤란하지만 제한된 시간 내에서 선택을 하지도 않을 수 없는 상황을 일컫는 것이라 할 수 있다. 딜레마 모형을 구성하는 요소에 대하여 학자들은 저마다 다양한 제시를 하고 있다(배응환·주경일, 2012: 170-171). 이에 본 연구에서는 중국농촌토지정책의 딜레마 상황을 분석하기 위하여 대안의 분절성, 시간압력(제한된 시간)이라는 기준을 선정하고 이에 맞추어 중국농촌토지정책의 딜레마를 분석하고자 한다.

1. 대안의 갈등

대안의 분절성은 양립하는 두 개의 대안이 비교 불가능한 것을 말한다. 딜레마에서의 결정은 두 개의 대안을 전제한다(소영진, 1994:47). 대안의 분절성은 각 대안이 가지는 가치나 이익이 상이한데서 발생하는 것으로써 구체적으로는 두 개의 대안에 표현된 이익들 간의 우선순위나 그에 따른 가중치를 정할 수 없다는 것을 의미한다(이종범 외, 1994:28:31).

중국농촌토지정책으로 인해 발생하는 문제를 해결하기 방법은 크게 두 가지가 있다. 그 중 한 가지는 사회주의적 계획체제로 돌아가는 것이다. 또 하나는 이와 반대로 더욱 완전한 시장화로 나아가는 것이다. 그러나 시장화는 국가에 의한 기본적 자급자족, 도시의 식량가격보조, 빈민들에 대한 국가의 최소 생활보장 등을 철폐하는 것이 된다. 이러한 대안들은 모두 정치적 위험성과 대중의 항의를 초래할 수 있다

(Blecher, 2010:312). 그리고 토지정책의 성격은 사회경제제도에 의해 결정되는 것이므로 만약 토지사유화를 실행하면 이는 곧 생산수단 공유제와 나아가 사회주의제도를 부정하게 되는 결과를 가져온다.

1) 사유화 논리

농촌 토지 사유화 주장의 주요 근거는 다음과 같다. 첫째, 1985년 이후 중국농업의 침체는 주로 농업투자가 부족한 데서 기인하는데, 그 원인은 장기투자에 대한 농민의 자신감 결핍 때문이다. 농민이 장기투자를 원하지 않는 것은 명확한 토지재산권이 없는 것(박인성·조성찬, 2011:161)과, 짧은 도급기간의 토지 사용권 때문이다. 이는 농민들의 불안한 심리를 조장하고, 농민들의 토지투자에 대한 의욕을 저해하였다. 또한, 짧은 도급권은 농업 생산과 투자에 대한 장기적인 예상 목표 설정을 불가능하게 하고 토지 등의 생산자원을 합리적으로 배치하는 것을 어렵게 한다(장호준, 2011:568).

둘째, 현행 토지정책상 토지재산권이 명확하지 않은 것은 토지에 대한 개인 소유권이 없기 때문이다. 따라서 농민에게 토지소유권을 주면 두 가지 권리가 통합된 명확한 재산권제도를 세울 수 있을 것이다.

셋째, 현행 토지정책은 토지유통제도를 형성할 수 없기 때문에 토지소유권은 토지 사용자에게 속하지 않고 토지사용자는 효율적으로 토지자원을 배치할 수 없다.

넷째, 이미 자본, 노동, 심지어 인력자본에 대한 개인 소유까지 허용하고 있는 중국에서 유독 농촌토지에 대해서만 거래를 통해 토지 가치 증가분을 가질 수 있는 기회를 박탈하고 있기 때문이다. 현행 농촌토지정책 하에서는 정부와 부동산기업이 농촌 집단로부터는 저가로 토지를 징수하고 개발한 뒤 고가로 파는 방식을 통하여 토지 가치증가분을 가로채고 있다.

대지주인 국가가 지대수익을 포기하기는 어려울 것이므로 농민 개인의 토지소유권에 대한 통제는 불가피할 것이다. 토지소유권에 대한 통제가 '사회주의의 본질'인 생산수단 공유화 추진을 위해서가 아니고 국가의 수익추구 때문이라면, 중국의 현 통치계급인 중국공산당이나 봉건사회 통치계급이나 본질적으로 차이가 없는 것이다(박인성·조성찬, 2011:94:161).

2) 공유제 논리

중국 농촌 토지정책에서 사유제를 반대하는 입장 즉, 사회주의 공유제 논리는 다음과 같다. 첫째, 사유제 실행이 농민의 생산적극성과 토지자원을 향한 열정을 움직인다고 보장할 수 없다고 본다. 반면에 농민의 토지에 대한 투자 적극성이 있는지의 여부는 그가 토지에 투자한 노동력과 자금이 합리적인 효과와 이익을 얻을 수 있는지 여부에 달렸다고 본다.

둘째, 사유제 조건에서만 토지제도의 불확정성을 제거할 수 있는 것은 아니다. 집단소유제하에서도, 토지의 각 권능에 대해 정확한 경계가 있다면 불확정성을 없앨 수 있고 농민들이 장기적인 투자에 자신감을 가질 수 있을 것이다.

셋째, 토지사유제의 실행이 반드시 토지의 합리적인 유통과 집중을 촉진할 수 있는 것은 아니다. 중국의 토지자원은 매우 부족하기 때문에 인구증가와 경제발전에 따라 토지는 향후에도 부단히 가치가 증가될 것인데, 토지 사유제를 실행한다면 토지를 재산증가수단으로 삼고 토지의 유통과 집중을 더욱 어렵게 만들 가능성이 크다(박인성·조성찬, 2011:161-162).

넷째, 가정연산도급책임제는 신중국 수립 이후 가장 효율적인 토지제도다. 가정연산도급제 정착시기인 1979-1984년 기간 동안 농민의 평균 총 수입은 매년 11%씩 증가했는데 이는 최근 30여 년 동안 전 세계적으로 가장 성공적인 사례에 해당되며 이러한 점에서 이 제도는 매우 효율적인 농지제도이자 빈곤감축 프로그램이라 할 수 있다. 그리고 집단소유제 시기의 무임승차 문제와 감독 문제를 상당부문 해결했다고 본다.

2. 시간 압력

딜레마 상황은 한정된 시간 내에 서로 충돌하는 두 가지 방안 중에 하나를 선택해야 하는 것이다. 만약 결정을 하지 않아도 된다면 상황이 변하면서 결정의 어려움이 줄어들 수도 있다. 그러나 딜레마 상황은 시간의 제약이 존재하기 때문에 어떤 식의 결정이든 선택을 해야 한다. 선택을 하지 않고 현재 상태를 유지하는 것 역시 하나의 대안을 선택하는 것이다. 이미 상황이 결정자의 결단을 요구하는 상황으로 바뀌어 버렸기 때문이다(윤견수, 2010:16).

그렇다면 지금 현재 중국은 농촌토지정책의 개혁이 요구되는 상황인가? 이는 농촌토지문제로 인해 발생하고 있는 농민시위 증가 및 도시와 농촌간의 소득격차 등이 심화되고 있는 것을 통해 알 수 있다. 시위의 증가 및 사회문제 발생의 증가는 정책결정자에게 문제해결요구의 압력을 높이고, 문제해결요구의 강도를 높여 해결되지 않으면 사회혼란이 발생하게 될 것이고, 사회혼란은 정권유지의 불안정성을 가져오게 될 것이다. 따라서 사회문제가 폭발하기 전에 정책결정자는 그 문제를 해결해야 한다.

1) 농민 투쟁의식의 대두와 단체사건의 빈발

주지하는 바와 같이 중국은 농업대국이다. 삼농(농촌, 농업, 농민)문제는 중국 사회와 경제 발전에서 영원한 주제다. '삼농'문제를 타당하게 해결해야 중국 현대화 건설의 토대를 견고히 할 수 있다. 토지는 '삼농'문제의 핵심이고 토지를 징수하고 보상하는 것이 바로 그 핵심 중의 핵심이다. 중국 경제가 빠르게 발전하고 도시화의 진도가 계속 가속되면서 시장이 토지자원에 대한 수요가 날로 늘어났다. 지금 각종 명목으로 농민의 토지를 구획하여 도시 건설 용지의 지표를 교환하는 것은 도시의 농촌에 대한 또 다른 약탈이라고 할 수 있다. 이익 때문에 농민 토지를 침범하는 것은 이익과 정치 공적을 얻는 중요한 수단으로 보았다. 통계에 따르면 최근 20년 동안 개발구 건설을 목적으로 토지 징수운동이 일어나기 시작하였는데, 3,500여 개의 개발구에서 구획한 토지총면적이 5,400만 묘에 달하였다. 전국 각 지방에서 농민에게 징수한 토지의 총면적은 1억 묘에 달하였다(陸學藝, 2005:76). 토지를 징수한 보상금은 시가와의 가격차이가 2만 억 위안에 달하였다. 그리고 조사 자료에 의하면 2003년 말에 전국에서 각종의 개발구가 6,015개였고 계획면적은 3.54㎢에 달하고 전국의 660개의 도시와 모든 진(鎮)의 건설용지의 총면적보다 더 많다. 그 중에 국무원에서 허가를 받은 항목은 232개 밖에 안 되어서 4.64%를 차지하고 성(省)급 정부에서 허가한 항목은 1,019개에 달하여 20.38%를 차지한다. 나머지 항목은 대부분이 지방에서 맹목적으로 설립한 개발구와 공업단지이기 때문에 대량의 경지를 묵히게 만들었다. 전국 개발구의 43%가 방치되고 토지의 이용률은 낮아졌고 경지면적 또한 놀라운 속도로 감소하고 있다. 전국에서 해마다 새로 징수한 토지면적은 300만 묘쯤 되는데 약 200~300만 명의 농민이 생존할 토지를 잃은 셈이다. 개혁개방 이래 전국에서 토지를 전부 다 잃어서 "삼무(三無)"상태에 빠진 농민의 총수 는 5,000~6,000만 명에 달하였다. 그 중 일부는 도시의 농민으로 변 하였지만 거의 절반이 취직도 못하고 보장도 받지 못한 농민들은 분쟁 을 일으켰다. 토지분쟁의 형식은 다음과 같은 네 가지를 포함한다. 첫 째는 농민의 허가를 받지 않고 토지를 강제로 징수하는 것이다. 둘째 는 보상금이 너무 적은 것이다. 셋째는 농민들은 적은 보상금을 받지 못하는 것이다. 넷째는 비상금이 횡령되거나 유용되는 것이다. 토지 때문에 다른 분쟁도 일어났지만 대부분이 토지 징수나 점용 때문에 발 생한 것이다. 토지분쟁은 지금 농민들의 권익 보호와 항쟁의 초점이 되었고 농촌 사회의 안정과 발전 문제에 영향을 주는 주요한 문제가 되었다. 토지문제는 현재 농민들이 적대적 충돌을 일으키는 주된 도화 선 중 하나이다. 경지문제는 농업세 이후 농촌 적대적 충돌을 발생시 키는 중요한 근원의 하나가 되었다. 지금 농촌 적대적 충돌을 일으키 는 경지문제에는 주로 토지 징수문제, 택지문제, 토지 도급문제, 토지 회전문제 등이 포함된다. 그 중에 토지 징수문제가 가장 두드러진다. 토지는 농민이 생존할 터전이고 토지문제가 거액의 경제이익에 관련 되어서 토지분쟁은 적대성과 지구성을 띠게 된다.

지난 몇 년 동안 중국의 토지문제는 사회의 화두가 되었다. 토지 징수 문제와 실지, 보장 및 현행 토지제도에 관한 법률의 결함은 학자들의 관심을 일으켰다. 2006년 〈중국청년신문〉의 보도에 따르면 농촌에서 발생한 단체 사건의 65% 이상이 토지 징수 때문에 발생한 것(陳錫文, 2006)이고, 이것은 농업세가 취소된 후에 농촌 사회의 안정과 발전에

영향을 주는 문제이고 초점이었다고 한다. 2007년 카오슈카이(趙樹凱)
는 농민들의 민원신고에 대한 연구에서 다음과 같이 지적하였다. 지금
농민들이 민원신고를 하는 주요 원인은 토지 징수문제이라고 하였다.
만약 민원신고이란 Coser가 말한 "안전밸브제도"라면 그 뒤에 숨어 있
는 것은 바로 농촌에 존재하는 "긴장이나 적대적 정서"다. 이러한 정서
가 민원신고를 통해 나타날 뿐만 아니라 적대적 충돌과 같이 다른 방식
으로 나타날 수 있다. 2007년 원테쥔(溫鐵軍)등이 농촌 적대적 충돌을
연구하는 과정에서 다음과 같이 더욱 명확하게 지적하였다. 개혁개방
이후 중국에서 3차에 걸쳐 토지를 징수하였지만 사회 경제와 경제 발전
에 대한 영향은 전혀 달랐다. 지난 1980년대 중기 향진(鄕鎭) 기업이
발전하는 기간 동안 나타난 토지 징수운동은 도시와 농촌간의 소득격
차를 객관적으로 줄였다. 그런데 1990년대 이후 도시화를 추진하는 두
차례의 토지 징수운동은 그 정반대의 결과를 낳았다. 경제적으로 도시
와 농촌간의 격차가 커졌고 토지가 없는 농민의 수가 늘어났을 뿐만
아니라 정치적으로 대규모 농민 단체 사건마저 일어났다(孫瑾·鄭風田,
2009:85). 지금 농촌 사회 충돌은 농촌 사회의 안정에 영향을 주는 가장
심각한 문제다. 해당 부문의 통계에 의하면 1993년 중국에서 발생한
단체적 사건이 0.87만 건, 1994년에 약 만 건에 달하였는데 2003년에
와서는 6만 건이나 되었다. 2004년 상반기 전국에서 발생한 토지에
관한 위법사건이 4.96만 건 정도였고 입안하고 조사, 처리한 위법사건
이 3.93만 건에 달하였다. 그 과정에서 농민들에게 갚은 토지 징수의
보상금이 87.4억 위안 정도로 이는 미지불금 총액의 59%정도를 차지하
는 것이었다. 전국에서 줄어든 각종 개발구가 4,753개였고 이는 모든
6,741개의 개발구의 70%를 차지한다. 계획면적은 3.75만㎢에서 1.34
㎢로 줄어 2.41만㎢가 감소하였다. 이런 상황은 토지사건의 심각성을

보여주었다(於建嶸, 2005, (3):22). 토지사건은 2004년에 7.4만 건에서 2005년에 8.7만 건으로 상승하였는데 2006년에는 9만 건을 넘었다. 그 중에 농민들이 권익 보호 사건은 약 35%나 되었다. 그리고 학자의 통계에 따르면 지난 15년 동안 사건이 일어난 횟수는 연간성장률이 17% 정도였는데 일어난 규모로 보면 단체 사건에 참여한 인원수의 연간성장률은 12%, 참여한 인원수는 73만 명에서 307만 여 명으로 증가하였다고 한다. 그 중에 참여자의 수가 백 명을 넘은 사건은 1,400건에서 7,000건으로 네 배나 증가하였다. 단체 사건의 발생을 보면 총체적으로 빠르게 상승하고 있는 추세다(劉能, 2011:54~55). 이것은 농촌에서 사회 질서가 제어되지 못하고 있다는 중요한 표현이다.

또 중국국토자원부에서 2011년 8월에 발표한 "2011년 상반기 국가 토지자원에 관한 위법이나 반칙행위의 단서와 민원신고를 처리하는 상황"에서 볼 수 있듯이 신고하는 주체는 농민이고, 사건을 처리하는 중에 농민들이 단체적으로 신고[5]하는 사건이 차지하는 비중은 크고 상승 추세도 뚜렷하다. 상반기 국토자원부에서 수리한 단체 민원신고 사건은 모든 민원신고 사건수의 28.3%를 차지하고 사건 참여자수의 65%를 차지한다. 토지 징수문제와 철거문제는 농민들의 민원신고의 주 관심사(閻建秀, 2012:18)가 되었고, 민원신고는 지금 농민들이 체제 안에 권익 보호할 수 있는 거의 유일한 방식이다. 허베이성을 예로 들면 2010년 허베이성 국토자원청에서 민중들이 성도에 간 횟수가 275번이고 민중수가 1,235명에 달하였는데 그 중에 단체 방문은 63번 정도이고 인원수가 735명이었다. 베이징에 간 민원신고사건은 132번이

---

[5] 농민들의 권익 보호 방식은 주로 민원신고나 서로 홍보하는 것이다. 토지분쟁 과정에서 농민들은 주로 현, 시정부부서의 정문 앞이나 징수 받은 땅에 와서 정좌하거나 시위하는 등의 방식이고 심지어 고속도로나 철도에서 연좌 시위를 하기도 한다.

고 신고한 인원수가 613명에 달하였는데 단체적 민원신고사건은 36번
이고 인원수가 412명이었다. 그리고 민중이 신고한 서신이 312통이었
다. 전년도 동기와 대비하면 성도에 가서 민원 신고한 차수와 인원수
가 각각 32.7%와 41.5%를 상승하였고 베이징에 가서 민원 신고한 차
수와 인원수가 각각 35.6%와 61%를 상승하였다. 방문한 사람들은 주
로 탕산(唐山), 랑팡(廊坊), 스쟈좡(石家莊) 등 공업과 경제가 빠르게 발
전되고 도시가 빠르게 확장되고 있는 도시에서 온 이들이었다. 이 밖
에 보정(保定)지역에서 온 민원신고사건수량도 점점 늘어났는데 전 성
(省)의 사건의 17.5%를 차지하는데 민원 신고한 인원수의 22.3%를 차
지한다. 민원신고를 한 사람들은 주로 안치와 보상 문제를 제기했는데
이는 모든 문제의 38%를 차지하고 있었다. 그 중에 새로 발생한 문제
도 있기도 하고 역사적으로 남아 있는 문제도 있다(閆建秀, 2012:18).

중국은 지금 사회 전환 시기에 처해 있기 때문에 새로운 사회적 모
순이 계속 나오고 있다. 그리고 새로운 상황에서 농촌 사회 충돌은 방
식도 다양하고 복잡하며 심지어 치열해질 것이다. 따라서 농민들의 끊
임없는 문제를 해결하기 위한 가장 근본적인 방법은 단체재산권에서
경지의 소유권문제 처리를 어떻게 하는 가에 달려 있다. 토지의 재산
권이 명확해야 지금 중국 토지정책을 실시하는 과정에서 부딪힌 문제
를 근본적으로 해결할 수 있다.

2) 도시와 농촌의 소득 격차의 확대

(1) 중국 도시와 농촌의 이중경제구조의 형성과 발전

이중경제구조이론은 영국의 경제학자 루이스(William Arthur Lewis,
1915-1991)가 1954년에 처음으로 제출한 것이다. 그가 쓴 〈노동의 무

한 공급 조건하에서의 경제 발전〉 중에서는 "두 개 부문의 구조발전모형"의 개념을 논술하였고 개발도상국에는 전통적인 자급자족의 농업 경제 체계와 도시 현대 공업 체계가 병존하고 있다는 것을 계시하였으며 이 두 가지 체계는 또한 "이중경제구조"를 구성한다고 하였다. 도시와 농촌의 이중경제구조란 주로 사회화 생산을 주요 특징으로 하는 도시경제와 소생산을 주요 특징으로 하는 농촌 경제 구조가 병존하는 경제 구조를 가리킨다. 중국 도시와 농촌 이중경제 구조의 주요 표현으로는 '도시 경제는 현대화한 대공업 생산이 위주이고 농업 경제는 전형적인 소농 경제가 위주다. 도시의 도로, 통신, 위생과 교육 등 기초시설이 발달했지만 농촌의 기초시설은 낙후하다. 도시의 평균 소비 수준은 농촌보다 훨씬 높다. 도시에 비하면 농촌의 인구는 비교적 많다.' 등이 있다. 이러한 상태는 개발도상국의 경제 구조에 존재하고 있는 두드러진 모순일 뿐만 아니라 나라의 상대적 빈곤과 낙후를 초래한 주요 원인이기도 하다. 개발도상국의 현대화 진행 과정은 대체로 도시와 농촌의 이중경제구조로부터 현대화 경제 구조에로의 전환이라고 볼 수 있다.

한 나라의 이중경제구조를 평가하는 주요 지표는 이중 대비 계수다. 이것은 이중 경제 중 비농업 부문과 농업 부문의 비교 노동 생산율을 가리킨다. 이중 대비 계수가 크면 클수록 경제 구조의 이중성이 강하다는 것을 의미한다. 현재 선진국의 이중 대비 계수는 1.16~1.92 정도이고 개발도상국은 2.22~3.32 사이다. 중국 이중 대비 계수의 변화를 분석하려면 우선 중국의 이중 경제 구조의 발전 역사를 회고하여야 한다.

제1단계: 1949-1958년 이중 경제 구조의 초보 형성 시기.

백 년 동안의 외래 침략과 내부 전란을 겪은 끝에 새 중국이 성립되었다. 공산당은 전쟁에서 이겼지만 공업 문명의 황량한 터전 위에 발을 디뎌야 했다. 경제적으로 볼 때 중국의 GDP는 세계 GDP총량의 28.7%(1820)에서 6.2%(1950)로 급격히 하락했다(程漱蘭, 1999:89). 경제 구조적으로 보면 1949년 중국 공,농업 총 생산액 중 농업은 70%, 공업은 30%를 점하였으며 그 중 현대 공업은 겨우 17%밖에 되지 않았다. 그래서 국가의 공업화를 실현하는 것은 경제를 발전시키고 빈곤과 낙후에서부터 벗어나는 것과 마찬가지이며 공업화는 당시에 있어서의 필연적인 선택이었다. 동시에 국제 경제, 정치와 군사 등 조건의 제약과 구소련의 경제 발전 모델에 영향 받은 중국은 선진국의 경공업--기초 공업--중공업의 점진적 모델을 선택하지 않았고 발전 단계를 초월한 중공업을 우선적으로 발전시키는 공업화 전략을 선택하였다. 중공업은 자본집약적 산업으로써 건설 주기가 길고 투자 규모가 크며 기술 함량이 높은 것이 특징이다. 중공업을 우선적으로 발전시키는 것은 전란과 약탈을 겪을 대로 겪고 경제 잉여가 적고 또한 외국으로부터의 경제적 원조를 받기 어려운 낙후한 농업국의 자본동원과 누적 능력에 대하여 아주 큰 대가를 요구하였기 때문에 오직 국가가 경제에 대해 초강력의 규제를 실시해야만 실현할 수 있었다(倪雲貞·王家傳, 2001:40).

때문에 중공업 발전 누적의 주요 원천은 시종 농업에 있었고 농업 부문도 줄곧 중공업 확장에 필요한 자본의 중요한 자원이 되었다. 중공업의 지속적인 성장을 유지하기 위하여 제도상에서도 그와 상응한 배치를 해야 했다. 즉 정부가 통일적으로 일체의 자원을 분배하는 것이다. 통구통매, 호적 제도 등을 포함한 농촌과 도시를 격리시키는 계획 경제 체제도 이로 인해 나온 것이었다. 통구통매 제도는 국가가 농촌 여분의 식량을 매상하고 도시에서는 식량으로 계획 공급을 실시해야 한다는 것을 규정하였으며 국가는 또한 식량 유통 경로를 엄격히 공제하였다. 예를 들면 1953년 11월에는 〈식량에 관한 계획 구매와 계획 공급의 명령〉을 반포하였다. 호적 관리 제도는 한 면으로는 농촌에서의 토지와 호구의 상호 결합을 실현하였고 다른 한 면으로는 도시에서의 호구와 취업, 생활 공급, 사회 보장을 상호 결합시켰으며 이와 같은 방법을 통하여 자유로운 인구 이동을 제한하였다. 1956년 12월 30일, 1957년 3월, 9월, 12월에는 농촌 인구가 맹목적으로 도시로 유입되는 것을 방지하는 문건을 네 번이나 발표하여 도시와 농촌의 연계는 차단되었다. 이 시기의 이중 대비 계수는 하강의 추세를 보였고 1952년의 4.98로부터 1957년의 6.42로 상승하였으며 도시와 농촌의 이중 경제 구조는 초보적으로 형성되었고 이대로 줄곧 발전하였다.

제2단계: 1958-1978년 이중 경제 구조의 강화시기.

1958년에 반포한 〈호구 관리 조례〉 중에서는 호구를 농업 호구와 비농업 호구로 엄격히 나눴고 농업 인구가 도시로 이동하는 것을 엄격히 통제하였으며 도시와 농촌으로 분할된 식량공급제도, 노동취업제도, 복지보장제도를 결합시켜 엄밀한 도시와 농촌의 분할 체제를 형성하였다. 1958년부터 1978년까지 국가는 농업 부문에 대하여 '협상 가격차', 세수, 저축 등 세 가지 방법으로 거의 5,000억 위안 정도의 자금을 거둬들였다. 이는 농업의 누적 능력과 재생산 능력을 심각히 약화시켰지만 중국의 공업화 건설에 대하여 강력한 기반을 제공하였다. 농업 잉여는 중국 공업을 성장시켰다. 이 시기는 공업의 '강철을 중심으로'와 농업의 '식량을 중심으로'로 당시 경제 구조의 진화 방향을 결정하였다. 국가는 대부분의 건설 자금을 공업 특히 중공업에 투자하였다. 계획 경제 체제하에서의 기초 건설 투자 정황은 〈표 5-1〉과 같다. 〈표 5-2〉에서 표시하는 바와 같이 중공업에 대한 투자 편향은 중공업의 과도 성장을 초래하였다.

〈표 5-1〉 1958-1980년대 농업, 경공업, 중공업에 대한 기초 건설 투자 비중(%)

시기	농업	공업	경공업	중공업
〈이오〉 시기 (1958-1962년)	11.3	60.4	6.4	54.0
1963-1965년 조절 시기	17.6	49.8	3.9	45.9
〈삼오〉 시기 (1966-1970년)	10.7	55.5	4.4	51.1
〈사오〉 시기 (1971-1975년)	9.3	55.4	5.8	49.6
〈오오〉 시기 (1976-1980년)	10.5	52.6	6.7	45.9

〈표 5-2〉 1950-1970년대 중공업의 지나친 증가 현황

연도	중공업 생산액이 공농 총 생산액에서 차지하는 비중(%)	중공업 생산액이 공업 총 생산액에서 차지하는 비중(%)	공.농업 총 생산액 지수 (1952년=100)	공업 증장 지수 (1952년 =100)	경공업 증장 지수 (1952년 =100)	중공업 증장 지수 (1952년 =100)
1952	15.3	35.5	100.0	100.0	100.0	100.0
1965	30.4	51.6	268.3	452.6	344.6	650.5
1970	36.4	53.9	424.3	798.1	522.8	1,309.5
평균 매 10년의 성장률(%)	10.0	8.0	286.5	655.9	386.7	1,157.3

중공업은 자본집약적 산업이다. 중국의 관련 통계 자료에 따르면 1952-1957년 사이 매년 1억 원의 중공업 부문에 대한 투자는 겨우 6,389명의 정도의 직공을 증가시킨 반면 경공업 부문에서는 16,453명이 넘는 직공을 증가시킬 수 있다(郭劍雄, 1999:134). 중공업은 원래 취

업 흡수 능력은 낮지만 과도의 투자와 자본을 필요로 하였다. 그래서 경공업과 제2산업의 발전을 제약하였고 또 필연적으로 농업 노동력의 비농업으로 전이를 초래하였다. 또 그 동안의 인구 팽창으로 중국의 취업 구조의 변화는 크지 않았다. 농업 노동력이 차지하는 비중은 1952년의 83.5%에서 1978년의 70.5%로 하강하였지만 차이는 겨우 13% 밖에 안 되어 그 절대치는 적어지지 않았을 뿐더러 오히려 인구는 1.1억이 증가했다.

바로 이 시기에 도시와 농촌에서는 각각 왜곡적인 자본과 노동력이 집중되었고 선진적인 현대 산업과 낙후한 전통 농업의 이중적 대립이 나타났다. 이중 대비 계수는 1958년의 2.69에서 1978년의 6.93으로 증가되었다. 도시는 농촌에서의 "수혈"로 팽창되고 발전되었다. 1978년 1,2 산업의 노동 비례는 1:0.245였고 생산액 비례는 1:1.71이었으며 도시와 농촌 주민의 수입 수준은 2.57:1이었고 소비 수준의 비례는 2.9:1이었다(倪雲貞·王家傳, 2001:40-41). 이러한 체제 하에서 도시는 고립된 "성루"가 되어 경제 중심과 사회 중심으로서의 작용을 발휘하기 어려웠다. 다른 한 면으로 대량의 농촌 인구는 식량 재배를 중심으로 하는 상대적으로 단일한 저효율의 토지 경영에 국한되어 도시와 농촌의 차이도 점점 벌어졌다.

제3단계: 1978-1992년의 조절, 전환과 굴곡적 발전 시기.

1978년 개혁 개방 이래 국가는 점차적으로 농산품의 가격을 높였고 농민에 대한 규제를 풀었으며 인민 공사제도와 통구통매 제도는 종결되었다. 농업에서는 우선적으로 가족단위 농업생산 책임제를 핵심으로 하는 농업 경영 체제 개혁이 진행되었다. 또한 정부는 농산품 가격과 유통 제도에 대한 개혁도 진행하였으며 이는 한 면으로는 농산품의 수매 가격을 제고시켰고 다른 한 면으로는 농산품에 대한 계획 규제를 감소시켰다. 이것은 도시와 농촌의 이중경제체제를 부분적으로 변혁시켰다. 1984년부터 국가는 농민이 양식을 스스로 부담한다는 조건 하에 현 이하의 읍에서 정착하여 일하고 상업에 종사하는 것을 허용함으로써 도시와 농촌의 분할체계를 봉쇄할 돌파구를 열었고 몇 십 년 동안 굳어진 도시와 농촌의 구조는 변화되기 시작하였다. 이는 처음으로 농촌 잉여 노동력의 소도시에로의 이동을 격려하였다. 이것이 계기가 되어 1984-1988년, 향진 기업은 우뚝 솟아나기 시작했으며 해마다 69.6%의 속도로 점차적으로 증가되었다. 농업 경제 제도의 변화와 함께 1984년에는 도시 경제 체제 종합 개혁 및 대외 개방 정책이 실시되었으며 이는 도시 경제의 지속 발전에 거대한 촉진 작용을 일으켰다. 개혁 개방 이래, 이중 경제 구조는 또 새로운 특징이 추가되었다. 1. 국가의 도시를 중요시하고 농촌을 경시하는 시장화 개혁은 도시와 농촌의 시장화 진행으로 이중 시장화의 양상을 띠게 하였으며 이는 지금의 전통 경제와 시장 경제의 이중 대립을 형성하였다. 2. 향진 기업이 살아남에 따라 중국은 특수한 이중 공업 구조의 양상을 띠게 되었다. 또한 농촌의 일원 경제는 점점 비정상적인 상태로 발전하였다. 농업의 부업화, 농촌 공업의 향토화, 이농 인구의 "양서화(兩栖化)", 소도시 발전의 무질서화, 농촌 생태 환경의 악화 등이 있다(劉傳江, 1996:57).

호적 제도의 유지는 이중경제 제도의 중대한 제도적 기초를 제공하였다. 1958년 1월 9일 전국 인민 대회에서는 〈중화인민공화국 호구등록조례〉를 통과시켰고 이것은 현재의 현행 법규이기도 하며 개혁 개방 이래 이중 경제 구조의 연속과 진화의 제도적 기초이기도 하다. 호적 제도와 서로 어울리는 도시 식량 공급, 노동 취업 사회 복지와 보장은 모두 재정과 밀접히 관계되어 있다. 하지만 정부의 재력은 제한되어

있어 정부는 도시와 농촌의 호적 제도를 엄격히 실행해 농민으로 하여
금 제도의 장벽을 뛰어 넘지 못하게 하였다. 하지만 농민은 태어날 때
부터 이미 일차적인 토지를 갖고 있었는데, 잉여 노동이 도시에로 이
동하기 어려워 결국 대부분의 농민이 토지에 흡착될 수밖에 없었다.
지금 농촌의 잉여 노동력은 이미 2억에 달했다. 이에 따라 농민에게
소득의 평균 분배를 실시하게 되었다. 소위 규모 경영, 현대화 기술을
채용하지 못해 생산율도 필연적으로 하강할 수밖에 없었다.

70년대 말의 경제 체제 개혁은 각각 농촌 내부와 도시 내부에서 진
행되었고 도시와 농촌의 분할 체제는 기본상 바뀌지 않았다. 대부분의
경제 총량은 도시에 축적되어 있고 또한 개혁 개방을 추진하는 국가는
자연적으로 도시를 중시하게 되고 농촌을 경시하게 되었다. 80년대에
대량의 노동력이 도시로 이동하였지만 호적을 변화시키지 않고 도시
복지를 향수하지 못할 뿐 아니라 도시 취업 관리에도 포함되지 못했
다. 경제 구조의 이중성도 진일보로 개선되지 못하였으며 공업화 중기
이전까지 농업은 여전히 공업을 "수혈"하는 역할을 할 뿐이었다. 이
모든 것들은 본래 계획 경제 시기부터 이미 차이가 컸던 도시와 농촌
의 경제가 계속하여 이중 형식으로 존재하게 하였다. 1985-1990년의
이중 대비 경제 계수는 4.02~4.51 사이에서 오르내렸다.

제4단계: 1992년 이후. 이중 경제 구조의 파동, 강화 시기.

1993년 후 중공업은 또 다시 쾌속적인 성장 추세를 보였다. 공업 성
장은 선명하게 중공업을 주도로 하는 구조로 변화되었다. 1993년 중공
업의 비중은 52.7%, 2001년에는 60.5%, 2002년에는 60.9%로 증가되
었다. 경제는 고속 성장한 반면 농업은 전체 국민 경제에서 홀대 당했
으며 이는 국민 경제 전체 구조에도 나쁜 영향을 끼쳤다. 1997년 국무

원에서는 공안부의 〈소도시 호적 관리제도 개혁에 관한 시행 방법〉과 〈농촌 호적 관리 제도 개선에 관한 의견〉이란 지시를 내리고 관련 부서에 전달함으로써 지역의 호적 제한을 타파하였다. 또한 법률상으로 노동 경상업자, 산업 투자자와 전문 기술 인재의 소도시에서의 정착에 정책 담보를 제공하였으므로 드디어 도시와 농촌을 몇 십 년 동안 분할한 장벽을 타파했다. 경제 구조의 이중 대비 계수는 1993년의 5.22에서 1997년의 4.22로 내려갔다. 1997년의 동아시아 경제 위기는 직접적으로 중국의 가공 제조업과 금융서비스업에 충격을 주었고 농업의 발전에도 간접적인 영향을 끼쳤다. 마침 이 시기에 국유 기업의 이익도 내리막길을 걷게 되어 실업과 잠재적 실업 인원도 날로 증가되었다. 이때, 농촌 노동력의 도시에로의 이동은 매우 엄격했고 경제 구조의 이중성은 뒷걸음질 치기 시작하였다. 이중 대비 계수는 1998년의 4.35에서 2000년의 5.29, 2001년의 5.56으로 상승하였다.

　이중 경제 체제 하에서 농민 수입의 증가폭과 도시 주민의 수입 차이는 점점 커졌다. 1997-2002년, 농민의 평균 순소득은 3.97% 증가하였지만 이는 개혁 개방 이래의 24년 동안의 평균치 7.33%보다 3.36%나 낮았다. 이와 달리 도시 주민의 개인처분가능소득은 동기보다 평균 7.8% 증가했고 이는 농민의 평균 수입 증가폭보다 3.84% 많았고, 2002년에 이르러서 도시와 농촌 주민 수입 비율은 3.11:1로 사상최고치에 다다랐다. 비교적 큰 도시와 농촌 주민의 차이에 인하여 중국 도시와 농촌 사이의 소비는 엄중한 단층이 생겼다. 또한 가공업은 도시 주민의 수요를 만족시켰지만 농촌 주민의 수요에는 아직 뒤따르지 못하는 현실 때문에 곤경에 빠지게 되었다. 단적으로 도시 주민의 컬러 TV, 냉장고, 세탁기, 에어컨 등 가전제품의 보유율은 이미 선진국 수준에 도달하였다. 농민은 가정용 전기제품 등 내구 소비재의 후속 소비

단계의 주력이 되어야 했지만 상당히 많은 가정에서 수입이 적어 부담이 과중하였기에 내구 소비재를 구매할 능력이 아직 없었다. 2000년 농민 평균 순소득과 컬러TV의 가격비율은 1:0.74이였지만 도시의 주민의 컬러 TV 보급률이 가장 높은 3년(1988-1990) 의 비율은 1:1.8이었다. 이는 농촌의 거대한 경제 잠재력이 아직 발휘되지 못했다는 것을 의미한다. 그래서 도시 시장에서 이미 기본적으로 포화 상태에 처한 내구 소비재는 유효 수요가 부족한 농촌 시장으로 이동할 수 없었으며 따라서 상당히 많은 기업은 생산의 중지, 반 중지의 상태에 처하게 되었고 직공은 실직당하고 실업 상태에 빠지게 되었다. 바로 이와 같이 균형을 잃은 도시와 농촌의 관계는 농민의 이익을 해쳤을 뿐만 아니라 결국에는 도시 직공의 이익도 해쳤으므로 최근 몇 년 동안에 나타난 도시와 농촌 소비 시장의 수요 부족 현상을 초래하였다. 따라서 투자의 부진과 경제 성장 속도는 해마다 낮아졌으며 경제 성장의 속도와 도시, 농민의 생활질의 제고에도 영향을 미치게 되었다.

보다시피 제도는 중국 경제 발전에서 아주 중요한 작용을 했다. 20세기 1950년대 이래, 정부는 행정 간섭 수단으로 도시와 농촌을 분리시켰고 불합리한 정책과 이중성 제도 실시로 도시와 농촌의 차별을 공고화시키고 강화시켰다. 이는 도시와 농촌의 장기간 불균형한 발전에 결정적 영향을 일으켰고 농업 부문과 비농업 부문의 장기적인 대립을 형성시키고 농업 투자는 엄중히 결핍되어 있었고 농업과 농업의 발전에는 활력이 부족하게 되었다. 총괄하면 도시와 농촌 이중 경제 구조는 이미 중국 국민 경제의 기본 특징으로 되었으며 개혁 개방 이래 고정화된 도시와 농촌의 분할 상황은 비록 일정하게 개선되었지만 근래에 있어서 도시와 농촌의 이중경제구조는 또 다시 예전으로 돌아가는 현상이 나타났고 양자의 차이도 날로 커지는 추세를 보였다.

(2) 중국 도시와 농촌 수입 차이의 현황

개혁 개방으로 사회주의 시장 경제 체제는 더욱 확립되었고 중국 사회 전반적 경제 수준은 뚜렷이 제고되었다. 따라서 중국 도시와 농촌 주민의 수입도 보편적으로 제고되었고 사람들의 생활수준도 뚜렷하게 개선되었다. 하지만 발전 과정 중에서 다른 한 가지의 추세가 두드러졌다. 즉 중국 도시와 농촌 주민의 수입 차이가 확대되기 시작하고 양극분화의 정도도 한창 악화되고 있는 것이다. 이것은 또한 수입 분배 영역 중에서의 가장 두드러진 변화이기도 하고 사회 경제의 지속적이고 안정한 증장과 진보를 제약하는 중요한 원인이기도 하다.

중국의 도시와 농촌의 격차 문제는 계속하여 존재해 왔다. 하지만 최근에 와서 수입의 격차는 점점 확대되는 추세를 보이고 있다. 2002년에 당의 16대 보고에서는 우선 도시와 농촌의 발전을 통일적으로 계획하는 책략을 제출하였다. 그 후 당의 제 16대 5중 전회에는 "다섯 개의 통일 계획"을 제출하였으며 "도시와 농촌의 발전을 통일적으로 계획"하는 것을 개혁 발전의 주요 위치에 두었다. 당의 17대에서는 또한 "도시와 농촌의 조화로운 발전을 추진하고 사회주의 새 농촌 건설의 중대한 진보를 획득한다."라고 하는 것을 명확히 제출하였고 의의도 더욱 중대해졌다. 2004년과 2005년의 두 개의 중앙 1호 문건에서도 농민의 수입 제고를 통하여 도시와 농촌 수입의 격차를 줄이는 최종 목표를 명확히 하였다. 그렇지만 도시와 농촌 주민의 소득격차는 계속 확대되었다.

전체적으로 보면 도시와 농촌 주민의 소득도 계속 오르고 있지만 도시와 농촌 소득격차 역시 확대되는 것을 알 수 있다. "전통적인 체제가 초보적으로 성립된 1957년에 도시 주민의 평균 소득은 농촌보다 3.48

배가 많고 문화대혁명 전의 1964년는 이 격차가 2.38배 정도였다." 이 격차는 1979년에 와도 계속 유지되고 있었다. 1978년의 개혁개방 이후 도시 주민 소득의 성장 속도가 농촌의 1인당 평균 순소득의 성장 속도보다 훨씬 빨랐다. 도시와 농촌 간 소득분배의 차이가 변화하는 전체적 추세는 바로 이러한 속도의 차이에 달려 있다[그림 4-5 참고]. 물가 상승의 영향을 제외하고 농촌 주민 1인당 평균 순소득과 도시 주민 1인당 가처분소득의 실질성장률을 비하면 1984년 전에는 농촌이 도시의 수준보다 높았다. 1985년 이후 개별적인 연도를 제외하고 농촌 주민 1인당 순소득의 실질 성장 속도가 도시 주민 1인당 가처분소득의 실질 성장 속도보다 낮다.

도시 주민 1인당 평균 가처분소득과 농촌 주민 1인당 순소득의 비중을 보면 중국 도시와 농촌 주민 소득격차가 총체적으로 확대되고 있다 [그림 5-2 참고]. 1978년 도시와 농촌 주민 소득의 격차 비율은 2.57:1 에 다다랐고 2008년에 와서는 중국 도시 주민 1인당 가처분소득이 1,5781.0위안으로 향상되었는데 농민 1인당 순소득은 4,761.0위안 밖에 안 되어서 도시와 농촌 주민 소득격차 비율이 3.31:1로 커졌다.

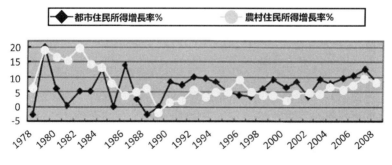

[그림 5-1] 도시와 농촌 주민 소득 성장 속도

〈표 5-3〉 도시와 농촌 주민 소득과 엥겔 계수

年份	都市民人均可支配收入(元)		엥겔지수 %	農村住民人均純收入(元)		엥겔지수 %	都農住民收入絕對差額	都農住民收入相對比値
	絕對數	實際增長率%		絕對數	實際增長率%			
1978	343.40	-2.40	57.50	133.60	6.70	67.70	209.80	2.57
1979	387.00	19.60	57.20	160.20	19.20	64.00	226.80	2.42
1980	477.60	6.20	56.90	191.30	16.60	61.80	286.30	2.50
1981	491.90	0.40	56.70	223.40	15.40	59.90	268.50	2.20
1982	526.00	5.00	58.70	270.10	19.90	60.70	256.50	1.95
1983	564.00	4.90	59.20	309.80	14.20	59.40	254.20	1.82
1984	651.20	12.40	58.00	355.30	13.60	59.20	295.90	1.83
1985	739.10	0.10	53.30	397.60	7.80	57.80	341.50	1.86
1986	899.60	13.80	52.40	423.80	3.20	56.40	475.80	2.12
1987	1,002.20	2.30	53.50	462.60	5.20	55.80	539.60	2.17
1988	1,181.40	-2.40	51.40	544.90	6.40	54.00	636.50	2.17
1989	1,375.70	0.20	54.40	601.50	-1.60	54.80	774.20	2.29
1990	1,510.20	8.40	54.20	686.30	1.80	58.80	823.90	2.20
1991	1,700.60	7.20	53.80	708.60	2.00	57.60	992.00	2.40
1992	2,026.60	9.70	53.00	784.00	5.90	57.60	1,242.60	2.58
1993	2,577.40	9.50	50.30	921.60	3.20	58.10	1,655.80	2.80
1994	3,496.20	8.50	50.00	1,221.00	5.00	58.90	2,275.20	2.86
1995	4,283.00	4.90	50.10	1,577.70	5.30	58.60	2,705.30	2.71
1996	4,838.90	3.90	48.80	1,926.10	9.00	56.30	2,912.80	2.51
1997	5,160.30	3.40	46.60	2,090.10	4.60	55.10	3,070.20	2.47
1998	5,425.10	5.80	44.70	2,162.00	4.30	53.40	3,263.10	2.51
1999	5,854.00	9.30	42.10	2,210.30	3.80	52.60	3,643.70	2.65
2000	6,280.00	6.40	39.40	2,253.40	2.10	49.10	4,026.60	2.79
2001	6,859.60	8.50	38.20	2,366.40	4.20	47.70	4,493.20	2.90
2002	7,702.80	3.40	37.70	2,475.60	4.80	46.20	5,227.20	3.11
2003	8,472.20	9.00	37.10	2,622.20	4.30	45.60	5,850.00	3.23
2004	9,421.60	7.70	37.70	2,936.40	6.80	47.20	6,486.00	3.21
2005	10,493.00	9.60	36.70	3,254.90	6.20	45.50	7,238.10	3.22
2006	11,759.50	10.40	35.80	3,587.00	7.40	43.00	8,172.50	3.28
2007	13,785.80	12.20	36.30	4,140.40	9.50	43.10	9,645.40	3.33
2008	15,781.00	8.40	37.90	4,761.00	8.00	43.70	11,020.00	3.31

* 자료 출처: 소득의 절대치와 엥겔지수, 1978-1989년 소득의 절대치와 엥겔지수는 〈중국통계연감2001〉에서 나온다. 1990-2007년 소득의 절대치와 엥겔지수는 〈중국통계연감2008〉에서 나온다. 1978-2003년 성장률은 주훙쟈오(祝洪嬌)의 〈중국 현 단계의 소득분배의 격차와 양극분화에 대한 연구〉(2006년)를 참고했다. 2008년 소득의 절대치, 엥겔지수, 2004-2008년 성장률은 중화인민공화국 국가통계국 〈2008년 국민경제 및 사회발전에 대한 통계공보〉에서 나온다.

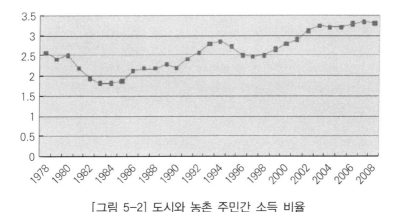

[그림 5-2] 도시와 농촌 주민간 소득 비율

절대적인 차액으로 보면 1978년 도시 주민 1인당 가처분소득이 농촌 1인당 순소득보다 209.8위안이 많다. 그 후 절대치의 격차가 끊임없이 확대되었는데 1985년에 341.5위안이었지만 1994년에 2275.2위안으로 증가하였다. 중국 2008년 도시 주민 1인당 가처분소득이 1995.2위안을 증가하지만 농민 1인당 순소득이 620.6위안만 증가하여 도시 주민 소득 증량의 1/3에 못 미치고 절대적인 차액도 11,020위안으로 늘어났다. 지난 30년 동안 중국 도시와 농촌 주민 1인당 순소득의 절대적인 차액은 52배가 늘어났다. 도시와 농촌 주민 1인당 순소득의 비율과 절대치의 격차가 매우 크고 점점 더 커져 가는 추세를 보여주었다.

〈표 5-3〉과 [그림 5-2] 중 데이터 변화를 보면 중국 도시와 농촌 주민 소득격차의 변화가 뚜렷한 단계적 특징을 알 수 있다. 1978~1985년 도시와 농촌 주민 소득격차가 줄기 시작하고 격차비율은 2.57배에서 1.86배로 줄었다. 이것은 농촌에서 먼저 개혁을 실시해 농가 생산 도급제를 실시함으로써 농민 소득이 빠르게 늘어났기 때문이다. 그래서 역사상 계속 높은 수준을 유지하고 있던 도시와 농촌 주민 소

득격차도 빠르게 줄기 시작했다. 1984년 도시 경제체제의 개혁이 시작
되고 도시와 농촌 주민 소득격차도 확대되면서 소득격차 비율이 1994
년의 2.86:1으로 확대되었다. 1994년부터 도시와 농촌 간 소득격차가
하락세를 나타냈지만 1997년부터 중국 농가 소득의 증가폭이 해마다
하락세를 보이면서 소득격차도 점점 더 커졌다. 예를 들면 다음과 같
다. 1997년 중국 농촌 주민 1인당 순소득이 도시 주민 가처분소득의
40.5% 밖에 안 되고 도시와 농촌 주민 소득격차가 해마다 확대되었다.
2002년 도시와 농촌 주민 소득비율이 처음으로 3:1을 초과하여 3.11:1
에 달하였다. 2007년 도시와 농촌 주민 소득격차가 3.33:1에 달했는데
2008년에 와서는 3.31:1에 달하게 되었다.

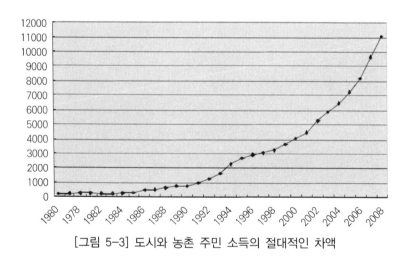

[그림 5-3] 도시와 농촌 주민 소득의 절대적인 차액

주목할 만한 점은 이러한 비율이 도시와 농촌 주민 소득의 실제적인
차이를 정확하게 반영하지 못하는 것이다. 도시 주민이 향유한 사회보
장과 각종의 복지 보조금을 더하면 소득격차가 더 커서 실질적인 소득
격차가 여섯 배쯤에 달할 것이다. 세계은행이 발표한 관련 자료에 의

하면 세계 대다수의 국가에서 도시와 농촌 소득격차가 1.5:1정도인데 반해 중국에서 격차비율은 세계 각국의 수준을 크게 초과하였다(李亞琴, 2009:156-158).

그리고 국가 강제적 정책의 통제, 시장적 박탈과 기술적 제한을 받은 농업경제는 농산품 증가와 농업 총수입 감소, 농민수입 성장 완화, 국민간 빈부 불균형, 도시와 농촌간의 수입 차이가 끊임없이 심화되어 중국국가통계국의 보고에 따르면 농촌의 끼니 계수는 1978년의 0.2124에서 0.3361로 확대되었다. 그리고 도시와 비교하면 빈부차이가 크다. 구오기간(1995-2000)에 농촌거주민의 순수입은 675원이 증가하고 연평균은 135원이 증가했다. 이와 같이 도시거주민이 지배할 수 있는 순수입은 1997원이 증가하고 연평균은 399원이 증가했다. 도시거주민이 지배할 수 있는 순수입 증가총액은 농촌거주민보다 1.95배가 높았다. 도시와 농촌 거주민 수입은 (농촌을 1로) 1995년에 2.71:1이었고 2000년까지 2.79:1로 확대되었다. 수입차이가 무척 커서 5년 동안 농촌거주민 생활소비 지출은 360원이 증가했다. 같은 시기의 도시거주민 생활 소비 지출 증가액은 1,460원보다 3.1배가 낮았다. 도시와 농촌 거주민 생활소비 지출의 비례는 1995년의 2.70:1에서 2000년의 2.99:1로 확대했다. 이 때문에 농민공과 도시사회의 충돌 및 농산품과 생산자료 시장화 거래간의 충돌이 나타났다. 사회분배체제에서 불공평의 문제는 언제나 집단적 돌발사건의 간접적 요인이 된다(於建嶸, 2003:76).

제3절 중국 농촌토지정책의 딜레마와 정부의 선택

'토지문제란 이데올로기와 입장에 깊은 영향을 받는다.'라고 정의 내려지며, 이것이 곧 토지정책의 발전방향을 결정하게 된다. 때문에 고려해야 할 부분은 '기존의 정책 제정자나 권력자가 어떠한 형태의 이데올로기와 입장에서 토지문제를 정의하였는가.'라고 했다(徐世榮, 2001: 328). 딜레마 이론에서 토지제도방안의 본질과 그 방안들은 파생되는 영향력 때문에 종종 관심을 받지 못한다. 그렇기에 어려운 상황에서 표출되는 정책결정자의 대응태도가 주목을 받게 된다. 어려운 상황 속에서 정책결정자가 취하는 대응태도는 일반적으로 세 가지다. 첫째, 상징적 선택 진행, 둘째 어려운 상황 회피, 셋째, 정책결정의 연기다.

논리적으로 따지자면 정책결정자의 행동 유무는 정책을 취하는가, 정책을 취하지 않는가 사이의 선택이다. 물론 정책 결정에도 한 가지 방안만 취하느냐 두 가지 방안을 취하느냐의 구별도 있을 수 있다. 하지만 공유제와 사유제는 이원적 대립관계인, 서로 배척관계에 있다. 그래서 이러한 딜레마에서 토지정책의 선택은 오직 계속되고 있는 공유제 또는 토지개인소유제 중 하나를 선택할 수밖에 없다. 사회의 몇 가지 특수 문제를 정책 문제에서 배제하는 것도 중요한 정치 책략이다. 정치체계에서 본인이나 개인 또는 단체가 영향을 받는 일부 문제가 배척되었을 때에 이러한 "정책미결정"이 나타나는 것이다(Thomas, 2008:40). 정책미결정은 일종의 책략이기에 정책결정자의 가치관과 이익에 잠재적이거나 뚜렷이 나타나고 있는 도전들에 압력과 재제를 준다. 좀더 구체적으로 표현하자면 정책미결정이라는 방식은 사회의 현행 권리와 이익분배에 개선을 요구하는 목소리에 적절히 대처하는 동시에, 이들의 요구가 표출되어 나오기 전에 미리 통제하거나 드러나지 않도록 만들고, 관련 정책에 들어가기 전에 사라지거나 정책의 집행단계에서 파기되거나 소멸되게 만든다(Bachrach and Baratz, 1979). 정책 미결정은 또 다시 자신이 주동적으로 정책결정을 포기하는 것과 정책 결정을 연기하는 것으로 나눌 수 있다. 여기에서 말하는 주동적인 정책결정권 포기란 정책결정권을 제 3자에게 양도하거나 정책결정자가 자신이 짊어져야 할 책임을 미루는 것, 즉 스스로 물러나는 의미도 포함된다. 간단히 말하자면 정책결정자는 어려운 상황 하에서 오직 세 가지 선택 중 한 가지만 선택해야 한다. 하나는 딜레마 선택(selection)에서 한 가지를 선택하는 것이고, 다른 하나는 외부압력을 견디지 못하고 정책결정권을 포기하는 것이다. 즉 선택상태에서 벗어나는 것 (escape)을 말한다. 마지막 하나는 규정된 시간 내에서 최대한 정책결정권을 마지막까지 남겨두는 것으로, 이러한 방식은 정책결정의 연기 (delay)라고 한다(김상용, 1989:40).

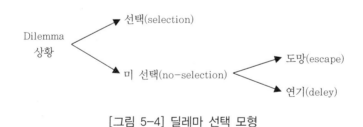

[그림 5-4] 딜레마 선택 모형

우선 현재 중국토지제도 개혁에서 토지제도정책결정자는 토지의 사회주의공동소유를 견지할 것인가 아니면 토지소유권에 대해 사유제의 개혁을 결정할 것인가라는 어려움에 놓이게 된다. 제도선택의 어려움에 빠진 정책결정자는 공유와 사유방안의 선택 시 정부가 만약 토지의 현재 사용자의 관련 이익과 그들의 주장을 고려하지 않고 자신이 수집한 정보로만 토지정책을 집행할 수도 있다. 하지만 정부정책결정자가 토지 관련자의 이익을 고려하는 동시에 제정한 토지제도의 광범위한 지지를 얻기 위해서라도 일부 상식적인 정책결정 전략이 요구된다. 물론 공유화 방안이나 사유화 방안 선택 후, 가져오는 이점들이 선택을 포기하는 것보다 많다고 가정된다면, 정책결정자의 측면에서 공유화 혹은 사유화 선택을 진행하는 것도 합당한 정책결정일 것이다(Coase, 1960).

다음으로 토지정책 결정자가 이런 딜레마 정책 중에서 벗어나기 위하여 소극적으로 정책결정의 권리와 책임을 포기하는 방법은 정책결정과는 본질적으로 차원이 다르다. 당연히 토지정책결정자가 책임을 회피하는 이유는 토지이익 기득권집단과 토지 상실 집단 간의 대립관계를 자주 발생시킨다. 일반적으로 정책결정자는 호평과 합리적인 정책을 찾지 못하여 책임을 회피하는 경향이 매우 크다. 현실적인 상황을 감안해 정책결정의 권리(权)과 책임(责)을 이전하는 것은 가장 흔히 보는 방법이다. 현대 국가의 두드러지는 특징 중 하나는 바로 정책결정자가 정책결정을 내리는 과정에서 자기의 재량권을 축소하여 책임을 피하려고 한다는 것이다. 정책결정자는 아주 흡인력이 있는 방안과 개인이 선호하는 정책방안 간의 어려운 선택에서 만약 한 가지 제도가 재량권에 대해 일정한 제한을 줄 수 있으면 정책결정자는 자신에 대한 질책을 줄일 수 있을 뿐만 아니라도 자신의 정책 방향도 잘 맞춰 나갈 수 있기 때문이다(吳錫泓, 金榮枰, 2005:181-186). 딜레마에 깊이 빠지게 되면 정책결정자는 어떠한 노력을 한다 해도 좋은 결과를 얻기 힘들며, 심지어는 불가피한 책임까지 져야 한다. 이러한 상황에 의하여 정책결정자는 보통 전체회의 혹은 하급기관 또는 심지어는 상급기관으로 자신의 정책결정권리와 짊어 져야 할 책임을 전가한다. 정책결정권을 포기하는 것은 가장 극단적인 방식으로 자신의 모든 권력 포기이자 정식적으로 직무에서 물러나서는 것을 말한다(최성모, 소영진, 1993: 17-37). 이러한 정책결정방식은 현재 중국의 토지개혁 현실과 부합되지 않는다. 중국정부의 정책결정자는 최고 권력의 대표로서 중국토지 개혁의 제도지정을 미룰 수 없는 책임이 있기 때문이다. 그렇기에 소극적으로 정책결정을 하고 결정권을 전이시키는 것을 현실적으로 있을 수 없는 일이다.

마지막으로 정책결정연기 방안이다. 만약 제한된 시간 안에서 두 가지 방안에 대한 선택을 진행하는 것이 선택을 하지 않는 것보다 비용이 많이 발생한다면 이 방안을 선택해야 할 것이다. 당연히 여기서 말하는 비용이란 그저 주관적 판단하의 비용이며, 실질적인 비용의 개념과는 차이가 있다. 1978년 제11기3차 전인대회에서 가족단위 농업생산책임제가 지정된 이후 지금까지 30년간 중국정부는 토지책임관계는 쉽게 바꾸지 않을 것이며 안정적으로 끌고 나갈 것을 거듭 강조하고 있다. 2008년 10월 12일 제 17기 3차 전인대회에서 "농민에게 더욱 더 안정적이고 보장받는 토지책임경영제가 확대되어야 하며, 현행 토지 제도는 장기적으로 변하지 않아야 한다."는 요구가 통과되었으며, 2009년 중앙공산당회의 1호 문건에서도 다시 한 번 "농촌토지책임관계를 명확히 해야 한다. 법률과 정책을 수정하고 개선하여 농민에게 더 나은 안정적인 토지책임경영권을 부여하며, 현재의 토지책임관계를 안정시키고 오랜 기간 변화시키지 않는다."라고 명확히 하였기 때문이다. 이러한 정책결정들은 원가경제학 시각에서 보면 거래비용이 현재의 토지제도관계를 유지하는데 필요한 비용보다 많은 것을 의미한다. 중국 현행의 2차원 구조의 사회보장체계는 대다수 농민에게 실질적인 보호를 제공하고 못하였기 때문에 여기서 말하는 거래비용에는 토지관계의 관계가 변한 후 땅을 잃은 농민이 적절한 보증을 받지 못하여 발생하는 사회적 충격도 포함된다. 이러한 거래비용은 현행의 토지소유형식을 타파해 토지이용 효율을 제고하여 얻는 수익보다는 비용이 많이 소요될 것이기 때문이다. 이러한 특수 기간 내에서 토지정책의 연기는 최적의 결정이라고 할 수 있다. 당연히 정책결정자는 연기 전략을 선택하고 결책권이 최대한 비정식적으로 남겨지기를 희망하며 일정의 손실과 모종의 책망이 있더라도 될 수 있는 한 정책결정을 연장시키려 할 것이다. 정책결정자들은 두 가지의 많은 어려운 문제들을 잘 알고 있으며, 또한 사건의 상황이나 흐름이 변한 후에 자주 해결해 왔기 때문이다. 당연히 정책결정연기의 정당화 및 책망완화의 최대화를 위한 모종의 이미지관리 작업도 필수적으로 진행된다. 다시 말하면 정부가 토지정책에 대하여 정책결정연기의 방안을 채택해, 정책결정을 유지하려는 것은 이후 토지정책의 시기가 되었을 때 더욱더 나은 선택을 하려는 데 있다. 그리고 정책결정기구가 이러한 결정을 하는 동시에 발생하게 될 소극적인 영향 또한 충분히 파악한 후 정부에 대한 부정적 영향을 미치는 것을 방지 하는 것에 있다.

이상과 같이 두 가지 방안 및 소극적 행위와 반대되는 것은 일종의 소극대응행위로 행동을 하지 않음으로써 정책결정 및 책임을 회피하길 바라는 무대책이다. 그 본질은 현재의 토지정책흐름의 변화가 발생하여 이로 인해 야기되는 사회혼란을 최대한으로 감소시키려는 데 있다. 때문에 이러한 소극적인 토지정책결정과정도 합리적인 행위의 하나로 볼 수 있다. 만약 이와 같이 현재의 토지제도에 대해 행동을 취하지 않는 행위가 사회혼란의 격화를 조성했다면 토지정책의 연속성이 파괴를 당하더라도 토지정책결정은 즉각적으로 시행되어야 한다. 만약 이와는 반대로 중국의 토지정책의 흐름이 자기가 희망하는 방향으로 발전해 갈 수 있게 되었으며, 이렇게 진행된다면 이 토지 정책은 가장 합리적이고 가장 좋은 결과를 얻을 수 있게 된다. 즉 현재의 실제 상황에 근거하여 최고의 유리한 선택으로서 토지정책개혁 과정의 합리성을 보증 받게 되는 것이다.[6]

---

[6] 이 절 내용은 진강화의 〈딜레마중의 중국토지제도개혁〉, 〈중국학논총〉, 2010년 제30집 논문에 의하여 수정, 보완한 후에 작성함.

제6장
결론

1978년 이래 중국은 가족 단위 농업 생산 책임제를 실시하였고, 농민은 토지의 사용권을 다시 얻게 되었다. 농민들이 소유권을 얻게 된 것과 동시에 학자들 사이에서는 농민들에게 토지 소유권을 부여해야 하는가 하는 지속적인 토론이 전개되었다. 2008년은 마침 개혁 개방과 농가 생산 도급제 실시 30주년이 되는 해였는데, 여론의 중심에 있었던 농촌 토지 정책은 이미 결책의 주요 관심사로 떠올라 있었다. 학자들은 각각 토지의 사적 소유화, 국유화와 지속적인 집단 소유제에 대하여 많은 토론을 진행하였으며, 또 각기 농지 소유 정책의 변화에 대하여 예측을 하였다. 하지만 2008년 11월에 개최했던 중국 공산당 17기 3중 전회에서는 기존의 농지 집단 소유제를 계속 견지했으며 오랫동안 변하지 않겠다고 발표하였다. 2009년 중국 공산당 중앙 〈1호 문건〉에서는 또 다시 이 점에 대하여 확인했다. 이러한 내용을 토대로 하여 아래와 같은 질문을 던지고자 한다. 왜 중국 정부는 이러한 쟁의를 일으키는 농촌 토지 정책을 계속 견지하는가? 본 연구의 목적은 바로 이 문제를 밝히는 것이다.

본 연구는 모두 6장으로 나뉘며 제 1장은 서론 부분이다. 주로 연구의 배경, 연구의 목적, 연구 범위 및 연구 방법의 3개 소절로 구성되었다. 제 2장은 각각 이론 논의와 예전 연구를 살피는 두 소절로 구성되었다. 제 3장은 주로 중국의 1949년부터의 토지 정책의 변화 과정을 돌이켜 보았다. 이것은 주로 세 개의 부동한 시기로 나뉘었다. 제 1시기는 1949-1952년, 토지의 〈농민 개인 소유, 가정 자주 경영〉시기. 제 2시기는 1953-1978년, 이 시기에 국가는 농민의 토지를 점차 집단 소유로 포함시켰다. 선후로 호조조, 초급 합작사, 고급 합작사와 인민 공사의 집단화 정도가 낮은 데서부터 높은 곳으로 변화 과정을 거쳤다. 한마디로 이 시기에 농민은 점차적으로 토지에 대한 사용권과 소유권을 잃게 되었다. 결국 토지는 완전히 집단의 토지가 되었다. 따라서 이 시기는 〈노동 대중 집단 소유, 집단 통일 경영〉의 시기로도 불렸다. 제 3시기는 1978년 이후부터다. 국가는 경제 개혁 개방 정책을 실시하여 농민이 토지에 대하여 지닌 사용권을 점차 회복시켰다. 하지만 토지의 소유권은 여전히 집단이 가지고 있었다. 이 시기에는 시장 경제의 부단한 활약과 함께 토지 시장의 가격도 점점 부각되었으며 농지를 유통하는 여러 가지 방법이 나타났다. 농민과 학자의 토지 정책을 변화시키는 것에 관한 항의는 점점 강력해졌다. 총체적으로 볼 때 농지 집단 소유의 근본 성질은 변화를 가져오지 못했다. 때문에 이 시기는 〈노동 대중 집단 소유, 가정 도급 운영〉의 시기로 불리운다. 제 4장은 본 연구의 중점이 되는 부분이다. 각각 역사적 제도주의와 딜레마 이론으로 중국 60년 동안의 농지 정책의 변화를 분석하였다. 앞 3절은 중국의 농지 정책의 변화에 대하여 구체적이고 치밀한 분석을 진행하였다. 제 5장은 딜레마 이론을 사용하여 60년 동안 중국의 농지 정책이 딜레마 상황에 빠지게 된 원인을 구체적으로 분석하였으며 현재 정부가 농지 정책에 있어서 기존 집단 소유제를 견지한다는 결론을 내리게 된 구체적 동기에 대하여 분석하였다. 논문의 제 6장은 결론 부분이다.

본 연구에서는 주로 역사적 제도주의와 딜레마 이론으로 중국 60년 동안의 토지 정책 변화 정황을 분석하고자 했다.

우선 역사적 제도주의를 사용하면 비교적 오랜 시기에 있어서의 토지 정책의 변화 원인을 보다 정확히 관찰할 수 있다. 따라서 필자는 환경과 에이전트의 관계인 두 변수를 선택하여 중국 토지 정책에 대하여 단계 별로 연구를 진행하였고 각 시기 내의 변화의 근본 원인을 찾아내려고 하였다.

첫째, 제 1단계인 1949년부터 1952년, 농촌 토지의 〈농민 개인이 소유, 가정 자주적 경영〉시기. 환경 변수의 측면에서 볼 때 1949년 전후, 제2차 세계 대전은 비록 이미 끝났지만 세계의 냉전 구조는 심화되었다. 자본주의와 사회주의는 이미 상호 대치된 국면을 형성하였다. 제2차 세계 대전 후, 전 세계에서 아시아, 유럽 대륙, 라틴아메리카, 아프리카의 수 많은 나라들은 여러 가지 형식의 토지 개혁을 진행하였다. 이것은 중국의 토지 개혁의 전개에 큰 영향을 주었다. 국내에서는 1949년에 중국 공산당이 사회주의 정권을 건립하였다. 하지만 장기적인 전란을 겪어온 후 나라의 정치, 경제와 사회는 모두 회복 단계에 처해 있었다. 그 후 국민의 생활수준은 일정한 정도로 개선되었고 의료 수준도 일정하게 제고되었다. 또한 인구 사망률도 하강하기 시작했고 인구의 출생률도 매우 높아졌다. 그 결과 이 시기에 인구도 신속히 증가되었다. 하지만 아직 경제는 소생 단계에 있었기 때문에 시장은 안정되지 못했고 통화 팽창도 심각하였다. 결국 이러한 양상은 식량 생산량의 감소를 초래했다.

1920년대 중국 공산당은 당 건립의 초기부터 농민의 대대적인 지지를 받았다. 중국 공산당은 〈농촌이 도시를 포위한다〉는 전략을 취하여 최종 혁명의 승리와 정권을 얻는데 성공하였다. 당초 〈정권 취득 후 토지를 무상으로 농민에게 분배하는〉 것을 실현하기 위하여 중국에서는 사회주의 체제를 채용하였다. 하지만 여전히 1949년부터 1952년 동안 3년에 걸쳐 소위 말하는 〈토지 혁명〉을 진행하여 지주의 수중으로부터 얻은 토지를 무상으로 땅이 없는 농민에게 분배하였다.

이 과정에서 이 시기의 행위 관계는 주로 국가와 농민이 상호 의존하는 관계였음을 알 수 있었다. 농민은 국가의 강권을 통하여 지주의 수중에서 토지를 얻을 수 있었다. 물론 이 과정에서 중국 공산당은 자신의 통치 능력을 강화시켰고 점차적으로 농촌의 하층 조직으로 들어갔으며 이후 변혁 능력을 증가시켰다.

제2시기, 1953년부터 1978년은 농촌 토지의 〈노동 대중의 집단 소유, 집단 통일 경영〉의 시기이다. 1949년부터 1952년의 토지 개혁을 통하여 절대다수의 농촌 토지는 농민에게 분배되었으며 농민은 개인적 소유를 실현하였다. 하지만 토지 개혁 이후 중국의 식량 생산량은 제고되지 못했다. 토지 개혁은 농업 생산율의 대폭 상승을 이루지 못했다. 그 외에 1953년부터 1978년 동안 중국의 인구는 지속적으로 늘어났다. 하지만 1959년부터 1961년의 3년 동안의 인위적인 정책의 착오와 자연 재해는 역사상 최대의 대기근을 조성하여 약 3,000여만 명의 인구가 사망하기에 이르렀다. 그 후로 문화대혁명이 마무리될 때까지 중국의 인구는 지속적으로 늘어났다. 국제 정치면에서는 1958년에 중국과 소련의 우호 관계가 파열되었고 중국 공산당으로 하여금 국가의 사회주의 건설은 자신의 힘에 의해야 한다는 신념을 확고히 하게 하였다. 이 인식은 국가의 사회주의 경제 건설에 대한 필요성을 더욱 높였다.

사회주의 이상을 실현하는 것은 줄곧 중국 공산당의 이상이었다. 이 이상을 실현하기 위하여 중국 공산당은 자신의 정권을 공고히 하였다. 중공업을 발전시키는 것은 중국 공산당의 가장 현실적인 선택이었다. 하지만 국내에서 그 당시 국가는 건국 초기에 있었기 때문에 경제적으로 궁핍하였다. 따라서 공업에 필요한 자금을 얻기 위해 유일하게 행사할 수 있는 방법은 바로 농업의 잉여를 얻는 것이었다. 때문에 양식에 대한 통일구입과 통일 판매 정책, 인구의 호적 관리 정책이 정식으로 시행되었다.

1953년부터 시작한 농업 집단화 과정에서 농민은 점차 호조조, 초급 합작사, 고급 합작사와 인민 공사 체제 안으로 포함되었다. 농민들은 점점 인신의 자유를 잃게 되었다. 농민은 국가의 농업화 건설 때문에 국가의 호구 제도에 의하여 장기적으로 토지에 속박되어 있었기에 아주 많은 권리를 잃게 되었다. 농민의 토지도 집단화되는 과정에서 원래의 농민 개체 소유로부터 집단 소유로 전변되었다. 국가는 식량에 대하여서도 통일구입과 통일 판매의 정책을 실시하여 통제하였다.

이 시기의 국가는 절대적인 권위를 갖고 있었다. 호적 제도로 농민은 토지에 단단히 묶여 있었다. 국가와 농민의 관계는 두 갈래로 완전 나뉘어졌다. 물론 이러한 토지 집단화 과정은 당초의 설계와 완전히 상반되어 토지의 비효율성 문제와 많은 사회 모순을 초래하였다.

제 3시기는 1978년 이후 농촌 토지의 〈노동 대중의 집단 소유, 가정 연산도급책임제 운영〉 시기였다. 1978년을 전후하여 국제, 국내 환경에 아주 큰 변화가 발생하였다. 아태 지역은 비교정 안정되었지만 국내에서는 십 년 동안 〈문화대혁명〉을 겪어서 회복이 시급하였다. 그래서 1970년대 중반부터 산아 제한 정책을 실시해 인구수를 일정하게 규제했다. 하지만 인구기수가 컸기 때문에 총 인구는 여전히 비교적 빠른 속도로 증가하였다. 다른 한편으로 십 년간의 문화대혁명으로 인해 식량 생산량은 높지 않았고 국민의 생활은 여전히 빈곤에 빠져 있었다.

1978년부터 덩샤오핑이 집정하기 시작하였다. 농촌 토지의 비효율성 문제로 식량의 자급자족이 불가할 정도로 심각한 문제가 발생했다. 덩샤오핑은 개혁 개방의 정책을 취하고 시장 경쟁의 이념을 도입하였으며, 농촌의 토지에 대하여 도급 운영의 방식을 사용하였다. 또한 농민의 토지에 대한 사용권을 점차 회복시켰다. 하지만 소유권은 여전히 집단이 갖고 있었다. 중국 경제는 개혁 개방의 39년간의 발전을 거쳐 공업화와 도시화가 부단히 진행되었고 토지 시장의 가치도 부각되었다. 반면 농민들이 토지 소유권의 요구에 대해 항의하기 시작했다. 집단 토지 '주체'가 모호한 상황에서 촌 집단과 지방 정부가 농민 토지를 침범하는 사건이 대량으로 발생했다. 그 결과 농민과 정부 사이의 충돌이 일어났다. 이 시기의 국가와 농민의 관계 악화로 농민은 더 이상 국가에 의존하지 않게 되었다. 동시에 국가도 완전히 농민의 자유를 규제할 수 없게 되었다. 중국의 토지정책 결정자인 당국은 농지 사적 소유화에 직면하여 국가는 계속하여 기존의 집단 소유제를 실시할 것인지에 대한 딜레마에 빠지게 되었다.

그 다음으로 딜레마이론을 사용하여 현재의 농촌 토지 정책에 대하여 분석하면 중국 정부가 목전의 토지 정책을 실시했던 이유를 명확히 알 수 있다. 1978년 중국공산당 11기 중앙위원회 3차 전체회의 이래 실시했던 가족 단위 농업 생산 책임제 및 농촌 토지 집단 소유제의 형식이 확립된 후부터 현재까지 이미 30여 년의 발전을 겪어왔다. 비록 〈도급 관계는 영원히 변하지 않았고〉 농민이 토지 도급 경영의 영구적 이동권을 얻었지만 토지 성질로 보면 여전히 토지 소유권 제도의 속박에서 벗어나지 못했다. 이러한 토지의 집단 소유제 형식은 비록 당시의 농업 생산을 아주 크게 발전시켰지만 중국 경제의 급속한 발전과 함께 이러한 소유제 형식은 결함과 문제를 드러내기 시작하였다. 농촌 집단 토지 소유제 아래에서 소유인은 모호하였고 내용 결핍 및 규모 있게 경영하지 못하는 무효율성 등의 문제는 중국 〈삼농〉발전을 부단히 가로막는 원인이 되었다. 그 중에서 현재의 토지 소유권 보유 형식을 변화시켜야 한다는 항의가 점점 거세졌다. 이것은 급속한 토지 국유화 혹은 극단적인 토지 사적 소유화의 형식을 가리켰다. 대약진 시기, 농업 노동 생산율의 제고를 위하여 실시했던 토지 집단화, 국유화는 오히려 농업 생산율을 저하시켰고 그것에 영향을 주었다. 또한 토지 사적 소유화의 실시, 토지 재산권에 대한 역사 소급 문제도 불가피하였다.

2008년 10월 중국공산당 17기 중앙위원회 3차 전체회의에서의 〈중공 중앙이 농촌 개혁을 발전시키는 몇 가지 중대한 문제에 관한 결정〉 및 2009년에 발표되었던 중앙 1호 문건에서는 모두 농민에게 더욱 충분하고 담보가 되어있는 토지 도급 운영권을 부여했으며, 이것이 농촌 토지 도급 관계를 안정시킨다고 언급했다. 기존의 토지 도급 관계는 안정을 유지하고 오래 동안 변하지 않았다. 이는 토지가 일종의 특수한 공공 물품(public goods)으로서 재산 속성과 자원 속성의 두 가지 속성을 가지고 있다는 점을 충분히 설명해주었다. 그리고 토지는 자원으로써 생산성을 갖고 있는 동시에 지금의 몇 억 명에 이르는 농민들의 사회 보장 기능도 짊어지고 있다. 때문에 이전의 정부가 아직 효과적으로 대부분의 농민 사회 보장 문제를 해결 할 수 없었던 현실적인 기초위에서 현재의 토지 소유 관계를 쉽게 변화시키는 것은 예측불가의 경제 및 사회 리스크를 가져오게 되었다. 딜레마 이론에 의하면 현 단계에 있어서 토지의 국가 소유제와 개인사적 소유제에 대하여 명확하게 결책을 내리지 못할 때에는 논쟁을 잠시 보류하여 토지 정책의 맥락이 변한 후에 다시 유효한 정책 결정을 진행하는 편이 현 단계 토지 정책 결정자에 있어서 가장 현실적이면서도 적절한 선택이라고 할 수 있다.

참고문헌

[한국어문헌]

구현우(2009), 역사적 제도주의와 비교정책연구: 제도의 지속성, 변화가능성, 그리고
　　정책패턴을 중심으로, 「한국정책학회보」, 18(2): 37-73.

김동환(1994), '정책결정 과정의 합리성과 딜레마', 이종범 외,『딜레마이론: 조직과 정책
　　의 새로운 이해』, 서울: 나남출판사.

김상용(1989), '토지사상의 비교 연구', 한국 법무부,『토지공개념과 토지정책』, 서울:
　　법무부.

김윤권(2008),『중국의 행정과 공공정책』, 경기도 파주: 법문사.

마크 블레처(Blecher, Marc)(2010),『반조류의 중국』, 전병곤·정환우 옮김, 경기도파
　　주: 돌베개.

박인성(2010), 중국토지정책의 정치적 배경과 추진과정, 「국토」, 344: 114-122.

_____(2010a), 개혁개방이전 중국의 토지개혁경험 연구-농촌토지소유제 관계를 중심
　　으로, 「인문논총」, 25: 237-264.

박인성·조성찬(2011),『중국의 토지개혁 경험』, 경기도 파주: 한울아카데미.

배응환(2001), 환경변화, 제도변화 그리고 정책변화: 신제도주의 접근방법을 중심으로,
　　「행정논총」, 39(2): 103-139.

배응환·주경일(2012), 정책딜레마와 정부의 선택: 지역간 항명칭과 해상경계분쟁 사례,
　　「행정논총」, 50(2): 167-199.

소영진(1993), 정책 딜레마와 조직의 대: 한국의 산업안전보건 정책을 중심으로, 고려대
　　학교, 「박사학위논문」.

_____(1999), 딜레마 발생의 사회적 조건, 「한국행정학보」, 33(1): 185-205.

염재호(1994), 국가 정책과 신제도주의, 「사회비평」, 11: 10-33.

염재호·박국흠(1991), 정책의 비일관성과 딜레마: 제6공화국의 정책대응을 중심으로,
　　한국행정학회, 「하계학술발표논문집」, 6: 141-168.

윤견수(2010), 행정학의 영역 찾기 : '공직'과 '공직자' 개념의 재발, 「학술발표논문집」,
　　10: 1-16.

윤견수·소영진(2000),『딜레마와 행정』, 서울: 나남출판사.

이양호(1998), 중국 농촌토지제도의 변혁과 농민 1978-1997, 「한국정치학회보」, 32(3):
　　255-278.

이종범 외(1991), 정책결정에 있어서 딜레마 개념의 유용성, 한국행정학회, 「하계학술대회」, 121-140.

_____(1992), 정책분석에 있어서 딜레마 개념의 유용성, 「한국행정학보」, 25(4): 3-22.

_____(1994), 『딜레마이론: 조직과 정책의 새로운 이해』, 서울: 나남출판사.

장호준(2011), 개혁개방 이후 중국의 농촌토지제도 개혁: 토지도급경영권 이전 기제의 형성을 중심으로, 「중국연구」, 52: 561-587.

장현표(1998), 중화혁명상황의 변화와 중국공산당토지정책의 변화: 국공내전시기를 중심으로, 「중국학연구」, 15: 16-106.

_____(1999), 중국 공산당의 초기 토지정책의 발전 과정, 「중국학연구」, 16: 3-37.

정용덕 외(1999), 『신제도주의 연구』, 서울: 대영문화사.

정정길(1988), 『정책결정론』, 서울: 대명출판사.

정정길 외(2003), 『정책학 원론』, 서울: 대명출판사.

최성모·소영진(1993), 산업재해현실과 산업안전보건규제 완화의 문제점: 법정고용인 제도를 둘러싼 논쟁을 중심으로, 「한국행정학보」, 27(2): 517-537.

하연섭(2011), 『제도분석: 이론과 쟁점』, 서울: 다산출판사.

하태수(2001), 제도변화의 형태: 역사적 신제도주의를 중심으로, 「행정논총」, 39(3): 113-137.

[영문문헌]

Arthur W. Brian.(1988), *Urban Systems and Historical Path-Dependence.* Stanford Institute for Population and Resource Studies.

Bachrach, Peter & Baratz, Morton S.(1979), *Power & Poverty,* New York: Oxford University Press.

Barnett, A. Doak.(1964), *Communist China: The Early Years, 1994-55,* New York: Praeger.

Baumgartner, Frank R., & Jones, Bryan D.(1991), "Agenda Dynamics & Policy Subsystems", *Journal of Politics,* 53: 1044-1074.

Bernstein, Thomas P.(1977), *Up to the Mountains & Down to the Villages: The Transfer of Youth from Urban to Rural China,* New Haven: Yale University Press.

Cartier, Carolyn.(2001), "Zone Fever, the Arable Land Debate, and Real Estate Speculation: China's evolving land use regime and its geographical contradictions", *Journal of Contemporary China,* 10(28): 445-469.

Coase, R. H.(1960), "The Problem of Social Cost", *Journal of Law and Economics*, 3: 1-44.

Eldridge, Niles, & Gould, Stephen J.(1972), Punctuated Equilibria: An Alternative to Phyletic Gradualism. In Schopf, Thomas J.M. (ed)., *Models In Paleobiology*, San Francisco: Freeman Cooper.

Goldstein, Judith & Robert O Keohane.(1993), "Ideas and Foreign Policy : An Analytical Framework." in Judith Goldstein and Robert O Keohane (eds.), *Ideas and Foreign Policy: Beliefs, Institutions, and Political Change*, 3-30 Ithaca, Cornell University Press.

Gottlieb, Thomad M.(1977), *Chinese Foreign Policy: Factionalism & the Origins of the Strategic Triangle*, Santa Monica, Ca.: Rand Corporation.

Hall, Peter.(1986), *Governing the Economy*, London: Polity Press.

_____.(1989), *The Political Power of Economic Ideas: Keynesianism Across Nations*. Princeton: Princeton University Press.

Huang, Shumin.(1989), *The Spiral Road-Change in a Chinese Village Through the Eyes of a Communist Party Leader*, Boulder: Westview Press.

Immergut, Ellen M.(1998), "The Theoretical Core of the New Institutionalism", *Politics & Society*, 26: 5-34.

James, Benjamin W.(2007), *Expanding The Gap: How the Rural Property System Exacerbates China's Urban-Rural Gap*, JD, Columbia Law School.

James G. March & Johan P. Olsen.(1989), *Rediscovering Institutions: The Organizational Basis of Politics*, New York: Free Press.

Jones, Bryan D.(1994), "Reconceiving Decision-making in Democratic Politics: Attention, *Choice, & Public Policy*", Chicago: University of Chicago Press.

Jones, Bryan, Baumgartner, Frank & True.(1998), "Policy Punctuations: U.S. Budget Authority, 1947-1995", *Journal of Politics*, 60: 1-33.

Kelly, Sean.(1994), "Punctuated Change & the Era of Divided Government", In Dodd, Lawrence C., & Jillson, Calvin (ed.), "*New Perspectives on American Politics*", Washington, D.C.: Congressional Quarterly.

Kingdon, John.(1995), *Agendas, Alternatives, & Public Policies(2nd ed.)*, Boston: Little, Brown. (Originally published in 1985)

Kranser, Stephen D.(1984), Approaches to the State: Alternative Conceptions and Historical Dynamics, *Comparative Politics*, 16.

Lowndes, viver.(2002), "Institutionalism." in David Marsh and Gerry Stoker (eds.), *Theory and Methods in Political Science*, 2nd ed, 90-108 New York:

Palgrave Macmillan.

Lieberthal, Kenneth.(1978), "Central Documents & Politburo Politics in China", *Ann Arbor: Center for Chinese Studies*, University of Michigan.

_____.(1980), *Revolution & Tradition in Tientsin, 1949-1952*. Stanford: Stanford University Press.

MacFarquhar, Roderick.(1974), *The Origins of the Cultural Revolution 1: Contradictions among the People, 1956-1957*, New York: Columbia University Press.

Oksenberg, Michel, & Goldstein, Steven.(1974), "China's Political Spectrum", *Problems of Communism*, 23:1-13.

Perkins, D. H.(1984), *Agricultural Development in China, 1368-1968*, Chicago: Aldine.

Raup, David M.(1991), *Extinction: Bad Genes or Bad Luck?* New York: W.W. Norton.

Schurmann, Franz.(1971), *Ideology and Organization in Communist China*. 2nd ed, Berkeley and Los Angeles: University of California Press.

Shue, Vivienne.(1980), *Peasant China in Transition: The Dynamics of Development toward Socialism, 1949-1956*, Los Angeles: University of California Press.

Slimon, Herbert A.(1979), "Models of discovery and other Topics in the Methods of Science", *Modern Schoolman*, 56(2): 189-190.

_____.(1983), *Reason in Human Affairs*, Stanford: Stanford University Press.

Steinmo, et al.(1992), *Structuring Politics: Historical Institutionalism in Comparative Analysis*. Cambridge: Cambridge University Press.

Thelen, Katheleen & Sven Steinmo.(1992), "Historical Institutionalism in Comparative Politics." in *structuring Politics: Historical Institutionalism in Comparative Politics*, (eds.) by Sven Steinmo, Kathleen Thelen & Frank Longstreth, New York: Cambridge University Press.

Walder, Andrew G.(1986), *Communist Neo-Traditionalism: Work & Authority in Chinese Industry*, Berkeley & Los Angeles: University of California Press.

Yang, Dali.(1996), *Calamity & Reform in China: State, Rural Society, & Institution Change Since the Great Leap Famine*, Stanford University Press.

Yang, Yao.(2000), "The Development of the Land Lease Market in Rural China", *Land Economics*, 76(2): 252-266.

[중문문헌]

白 希(2009),《開國大土改》, 中共黨史出版社.

薄一波(2008),《若干重大決策與事件的回顧(上卷)》, 中共黨史出版社.

蔡 昉(1999), 〈合作與不合作的政治經濟學〉,《中國農村觀察》, 1999,(5).

蔡 昉・林毅夫(2003),《中國經濟》, 中國財政經濟出版社.

陳吉元(1993),《中國農村社會經濟變遷(1949-1989)》, 山西經濟出版社.

陳劍波(1994), 〈人民公社的産權制度〉,《經濟研究》, 1994(7).

陳錫文(2006), 〈農村集體用地不能直接進入市場〉,《中國青年報》, 2006-02-23.

陳嬰虹(2004), 〈論農民利益的缺失-從國家與農民契約關係的角度〉,《安徽大學學報(哲社版)》, 2004(5).

陳 雲(1995),《陳雲文選(第2卷)》, 人民出版社.

程漱蘭(1999),《中國農村發展: 理論和實踐》, 中國人民大學出版社.

黨國英(2009), 〈當前中國農村土地政策調整的若干問題〉, 中國社會科學院農村發展研究所(2009),《農村土地制度改革 : 國際比較研究》, 社會科學文獻出版社.

鄧小平(1994), 〈解放思想, 實事求是, 團結一致向前看〉,《鄧小平文選(第2卷)》, 人民出版社.

董輔礽(2001),《中華人民共和國經濟史(上卷)》, 三聯書店(香港)有限公司.

董栓成(2008),《中國農村土地制度改革路徑優化》, 社會科學文獻出版社.

董志凱(1993),《躋身國際市場的艱辛起步》, 經濟管理出版社.

_____(2009), 〈中國工業化60年-路徑與建樹(1949-2009)〉,《中國經濟史研究》, 2009 (3).

杜 鷹(1997),《走出鄉村》, 經濟科學出版社.

_____(1999), "中國農村改革: 回顧與展望"評介〉,《經濟研究》, 1999(8).

馮子標(1980), 〈關於農村集中生産責任制的調查〉,《農業經濟問題》, 1980(6).

高聖平(2009), 〈"穩定並長久不變"的土地承包經營權的權利構造與制度重塑〉, 中國社會科學院農村發展研究所(2009),《農村土地制度改革 : 國際比較研究》, 社會科學文獻出版社.

高雲才(1989), 〈農村經濟結構發生重大變化〉,《人民日報》, 1989年 10月 13日, 第1版.

公民1776(2010),《〈在中國城市中爭取公民權〉: 一路爭取來的微弱勝利》, 2010年5月16日, http://book.douban.com/review/3274243/.

郭劍雄(1999),《二元經濟與中國農業發展》, 經濟管理出版社.

郭書田・劉純彬(1990),《失衡的中國》, 河北人民出版社.

韓 俊(1998),《農村市場經濟體制建設》, 江蘇人民出版社.

韓 敏(2007),《回應革命與改革 : 皖北李村的社會變遷與延續》, 江蘇人民出版社.

何道峰(1993), 〈村級農地制度的變革〉, 中國農地制度課題組(1993),《中國農村土地制度的變革-中國農村土地制度國際研討會論文集》, 北京大學出版社.

賀雪峰(1999), 〈村治研究的意義與方法〉,《青海師範大學學報(社科版)》, 1999(2).

胡　繩(1991),《中國共産黨的七十年》, 中共黨史出版社.

胡康生(2002),《中華人民共和國農村土地承包法釋義》, 法律出版社.

胡美靈(2008),《當代中國農民權利的嬗變》, 智慧財産權出版社.

胡元坤(2003),《中國農村土地制度變遷的動力機制》, 南京農業大學博士論文.

黃力平(2003),〈黨的執政方式法制化的必要性〉,《蘭州學刊》, 2003(4).

姜愛林(2001),《土地政策基本理論研究》, 中國大地出版社.

姜　鋒(2008),《中國農村土地制度問題研究》, 中共中央黨校博士論文.

蔣文化(2004),《多視角下的中國農地制度》, 浙江大學博士論文.

靳　濤(2011),〈中國經濟增長與制度變遷的互動關係研究-基於新中國60年經濟發展經驗的視角〉,《廈門大學學報(哲學社會科學版)》, 2011(4).

康　瓊(2001),〈人民公社興起的歷史反思〉,《湖南師範大學社會科學學報》, 2001(3).

孔涇源(1993),〈中國經濟生活中的非正式制度安排及其影響〉, 陳昕(1993),《社會主義經濟的制度結構》, 上海三聯書店.

孔　如(2012),《新中國成立以來中國共産黨執政理念與實踐研究》, 南京師範大學碩士學位論文.

勒相木(2002),《中國農地制度研究》, 山東農業大學博士論文.

李昌平(2007),〈中國土地制度變遷與三農興衰〉,《炎黃春秋》, 2007(6).

李海玉(2007),〈人民公社制度産生的根源探析〉,《蘭州學刊》, 2007(12).

李　平(1995),〈中國農村土地制度改革 : 實地調查報告〉,《中國農村經濟》, 1995(3).

李　行·溫鐵軍(2009),〈中國60年農村土地制度變遷〉,《科學對社會的影響》, 2009(3).

李亞琴(2009),〈我國城鄉收入差距的現狀及原因分析〉,《經濟研究導刊》, 2009(20).

列　寧(1986),《列寧全集(第39卷)》, 人民出版社.

林民書(2009),〈新中國60年經濟增長方式的歷史演變及其展望〉,《河南社會科學》, 2009(4).

林毅夫(1992),《制度, 技術與中國農業發展》, 上海三聯書店.

＿＿＿(2005),〈集體化與中國1959-1961年的農業危機〉, 林毅夫(2005),《制度, 技術與中國農業發展》, 上海人民出版社.

劉傳江(1996),〈"農村病":基本"症狀"與治理思路〉,《經濟評論》, 1996(6).

劉金海(2006),《産權與政治-國家、集體與農民關係視角下的村莊經驗》, 中國社會科學出版社.

劉　俊(2008),《土地所有權國家獨佔研究》, 法律出版社.

劉　能(2011),〈當代中國的群體性事件 : 形象地位變遷和分類框架再構〉,《江蘇行政學院學報》, 2011(2).

劉慶旻(1995),〈建國初期農業合作化運動及其評價〉,《當代中國史研究》, 1995(4).

劉守英(1993),〈制度理論與中國現行農地制度〉, 陳昕(1993),《社會主義經濟的制度結構》, 上海三聯書店.

劉守英(2009), 〈中國的土地産權與土地市場發展〉, 中國社會科學院農村發展研究所(2009), 《農村土地制度改革 : 國際比較研究》, 社會科學文獻出版社.

劉 嶽·沈益民·奚國金(1991), 《中國人口分析與區域特徵》, 海洋出版社.

柳隨年(1985), 《社會主義經濟簡史》, 黑龍江人民出版社.

羅漢平(2003), 《大遷徙 : 1961-1963年的城鎮人口精簡》, 廣西人民出版社.

羅夫永(2007), 《産權組合-中國農村土地制度的構建》, 新疆大學博士論文.

羅紅雲(2012), 《中國農村土地制度研究(1949-2008)》, 上海財經大學出版社.

羅燕明(2003), 〈建國後毛澤東經濟思想探析〉, 《當代世界社會主義問題》, 2003(4).

林民書(2009), 〈新中國60年經濟增長方式的歷史演變及其展望〉, 《河南社會科學》, 2009(4).

陸學藝(2005), 《"三農"新論-當前中國農業、農村、農民問題研究》, 社會科學文獻出版社.

馬廣奇(2005), 〈制度變遷:評述與啟示〉, 《生産力研究》, 2005(7).

馬曉河(1999), 〈工業化中期階段的農業政策研究-國際經驗與中國的選擇〉, 《農村經濟問題》, 1999(8).

毛澤東(1955), 〈關於農業合作化問題〉, 《毛澤東選集(第5卷)》, 人民出版社.

_____(1976), 《組織起來》, 人民出版社.

_____(1977), 《毛澤東選集(第5卷)》, 人民出版社.

_____(1991), 《毛澤東選集(第 2 卷)》, 人民出版社.

_____(1991a), 《毛澤東選集(第3卷)》, 人民出版社.

_____(1991b), 《毛澤東選集(第4卷)》, 人民出版社.

_____(1999), 《毛澤東選集(第6卷)》, 人民出版社.

倪雲貞·王家傳(2001), 〈中國二元經濟結構的形成與消解〉, 《科學·經濟·社會》, 2001(4): 40-41.

慕淑娟(1996), 〈政府與農民互動關係的分析-以三門峽水利移民爲個案〉, 《社會學研究》, 1996 (4).

任建樹(1991), 《中國共産黨七十年大事本末》, 上海人民出版社.

沈志華(2007), 〈中蘇同盟破裂的原因和結果〉, 《中共黨史研究》, 2007(2).

盛 洪(2004), 《爲什麼制度重要》, 鄭州大學出版社.

孫 健(2000), 《中國經濟通史(1949-2000年)》, 中國人民大學出版社.

孫 瑾·鄭風田(2009), 〈關於中國農村社會衝突的國內外研究評述〉, 《中國農村觀察》, 2009(1).

譚金娥(2007), 《毛澤東、鄧小平執政理念比較研究》, 山東師範大學碩士學位論文.

唐路元·閆慶民(2001), 〈從社會主義計劃經濟到市場經濟的反思〉, 《渝州大學學報(社會科學版)》, 2001(1).

唐 忠·宋繼靑(1992), 《糧票·糧價》, 中國人民大學出版社.

汪先平(2007), 《當代中國農村土地制度研究》, 南京師範大學博士論文.

王 萌(2009), 〈新中國60年經濟發展績效及其基本經驗〉, 《探索》, 2009(5).

王榮全(2012), 〈大陸與臺灣土地改革背景的相同點分析〉, 《臺灣農業探索》, 2012(3).

王文滋(2001), 〈建國以來黨的農村土地政策演變論略〉, 《中國共産黨與現代中國》, 當代世界出版社.

王　婭(2004), 《解體與重構-現代化進程中的"國家-鄉村社會"》, 中國社會科學出版社.

王　琢(1999), 〈中國農村土地制度變革六十年〉, 《學術研究》, 1999(11).

吳承明‧董志凱(2001), 《中華人民共和國經濟史(第1卷)》, 中國財政經濟出版社.

＿＿＿(2010), 《中華人民共和國經濟史(1949-1952)》, 社會科學文獻出版社.

吳重慶(2000), 〈孫村的路:"國家-社會"關係格局中的民間權威〉, 《開放時代》, 2000(11).

吳繼軒‧李忠偉‧王天送(2009), 〈政治環境與我國農村土地制度變遷〉, 《理論月刊》. 2009,(8).

吳　毅‧吳　帆(2010), 〈翻轉與再翻轉：新區土改中農民土地心態的建構與歷史邏輯〉, 《開放時代》, 2010(30).

武　力(1999), 《中華人民共和國經濟史(上册)》, 中國經濟出版社.

邢成舉(2012), 〈回應革命與改革:土地制度變遷動力分析〉, 《河海大學學報(哲學社會科學版)》, 2012(3).

許滌新(1988), 《當代中國的人口》, 中國社會科學出版社.

許　昀(2001), 〈村民自治後國家與農民的關係及其調整〉, 《中國農業大學學報(社會科學版)》, 2001(3).

＿＿＿(2003), 〈國家意志與社會參與-"國家與社會"視角中的計劃生育村民自治〉, 《人口與計劃生育》, 2003(1).

許發聖(2006), 〈農村土地産權制度的弊端與改革〉, 劉福海‧朱啟臻(2006), 《中國農村土地制度研究》, 中國農業大學出版社.

徐　勇(1992), 《非均衡的中國政治 ： 城市與鄉村比較》, 中國廣播電視出版社.

閆建秀(2012), 《征地型群體性事件研究》, 河北師範大學碩士學位論文.

楊一介(2009), 〈農村土地權制度建設面臨的挑戰〉, 中國社會科學院農村發展研究所(2009), 《農村土地制度改革:國際比較研究》, 社會科學文獻出版社.

楊　沂‧馬小勇(2008), 〈農村土地制度的深層次矛盾與改革設想〉, 《西北農林科技大學學報(社會科學版)》, 2008(1).

殷志靜‧鬱奇虹(1996), 《中國戶籍制度改革》, 中國政治大學出版社.

於建嶸(2003), 〈我國現階段農村群體性事件的主要原因〉, 《中國農村經濟》, 2003(6).

＿＿＿(2005), 〈土地問題已成爲農民維權抗爭的焦點-關於當前我國農村社會形勢的一項專題調研〉, 《調研世界》, 2005(3).

鐘漢山‧曾昭汰‧趙碧雲(1981), 〈論農業生産責任制〉, 《江西社會科學》, 1981(2).

張紅宇(1995), 《中國農村土地制度建設》, 人民出版社.

＿＿＿(2001), 《中國農村土地制度變遷的政治經濟學分析》, 西南農業大學博士論文.

＿＿＿(2002), 《中國農村的土地制度變遷》, 中國農業出版社.

張紅宇·劉 玫·王 暉(2002a), 〈農村土地使用制度變遷:階段性、多樣性與政策調整〉,《農業經濟問題》, 2002(2).

_____(2002b), 〈農村土地使用制度變遷 : 階段性、多樣性與政策調整〉,《農業經濟問題》, 2002(3).

張樂天(2002), 〈人民公社備忘錄〉,《華夏人文地理》, 2002(1).

_____(1998),《告別理想 : 人民公社制度研究》, 東方出版社.

_____(2005),《告別理想:人民公社制度研究》, 上海人民出版社.

張立根(2009), 〈新中國60年經濟體制改革的歷史與成就〉,《中共石家莊市委黨校學報》, 2009(9).

張留征(1990),《糧情·對策-中國推食問題研究》, 重慶出版社.

張五常(2000),《經濟解釋:張五常經濟論文選》, 商務印書館.

_____(2000),《佃農理論 : 應用於亞洲的農業和臺灣的土地改革》, 商務印書館.

張英洪(2007),《農民權利論》, 中國經濟出版社.

張宇燕(1992),《經濟發展與制度選擇》, 中國人民大學出版社.

張宇燕·盛 洪(2004),《舊邦新命-兩位讀書人漫談中國與世界》, 上海三聯書店.

章百家·朱 丹(2009), 〈中國經濟體制兩次轉型的歷史比較〉,《中共黨史研究》, 2009(7).

趙發生(1988),《當代中國的糧食工作》, 中國社會科學出版社.

趙學增(2009), 〈土地國有與土地私有制度的歷史搏斗-兼論中國土地制度改革的若干思想〉, 蔡繼明·鄺梅(2009),《論中國土地制度改革: 中國土地制度改革國際研討會論文集》, 中國財政經濟出版社.

鄭來春·吳淑嫻(2009), 〈建國後農村土地制度變遷的歷史唯物主義解讀〉,《廣西社會科學》, 2009(8).

周其仁(1994), 〈湄潭 : 一個傳統農區的土地制度變遷〉, 文貫中(1994),《中國當代土地制度論文集》, 湖南科技出版社.

周太和(1984),《當代中國的經濟體制改革》, 中國社會科學出版社.

周天勇(2004), 〈农村土地制度改革的模式比較和方案選擇〉,《中國經濟時報》, 2004年2月26日.

周錫峰(2010),《人民公社化運動起源探析》, 河南大學碩士學位論文.

[美]巴雷爾 J. B.(Burrell)(1995), 〈中國農村土地管理制度的改革〉, 張紅宇·陳良彪編著(1995),《中國農村土地制度建設》, 人民出版社.

[美]道格拉斯·C·諾思(North, Douglass C)(1999),《經濟中的結構與變遷》, 上海三聯書店.

[美]康芒斯(Commons, John Rogers)(1962),《制度經濟學(上冊)》, 商務印書館.

[美]費正清(Fairbank, John King)(1998),《劍橋中華人民共和國史:中國革命內部的革命》, 中國社會科學出版社.

[美]吉伯特·羅茲曼(Rozman, Gilbert)(1995),《中國的現代化》, 江蘇人民出版社.

[美]理查・馬德森(Madsen, Richard)(1998),〈共產黨統治下的農村〉, 麥克法誇爾, 費正淸 編,《劍橋中華人民共和國史》, 中國社會科學出版社版.

[美]李侃如(Kenneth Lieberthal)(2010),《治理中國: 從革命到改革》, 胡國成・趙梅譯, 中國社會科學出版社.

[法]盧梭(Rousseau)(2003),《社會契約論》, 何兆武譯 : 商務印書館.

[美]羅伊・普羅斯特曼(Prosterman, Roy) 等(1998),《法制是中國農村土地權利保障的根本出路》, 未正式公開發表稿.

[英]洛克(Locke, John)(1964),《政府論(下篇)》, 葉啓芳・雇菊農譯, 商務印書館.

[德]馬克思(Marx)(1972),《資本論(第一卷)》, 人民出版社.

[美]麥克法誇爾・費正淸(MacFarquhar, Roderick & Fairbank, John King) (1990),《劍橋中華人民共和國史 : 中國革命內部的革命1966-1982年(下卷)》, 謝亮生, 黃沫 等譯, 中國社會科學出版社.

[美]_____(1992),《劍橋中華人民共和國史(1966-1982)》, 海南出版社.

[美]莫里斯・梅斯納(Meisner, Maurice)(1992),《毛澤東的中國及其發展》, 社會科學文獻出版社.

[美]湯瑪斯・戴伊(Thomas, R. Dye)(2008),《理解公共政策》, 孫彩紅譯, 北京大學出版社.

[韓]吳錫泓・金榮杯(2005),《政策學的主要理論》, 復旦大學出版社.

[美]詹姆斯・L・特魯, 布賴恩・D・鐘斯, 弗蘭克・R・鮑姆加特納, (True, James L., Jones, D. Bryan and Baumgartner, Frank R.)〈斷續-平衡理論: 解讀美國政策制度中的變遷和穩定性〉, 保羅・A・薩巴蒂爾(Sabatier, Paul A.)(2004),《政策過程理論》, 彭宗超、鐘開斌 等譯.生活・讀書・三聯書店.

[美]鄒至莊(Chow, Gregory C)(1984),《中國經濟》, 南開大學出版社.

[臺灣]胡婉玲(2001),〈論歷史制度主義的制度變遷理論〉,《新世紀智庫論壇》, 2001(16).

[臺灣]徐世榮(2001),《土地政策之政治經濟分析-地政學術之補充論述》, 正揚出版社.

[臺灣]葉至誠・葉立誠(1999),《研究方法與論文寫作》, 商鼎文化出版社.

上海市國際關係學會(1983),《戰後國際關係史料(第1輯)》, 上海市國際關係學會編印.

人大農經系資料室(1979),《農村政策檔選編(一)》, 人民大學農經系資料室編.

人大農經系資料室(1979),《農村政策檔選編(二)》, 人民大學農經系資料室編.

國家統計局(1958),《我國的國民經濟建設和人民生活》, 統計出版社.

國家統計局(1982),《中國統計年鑒(1981)》, 統計出版社.

國家統計局(2008),《2008中國統計摘要》, 中國統計出版社.

國家統計局國民經濟核算局(1997),《中國國內生產總值核算歷史資料(1952-1995)》, 東北財經大學出版社.

國家農業委員會辦公廳(1981),《農業集體化重要文件彙編(下)》, 中共中央黨校出版社.

中共中央文獻研究室(1986),《十二大以來重要文獻選編(中)》, 人民出版社.

中共中央文獻硏究室(1991), 《十三大以來重要文獻選編(上)》, 人民出版社.

中共中央黨史硏究室(1991), 《中國共産黨的七十年》, 中共黨史出版社.

中共中央文獻硏究室(1992), 《建國以來重要文件選編(第1册)》, 中央文獻出版社.

中國共産黨史硏究室(1999), 《中國共産黨的七十年》, 中共黨史出版社.

中國社會科學院·中央檔案館(1990), 《中華人民共和國經濟檔案資料選編(1949-1952) 綜合卷》, 中國城市經濟社會出版社.

中國社會科學院·中央檔案館(1993), 《中華人民共和國經濟檔案資料選編(1949-1952) 工商體制卷》, 中國社會科學出版社.

中國社會科學院·中央檔案館(2000), 《1953-1957中華人民共和國經濟檔案資料選編 : 綜合卷》, 中國物資出版社.

中國社會科學院人口硏究所(1986), 《1985年中國人口年鑒》, 中國社會科學出版社.

中國農業年鑒編輯委員會(1981), 《中國農業年鑒(1980)》, 農業出版社.

中國農業部政策法規司, 中國國家統計局農村司(1989), 《中國農村40年》, 中原農民出版社.

〈中國土地資源生産能力及人口承載量硏究〉課題組(1992), 《中國土地資源生産能力及人口承載量硏究(槪要)》, 中國人民大學出版社.

진강화陳剛華

中國 華中師範大學 公共管理學院　　專任講師
中國 華中師範大學 韓國文化研究所　　研究員
『中國地方政府治理評論』　　　　　　編輯

韓國 高麗大學校 行政學博士(政策學專攻)
韓國 釜山大學校 行政學碩士(行政學專攻)

• 著書
『轉型中國的政策與制度理路』(共著), 2016, 華中師範大學出處社

中國 農村土地政策 變化 研究(1949-2013)

2017년 7월 27일 초판 1쇄 펴냄

저　자 진강화
발행인 김흥국
발행처 도서출판 보고사

등록 1990년 12월 13일 제6-0429호
주소 경기도 파주시 회동길 337-15 보고사 2층
전화 031-955-9797(대표), 02-922-5120~1(편집), 02-922-2246(영업)
팩스 02-922-6990
메일 kanapub3@naver.com / bogosabooks@naver.com
http://www.bogosabooks.co.kr

ISBN 979-11-5516-703-8　93320
ⓒ 陳剛華, 2017

정가 20,000원

이 도서의 국립중앙도서관 출판예정도서목록(CIP)은 서지정보유통지원시스템 홈페이지
(http://seoji.nl.go.kr)와 국가자료공동목록시스템(http://www.nl.go.kr/kolisnet)
에서 이용하실 수 있습니다.(CIP제어번호: CIP2017015901)